Ronald Gleich/Andreas Klein (Hrsg.)

Der Controlling-Berater
Band 47

Konzerncontrolling 2020

Ronald Gleich/Andreas Klein

Der Controlling-Berater

Band 47

Band-Herausgeber:
Ronald Gleich, Kai Grönke, Markus Kirchmann, Jörg Leyk

Konzerncontrolling 2020

Haufe Gruppe
Freiburg · München

> **Bibliografische Information der Deutschen Nationalbibliothek**
> Die Deutsche Nationalbibliothek verzeichnet diese Publikation in der Deutschen Nationalbibliografie; detaillierte bibliografische Daten sind im Internet über http://dnb.dnb.de abrufbar.

ISBN 978-3-648-08823-4   ISSN 0723-3221   Bestell-Nr. 01401-0128

© 2016 Haufe-Lexware GmbH & Co. KG

„DER CONTROLLING-BERATER" (CB)
Herausgeber: Prof. Dr. Ronald Gleich, Geisenheim, Prof. Dr. Andreas Klein, Worms.
Fachbeirat: Dr. Michael Kieninger, Gemmrigheim, Dr. Walter Schmidt, Berlin, Klaus Spitzley, Weikersheim, Prof. Dr. Karl Zehetner, Wien.
Haufe-Lexware GmbH & Co. KG, Munzinger Straße 9, 79111 Freiburg, Telefon: 0761 898-0, Fax: 0761 898-3990, E-Mail: info@haufe.de, Internet: http://www.haufe.de
Geschäftsführung: Isabel Blank, Markus Dränert, Jörg Frey, Birte Hackenjos, Randolf Jessl, Markus Reithwiesner, Joachim Rotzinger, Dr. Carsten Thies.
Beiratsvorsitzende: Andrea Haufe
Kommanditgesellschaft, Sitz Freiburg
Registergericht Freiburg, HRA 4408
Komplementäre: Haufe-Lexware Verwaltungs GmbH, Sitz Freiburg, Registergericht Freiburg, HRB 5557
Martin Laqua
USt-IdNr. DE812398835
Redaktionsteam: Günther Lehmann (verantwortlich i. S. d. P.), Dr. Mike Schulze (EBS Universität für Wirtschaft und Recht), Martin Esch (EBS Universität für Wirtschaft und Recht), Philipp Thiele (EBS Universität für Wirtschaft und Recht), Julia Grass (Assistenz), Jessica Janke (Assistenz). Erscheint 5-mal pro Jahr (inkl. Arbeitshilfen Rechnungswesen, Steuern, Controlling Online und Kundendienstleistungen). Preis für das Abonnement („Der Controlling-Berater") je Band 68,48 EUR zuzüglich Versandspesen.
Druckvorstufe: Reemers Publishing Services GmbH, Luisenstraße 62, 47799 Krefeld.
Druck: Beltz Bad Langensalza GmbH, Am Fliegerhorst 8, 99947 Bad Langensalza.
Alle Angaben/Daten nach bestem Wissen, jedoch ohne Gewähr für Vollständigkeit und Richtigkeit. Alle Rechte, auch die des auszugsweisen Nachdrucks, der fotomechanischen Wiedergabe (einschließlich Mikrokopie) sowie der Auswertung durch Datenbanken oder ähnliche Einrichtungen, vorbehalten.
Zur Herstellung dieses Buches wurde alterungsbeständiges Papier verwendet.

Vorwort

Die Unternehmenssteuerung gestaltet sich bei Konzernen aufgrund der vielschichtigen Gesellschafts- und Organisationsstrukturen seit jeher komplexer als bei kleinen und mittelständischen Unternehmen. Als Bindeglied zwischen der strategischen Konzernführung und der operativen Steuerung der Geschäftsbereiche obliegt es dem Controllerbereich, geeignete Abläufe und Instrumente zur Koordination und Entscheidungsunterstützung bereitzustellen. Die Schwierigkeit besteht darin, Kernfunktionen des Controllings, wie die Planung und Kontrolle, inhaltlich und prozessual so auszugestalten, dass sie ihren Steuerungszweck erfüllen, ohne dabei die Organisation unnötig zu belasten. Eine zusätzliche Herausforderung des Konzerncontrollings ergibt sich aus dem Integrationsbedarf weiterer Steuerungsinstrumente, wie etwa Verrechnungspreisen, in den ohnehin schon komplexen Steuerungsapparat.

Zunehmende Nachfrageveränderungen und rasante technologische Entwicklungen erhöhen zudem nicht nur den Bedarf nach einem proaktiveren, zukunftsgerichteten Steuerungsansatz, sondern bieten auch neue Möglichkeiten für dessen Verwirklichung. Grundlegende Aspekte für die Weiterentwicklung der Konzernsteuerung umfassen dabei sowohl die Definition neuer Rollenbilder als auch die Einbindung neuer Tätigkeitsfelder in den Controllerbereich, wie z.B. Business Analytics. Um dabei eine strukturierte Neuausrichtung der Konzernsteuerung zu gewährleisten, müssen Konzerncontroller zudem vorhandene Prozesse hinterfragen und alternative Organisationsformen, wie Shared Service Center oder Reporting Factories, in die Ausgestaltung des Controllerbereiches einbeziehen.

Um Konzerncontroller bei der Weiterentwicklung ihrer Konzernsteuerung zu unterstützen, fokussiert sich der vorliegende Band auf traditionelle Themen des Konzerncontrollings und zeigt hierbei neue Lösungsansätze zur Adressierung der aktuellen Trends in der Konzernsteuerung auf. In diesem Zusammenhang stehen Praxisbeispiele im Mittelpunkt, die sowohl Kernfunktionen des Controllings, wie die Neuausrichtung der Konzernplanung und der Verrechnungspreise, als auch den Wandel der Controllerrollen und der Controllingorganisation aufgreifen. Diese werden durch die Darstellung von praxiserprobten Konzepten für eine integrierte Konzernsteuerung sowie deren Einbindung in eine moderne IT-Landschaft ergänzt. Einblicke in aktuelle Trends der Personalführung und -entwicklung in Konzernen runden den Band zur Konzernsteuerung thematisch ab.

Wir wünschen allen Leserinnen/Lesern eine interessante Lektüre, die hoffentlich zahlreiche Anregungen für die tägliche Arbeit bietet und bedanken uns recht herzlich bei allen Autorinnen/Autoren, die bei der Erstellung der einzelnen Beiträge mitgewirkt haben.

Oestrich-Winkel, im Dezember 2016

Ronald Gleich, Kai Grönke, Markus Kirchmann, Jörg Leyk

Inhalt

Kapitel 1: Standpunkt
Experteninterview zum Thema „Konzerncontrolling 2020"
Gerrit Schildmeyer, Jörg Leyk, Martin Esch 15

Kapitel 2: Grundlagen & Konzepte
Konzerncontrolling: Aufgaben, Funktionen und zukünftige Schwerpunkte in Abhängigkeit von der Konzernstruktur
Martin Esch, Mike Schulze, Ronald Gleich 27

Konzerncontrolling 2020: Entwicklungstendenzen und Herausforderungen
Ralf Eberenz, Stefan Behringer 41

Moderne Konzernplanung – Top-down, asymmetrisch, treiberbasiert
Simon Math, Bastian Borkenhagen 61

Digitalisierung im Controlling: Einflussfaktoren, Standortbestimmung und Konsequenzen für die Controllerarbeit
Andreas Kirchberg, Daniel Müller 79

Kapitel 3: Umsetzung & Praxis
Verrechnungspreise: Neue Pflichten durch die BEPS-Regelungen, Country-by-Country-Reporting und andere Dokumentationspflichten
Jörg Hanken 99

Controllingorganisation im Mittelstand: Praxisbeispiel zur Neuausrichtung in der Kistler Group
Kai Grönke, Esther Bachofen, Roger Willi, Timo Gutbub 123

Digitale Transformation und Controlling: Herausforderungen und Implikationen dargestellt am Beispiel der BASF
Andreas Seufert, Kai Kruk 141

Integrierte Unternehmenssteuerung mit Balanced Scorecard und Strategy Map
Dirk Knauer, Stefan Stark, Stephan Jansen, Norbert Schleicher 165

Kapitel 4: Organisation & IT
SAP S/4HANA: Neue Funktionen, Einsatzszenarien und Auswirkungen auf das Finanzberichtswesen
Christina Eilers 183

Planungssysteme für eine moderne, digitale Planung in Versicherungskonzernen
Sascha Brosig, Andreas Pöschl, Marc Wiegard 201

Personalentwicklung in Zeiten des digitalen Wandels: Kompetenzentwicklungsmaßnahmen in Konzernen erfolgreich steuern
Philipp Thiele, Matthias Rosenthal, Tim Blume, Diane Robers 215

Kapitel 5: Literaturanalyse

Literaturanalyse zum Thema „Konzerncontrolling"
Philipp Thiele 232

Stichwortverzeichnis 237

Als Abonnent des „Controlling-Beraters" steht Ihnen das Online-Informationssystem „Arbeitshilfen Rechnungswesen, Steuern, Controlling" mit nützlichen Rechnern, Checklisten, Formularen und Mustertexten sowie den wichtigsten Wirtschaftsgesetzen zur Verfügung. Darunter finden Sie auch die in den Beiträgen dieses Bands vorgestellten Controlling-Tools.

Melden Sie sich dazu einfach auf www.haufe.de mit E-Mail-Adresse und Passwort an und Sie sehen direkt den Zugangslink zum Online-Informationssystem.

Liegen Ihnen die Zugangsdaten nicht mehr vor oder wollen Sie sich erstmalig für die Online-Inhalte registrieren, so rufen Sie einfach die kostenlose Rufnummer 0800/50 50 445 an. Wir schalten Sie umgehend frei und teilen Ihnen Ihre Zugangsdaten mit.

Die Autoren

Esther Bachofen
Managing Consultant im Competence Center CFO Strategy & Organization bei Horváth & Partners Management Consultants in Zürich.

Prof. Dr. Stefan Behringer
Professor für Controlling und Corporate Governance an der NORDAKADEMIE in Elmshorn und Hamburg.

Tim Blume
Wissenschaftlicher Mitarbeiter und Doktorand im Forschungsschwerpunkt Entrepreneurship am Strascheg Institute for Innovation, Transformation and Entrepreneurship (SITE) der EBS Universität für Wirtschaft und Recht in Oestrich-Winkel.

Bastian Borkenhagen
Principal im Competence Center Controlling & Finance und Leiter des Kompetenzfeldes „Planung und Forecasting" bei Horváth & Partners Management Consultants. Er hat den Horváth-&-Partners-Ansatz für Konzernplanung sowie für treiberbasierte Planung wesentlich weiterentwickelt und eine Vielzahl von Unternehmen bei der Optimierung ihrer Planung beraten.

Sascha Brosig
Principal im Competence Center Controlling & Finance bei Horváth & Partners Management Consultants in Frankfurt am Main.

Prof. Dr. Ralf Eberenz
Lehrt an der NORDAKADEMIE Controlling, Rechnungswesen und Allgemeine Betriebswirtschaftslehre. Zudem ist er als Senior Advisor für Horváth & Partners Management Consultants tätig.

Christina Eilers
Principal und Leiterin des Kompetenzfeldes Business Intelligence im Competence Center Controlling & Finance bei Horváth & Partners Management Consultants in Stuttgart.

Martin Esch
Wissenschaftlicher Mitarbeiter und Doktorand im Forschungsschwerpunkt Controlling & Innovation am Strascheg Institute for Innovation, Transformation and Entrepreneurship (SITE) der EBS Universität für Wirtschaft und Recht in Oestrich-Winkel.

Prof. Dr. Ronald Gleich
Vorsitzender der Institutsleitung des Strascheg Institute for Innovation, Transformation and Entrepreneurship (SITE) der EBS Universität für

Wirtschaft und Recht in Oestrich-Winkel sowie geschäftsführender Gesellschafter der Horváth Akademie GmbH in Stuttgart.

Kai Grönke
Partner im Competence Center CFO Strategy & Organization bei Horváth & Partners Management Consultants und Leiter des Büros in Düsseldorf. Er ist Autor mehrerer Veröffentlichungen zum Aufbau und zur Umsetzung von CFO-Strategien, Finance Transformation-Programmen sowie zur Konzeption und Umsetzung von Steuerungslogiken.

Timo Gutbub
Head of Controlling und Verantwortlicher für das Group- und Divisionscontrolling der Kistler Group in Winterthur. Er hat das Standardreporting bei Kistler strukturiert und erfolgreich implementiert.

Jörg Hanken
Transfer Pricing Partner PwC München, Steuerberater, CVA, Diplom-Wirtschaftsinformatiker.

Stephan Jansen
Leiter des operativen Controllings bei SOKA-BAU in Wiesbaden und zuvor als Vorstandsassistent in einem DAX-Konzern tätig.

Andreas Kirchberg
Principal und Leiter des Kompetenzfeldes „Organizational Effectiveness" bei Horváth & Partners Management Consultants in Düsseldorf.

Dirk Knauer
Strategieberater und Interimsmanager mit den Schwerpunkten Informationsmanagement und Unternehmenssteuerung und Autor des Buches „Act Big – Neue Ansätze für das Informationsmanagement".

Dr. Kai Kruk
Senior Specialist im Corporate Controlling der BASF SE in Ludwigshafen.

Jörg Leyk
Partner im Competence Center Controlling & Finance bei Horváth & Partners Management Consultants und Leiter des Büros in Hamburg.

Simon Math
Managing Consultant im Competence Center Controlling & Finance von Horváth & Partners Management Consultants und Experte für Planung und Forecasting. Er hat in den letzten Jahren eine Vielzahl an Projekten zur Neugestaltung von Planungsprozessen und der Neuausrichtung der Unternehmenssteuerung in verschiedenen Großkonzernen begleitet.

Daniel Müller
Senior Project Manager im Bereich CFO Strategy & Organization bei Horváth & Partners Management Consultants in Düsseldorf.

Dr. Andreas Pöschl
Managing Consultant im Competence Center Controlling & Finance bei Horváth & Partners Management Consultants in Frankfurt am Main.

Prof. Dr. Diane Robers
Leiterin des Forschungsbereichs Entrepreneurship am Strascheg Institute for Innovation, Transformation and Entrepreneurship (SITE) der EBS Universität für Wirtschaft und Recht in Oestrich-Winkel.

Matthias Rosenthal
Wissenschaftliche Hilfskraft beim Fraunhofer Institut für Arbeitswirtschaft und Organisation in Stuttgart.

Gerrit Schildmeyer
Head of Corporate Controlling bei der Bayer AG in Leverkusen, zuvor in unterschiedlichen leitenden Positionen im Bayer Konzern, u. a. Business Planning & Administration (BPA) Consumer Care mit Sitz in den USA, BPA Product Supply bei Bayer HealthCare in Leverkusen, Stabsleiter Bayer do Brasil in Brasilien.

Norbert Schleicher
Referent bei SOKA-BAU in Wiesbaden, u. a. verantwortlich für die Bereiche Business Cases, Vertriebs- und Projektcontrolling sowie das Budget Management.

Dr. Mike Schulze
Forschungsdirektor Controlling & Innovation am Strascheg Institute for Innovation, Transformation and Entrepreneurship (SITE) der EBS Universität für Wirtschaft und Recht in Oestrich-Winkel.

Prof. Dr. Andreas Seufert
Direktor des Instituts für Business Intelligence an der Steinbeis Hochschule Berlin sowie Leiter des Fachkreises BI/Big Data und Controlling des Internationalen Controller Vereins (ICV).

Stefan Stark
Leiter des zentralen Controllings bei SOKA-BAU in Wiesbaden, u. a verantwortlich für die Bereiche Risikomanagement, Unternehmensentwicklung, Asset- und Portfoliomanagement, Projektcontrolling.

Philipp Thiele
Wissenschaftlicher Mitarbeiter und Doktorand im Fachbereich Controlling & Innovation am Strascheg Institute for Innovation, Transformation and Entrepreneurship (SITE) der EBS Universität für Wirtschaft und Recht in Oestrich-Winkel.

Marc Wiegard
Principal im Competence Center Financial Industries bei Horváth & Partners Management Consultants in Hamburg.

Roger Willi
CFO der Kistler Group in Winterthur und verantwortet die Bereiche Controlling, Finanzen und ICT. Er hat die finanzielle Steuerung der Kistler Group über die letzten Jahre maßgeblich beeinflusst und hat sich insbesondere stark für die Implementierung und Umsetzung des rollierenden Forecast sowie der Finanzsoftwaretools eingesetzt.

Kapitel 1: Standpunkt

Experten-Interview zum Thema „Konzerncontrolling 2020"

Interviewpartner:

Gerrit Schildmeyer, Head of Corporate Controlling bei der Bayer AG in Leverkusen, zuvor in unterschiedlichen leitenden Positionen im Bayer Konzern, u.a. Business Planning & Administration (BPA) Consumer Care mit Sitz in den USA, BPA Product Supply bei Bayer HealthCare in Leverkusen, Stabsleiter Bayer do Brasil in Brasilien.

Unternehmensbeschreibung Bayer AG

Die Bayer AG ist ein Life-Science-Unternehmen mit Kernkompetenzen auf den Gebieten Gesundheit und Agrarwirtschaft. Sie hat ihren Sitz in Leverkusen, beschäftigt konzernweit über 100.000 Mitarbeiter und ist in fast allen Ländern der Erde geschäftlich vertreten.

Mit den Divisionen Pharmaceuticals, Consumer Health und Crop Science sowie der Geschäftseinheit Animal Health besitzt die Bayer AG eine führende Position in innovationsgetriebenen, schnellwachsenden Märkten. Mit ihrem Produktportfolio und den zahlreichen weltweit bekannten Marken erwirtschaftete der Konzern im Jahr 2015 mit seinem Life-Science-Geschäft einen Umsatz von mehr als 34 Mrd. Euro.

Das Interview führten:

Jörg Leyk, Partner im Competence Center Controlling & Finanzen bei Horváth & Partners Management Consultants und Leiter des Büros in Hamburg.

Martin Esch, Wissenschaftlicher Mitarbeiter und Doktorand im Forschungsschwerpunkt Controlling & Innovation am Strascheg Institute for Innovation, Transformation and Entrepreneurship (SITE) der EBS Universität für Wirtschaft und Recht in Oestrich-Winkel.

Aufbau und Struktur des Konzerns

Herr Schildmeyer, können Sie uns einleitend einen kurzen Überblick über die Entwicklung der Organisationsstruktur bei der Bayer AG geben?

Schildmeyer: Zu Beginn meiner Tätigkeit bei Bayer – Ende der neunziger Jahre – setzte sich der Konzern aus einem Konglomerat vieler einzelner Geschäfte zusammen. 2002 wurde dann eine Holdingstruktur mit operativ selbständigen Teilkonzernen geschaffen. In diesem Setting war es besser

Standpunkt

möglich, Portfolioentscheidungen zu treffen, aber auch, den Teilkonzernen eine gewisse Autonomie in der Geschäftssteuerung zu gewähren.

Durch aktives Portfolio-Management in den letzten Jahren und der jüngsten Ausgliederung von Bayer MaterialScience unter dem neuen Namen Covestro im vergangenen Jahr wurde Bayer zu einem reinen Life-Science-Unternehmen. Die bisherige Organisation mit der strategischen Management-Holding und den operativen Teilkonzernen wurde durch eine integrierte Struktur abgelöst. Das Geschäft wird über die drei Divisionen Pharmaceuticals, Consumer Health und Crop Science sowie die Geschäftseinheit Animal Health geführt. Die Corporate Functions, die Bayer Business Services und die Servicegesellschaft Currenta unterstützen das Geschäft.

Wie sieht in diesem Zusammenhang die Struktur des Controllings aus und über wie viele Mitarbeiter sprechen wir hier?

Schildmeyer: Die Controlling-Community bei Bayer, wie wir sie definieren, besteht aus über 1.000 Controllern. Neben dem Corporate Controlling und dem funktionalen Controlling besitzen wir divisionale, regionale und lokale Controllingeinheiten. Das funktionale Controlling agiert sowohl auf Konzernebene als auch auf der divisionalen Ebene. Auf Konzernebene werden sämtliche divisionsübergreifenden Support-Funktionen unterstützt. Innerhalb der Divisionen stehen vier zentrale Geschäftsfunktionen im Fokus des divisionalen Controllings: der Vertrieb, das Marketing, die Produktion sowie die Forschung & Entwicklung. Die regionalen Controllingeinheiten sind Teil der Divisionen, während die lokalen Controllingeinheiten wiederum auf Landesplattformen zu einem zentralen Controlling zusammengefasst werden. Die dem Landes-CFO unterstellten Funktionen wie auch das Controlling werden durch die neu geschaffene Rolle des Finance Business Partners in den operativen Managementteams lokal repräsentiert.

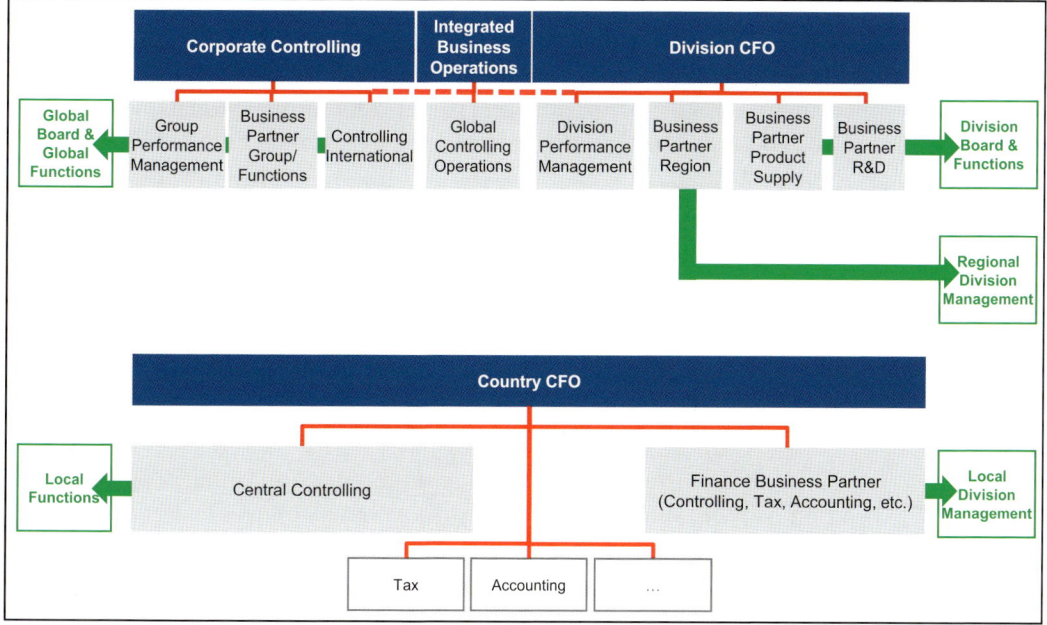

Abb. 1: Die Controlling-Organisation der Bayer AG (Auszug)

Herausforderungen und deren Auswirkungen auf den Controlling-Bereich

Sie haben die Veränderungen der letzten Jahre bereits erwähnt. Welche Auswirkungen hatte die Entscheidung, ein reines Life-Science Unternehmen zu werden, auf das Controlling?

Schildmeyer: Das aktive Portfolio-Management und die Aufgabe der Holdingstruktur haben natürlich auch Auswirkungen auf das Controlling bei Bayer. Dadurch, dass wir das Controlling zuvor bewusst dezentral und somit nah am Geschäft geführt haben, wurde eine gewisse Autonomie bei der Entwicklung von Controlling-Tools, -Methoden und -Prozessen erlaubt und die Functional Excellence – in Form von übergreifenden Best-Practices, Standards und einheitlichen Prozessen – eher hinten angestellt. Das Corporate Controlling hatte dabei vor allem die Business-Partner-Funktion für den Bayer-Vorstand inne, die sich mit Themengebieten wie Performance Management, dem Planungs- und Steuerungsprozess und Ressourcen- und Funktionskosten-Controlling beschäftigt hat. Der Einfluss auf die Ausgestaltung von operativen Controlling-Prozessen war begrenzt, da diese in den Teilkonzernen und Servicegesellschaften verantwortet wurden.

Im Rahmen der Neuorganisation des Bayer-Konzerns haben wir dann im letzten Jahr unter dem Motto **One Company, One Function** auch die Support-Funktionen im Konzern überprüft und uns angeschaut, wie wir anhand eines übergreifenden **Target Operating Models** (TOM) die Funktionen klarer definieren und schärfen können. Die zentralen Fragen waren etwa,

- wie genau Functional Leadership bzw. in welchem Maß Governance ausgeübt werden muss,
- welche Elemente einem Operations-Teil zugeordnet werden können, der dann Design, Implementierungsaufgaben und transaktionale Tätigkeiten erledigt und repetitive Aufgaben übernimmt, und
- welche Inhalte in Form eines fokussierten Business-Partnerings nah am Geschäft ausgeübt werden sollten.

Die Schlagwörter „One Company, One Function" und „Target Operating Model" sind bereits gefallen. Was hat sich aus der Perspektive des Controllings in diesem Zusammenhang geändert?

Schildmeyer: Mit Veränderung der Konzernstruktur hat sich auch die Organisation des Corporate Controllings verändert. So haben wir Anfang des Jahres die Controllingeinheiten der Bayer-Healthcare-Plattform und unserer Servicegesellschaften (Bayer Business Services und die ehemalige Bayer Technology Services) in das Corporate Controlling integriert. Im Folgeschritt gilt es für uns nun, das Target Operating Model global umzusetzen, d.h., den konzernweiten Functional Lead – also die Ausübung der Governance-Rolle sowie die globale Operations-Einheit innerhalb der sogenannten Integrated Business Operations – zu gestalten. Im Gegensatz zu allen anderen konzernübergreifenden Support-Funktionen haben wir beim Controlling das Business-Partnering auf divisionaler und regionaler Ebene organisatorisch nicht an das Corporate Controlling angebunden, sondern belassen die Ressourcenverantwortung in der Division, um die besondere geschäftsnahe Ausrichtung des Controlling-Business-Partners zu betonen.

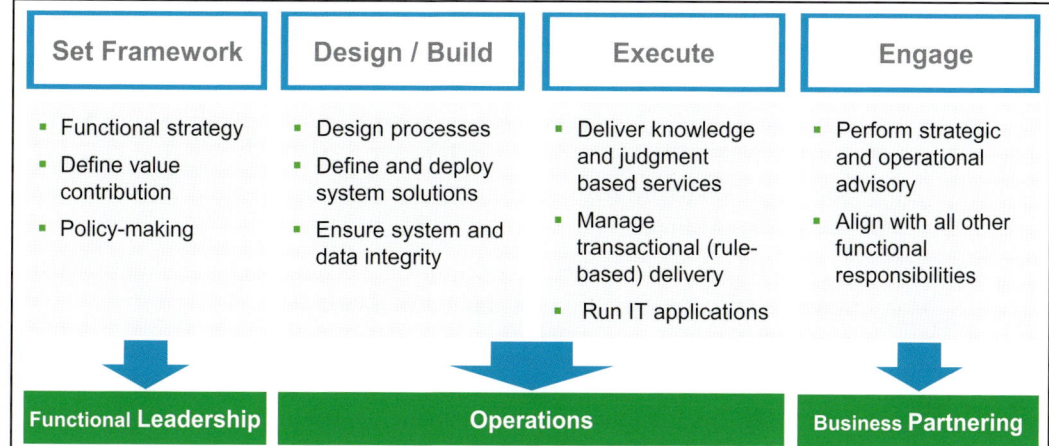

Abb. 2: Das Target Operating Model der Bayer AG

Wie kam es, dass Sie dem Operations-Teil sowohl transaktionale Tätigkeiten zugeteilt haben als auch eine Expertisefunktion sehen? Das ist innovativ!

Schildmeyer: Wir haben diese Entscheidung für alle in der Integrated Business Operations organisierten Einheiten getroffen, da wir davon überzeugt sind, dass Mitarbeiter, die täglich in bestimmte Tätigkeiten und Abläufe involviert sind, Ideen entwickeln, wie vor- bzw. nachgelagerte Prozesse effizienter gestaltet werden können. Dies soll dafür sorgen, dass wir über den Gesamtprozess hinweg denken und nicht nur einen Teil betrachten. Letztlich wollen wir dadurch ein Bindeglied zwischen vorgelagerten Aktivitäten, also insbesondere dem Design und der Implementierung von Prozessen, und der reinen Ausführung schaffen.

Das Target Operating Model und die erweiterte Rolle des Controllers

Das Target Operating Model führt zu der von Ihnen erwähnten Dreiteilung der Controlling Funktion. Welche Auswirkungen hat dies auf die Arbeit im Controlling?

Schildmeyer: Die Dreiteilung ist grundsätzlich nicht neu. Bisher nahmen allerdings mehrere Einheiten in wesentlichem Umfang jeweils alle Aufgaben gleichzeitig wahr. Durch das TOM schärfen wir die Rollen: Die Konzeptionierung und Koordination von übergreifenden Inhalten, Prozessen, Tools und Systemen obliegt dem Corporate Controlling als Functional Leader, unter der Maßgabe, das richtige Optimum aus Effizienzaspekten und Geschäftsanforderungen zu finden. Das Controlling

Operations übernimmt mit den dort zusammen gezogenen Experten dann die Entwicklung, Implementierung und transaktionale Unterstützung.

Die Controlling-Einheiten zur direkten Unterstützung der Divisionen und Funktionen können sich somit auf das eng mit dem Geschäft verbundene Business-Partnering konzentrieren, also auf die Arbeit mit den „Zahlen", und zu einem kaufmännischen Gewissen in den von Ihnen betreuten Management-Teams werden.

Gehört hier die Gewährleistung eines gewissen Grades an Standardisierung auch zum Functional Leadership dazu?

Schildmeyer: Das Thema Standardisierung spielt natürlich auch für das Controlling eine Rolle. Wichtig ist es, die richtige Mischung aus Standardisierung, für mich mit Functional Excellence übersetzt, und den zum Teil deutlich individuell ausgeprägten Anforderungen aus unseren Geschäften zu finden. Neben dem etablierten Dialog zwischen Divisionen und Corporate Controlling haben wir daher unsere Organisation so aufgestellt, dass wir zukünftig eine engere Arbeitsbeziehung mit den Landesplattformen unterhalten. Zum einen stellen die Controlling-Einheiten im Land als Statthalter für die Governance sicher, dass übergreifend definierte Prozesse und Tools eingehalten bzw. genutzt werden, zum anderen aber auch gleichzeitig den richtigen Support für das lokale Geschäft geben, indem sie uns den Geschäftsbedarf und die Anforderungen an globale Prozesse und Tools mitteilen. So wollen wir erreichen, dass wir von lokalen Best-Practices erfahren und diese dann nach Prüfung im Functional Lead durch Operations umgehend in einheitliche Services umsetzen, die dann wiederum der kompletten Controlling-Welt zur Verfügung stehen.

Länderplattform ist ein schönes Stichwort: Das bedeutet, dass die Controller in den Ländern nicht dem divisionalen Leiter unterstehen sondern an einen Plattformleiter berichten?

Schildmeyer: Wie bereits bei der Aufbauorganisation beschrieben, berichtet das Controlling im Land an den Landes-CFO. Unsere Geschäftseinheiten werden durch einen Stellvertreter des CFO, den sogenannten Finance Business Partner, im Management Team unterstützt. In der Vergangenheit nahm diese Rolle im Normalfall der Geschäftscontroller ein. Den Finance Business Partner haben wir damit über dem reinen Controlling angesiedelt. Er ist zuständig für sämtliche Inhalte, die der CFO im Land verantwortet, also im Wesentlichen die klassischen Themen aus Finanzen, Accounting, Controlling, Tax etc.

Der Finance Business Partner wird sicherlich weiterhin Schwerpunkte im Controlling Business-Partnering setzen, jedoch wird von seiner Rolle mehr Weitblick verlangt. Neben der bisher starken Fokussierung auf die Ergebnisrechnung, also operative Kennzahlen, nach denen wir das

Geschäft messen, soll er alle Aspekte des erfolgreichen Wirtschaftens im Blick behalten. Dazu gehören Cashflow-Themen oder Steueraspekte auf Landesebene. Der Finance Business Partner bedient sich bei seiner Aufgabenerledigung der im Land zentral aufgestellten Fachabteilungen.

Wie gewährleisten Sie, dass in solch einem zentral aufgesetzten Corporate-Governance-System auf Konzernebene das notwendige Wissen vorhanden ist, um gute Leadership zu erreichen und den Ländern realisierbare Vorschläge unterbreiten?

Schildmeyer: Hier setzen wir auf den bereits angesprochenen engen Austausch zwischen allen Einheiten – über die Grenzen des Target Operating Models hinweg. Getreu unserem Grundsatz „Listen to lead" ist es entscheidend, dass gerade die Kollegen mit Governance-Aufgabe auf die Mitarbeiter im Geschäft – sowohl in Division/Region als auch im Land – zugehen und ihnen zuhören, um eine angemessene und gute Leadership ausüben zu können. Um den Kontakt zu den Ländern zu gewährleisten, haben wir z.B. innerhalb des Corporate Controllings eine neue Einheit geschaffen, die sich „Controlling International" nennt. Diese Einheit ist das Bindeglied zwischen den globalen Controlling-Einheiten, Functional Lead und Operations sowie den einzelnen Ländern. Sie setzt auf einen stetigen Dialog, um Prozesse und Methoden zu diskutieren sowie Best-Practices aufzunehmen und innerhalb der Headquarters und den globalen Funktionen weiterzutragen. Die Vorteile dieser Verzahnung und des intensiveren Austausches sind für uns heute schon sichtbar. Wir gehen bereits jetzt mit Quick-Wins in unseren diesjährigen Planungsprozess und konnten erstmalig einen gemeinsamen Ansatz zwischen uns und allen Divisionen in harmonisierte Zeitpläne umsetzen. Ferner hilft Controlling International im Falle von Eskalationsbedarf und führt bei lokalen Konflikten zielgerichtete Diskussionen mit den globalen Playern, um anschließend abgestimmte Anweisungen ins Land zurück zu kommunizieren.

Wir haben die Veränderungen des Target Operating Model in der Aufbauorganisation bereits intensiv diskutiert. Welche Auswirkungen ergeben sich hinsichtlich der Ablauforganisation, insbes. auf Prozesse und Systeme?

Schildmeyer: Auch hier müssen wir große Veränderungen bewältigen. Bereits vor einigen Jahren haben wir unter dem Projektnamen „data.one" eine Entwicklung angestoßen, um die Systeme und Tools der Teilkonzerne durch ein einziges Bayer-System, am Ende einer übergreifenden und weitreichenden Business Intelligence, zu ersetzen. Mit der Auflösung der Teilkonzerne und der Reorganisation unserer Support-Funktionen hat dieses Projekt nochmals mehr Dynamik bekommen.

Insbesondere in den Bereichen Reporting, Analytics sowie Planung und Steuerung werden wir bestehende Strukturen mittelfristig verändern und gleichzeitig natürlich versuchen, Quick-Wins auf operativer Ebene sofort zu realisieren. Die Schaffung der zukünftigen Strukturen und Tools wird dabei von Controlling Operations übernommen. Unterschiedlich zu anderen transaktionalen Prozessen, die wir unter den Integrated Business Operations bündeln, stellen wir bei der Transformation der Controlling-Prozesse die Produkte und Tools und nicht die detaillierte Prozessbeschreibung in den Vordergrund. Das bedeutet, dass wir die finalen Prozesse erst mit Vorliegen der Business-Intelligence-Strukturen und Tools festlegen und nicht a priori, wie im transaktionalen Umfeld sonst üblich.

Veränderungen durch das neue Target Operating Model und deren Nutzen

Das Target Operating Model bringt nennenswerte Veränderungen in der Arbeitsteilung im Controlling. Was versprechen Sie sich davon?

Schildmeyer: Das Target Operating Model ermöglicht uns eine stärkere Fokussierung auf die Rollen des mehr strategisch ausgeprägten Functional Leaders, des Controlling-Experten in Operations und des Business-Partners als Berater des operativen Geschäfts, der Controlling-Inhalte interpretiert und nicht mehr selbst generieren muss. Am Ende müssen wir den Erfolg im Controlling daher auch am geschaffenen Wert beurteilen, und der soll nicht nur anhand des Inputs, also dem kosteneffizienten Ressourceneinsatz zu Controlling-Prozessen, sondern vor allem an der Qualität des Controllings und seinen Beiträgen zu besseren kaufmännischen Entscheidungen und zum Geschäftserfolg gemessen werden.

Die verbesserte Entscheidungsunterstützung resultiert in gewissem Maße aus der Trennung zwischen dem Business-Partnering und dem Operations-Teil, mit der neue Rollenprofile für Ihre Mitarbeiter geschaffen wurden. Welche Art von Rückmeldung erhalten sie hier?

Schildmeyer: Da die beiden Aufgaben bisher noch stark miteinander verbunden waren und der einzelne Mitarbeiter sowohl Controlling-experte als auch Business-Partner des Geschäfts war, ist es verständlich, dass – wie bei jedem Change-Prozess – eine gewisse Verunsicherung zu spüren ist. In der extremen Ausprägung wird derzeit das Bild verwendet, dass Functional Leadership nur noch „Word", das Business-Partnering nur noch „Power Point" und Controlling Operations nur „Excel" benutzen darf. Diese Silobildung ist nicht gewünscht und wird es auch in dieser Form nicht geben. Allerdings ist nicht jeder für jede Rolle gleichsam geeignet, da individuelle Stärken durchaus in der konzeptionellen Arbeit oder in der Umsetzung von Prozessen und der Gestaltung von Tools oder in der geschäftsorientierten Interpretation von Inhalten für die Entscheidungsfindung liegen können. Wir werden durch Job Rotation und über Personalentwicklung sicherstellen, dass wir nicht dem Taylorismus verfallen, trotzdem aber individuelle Stärken stärken.

Ausblick und zukünftige Weiterentwicklung des Controllings

Wenn wir das Besprochene Revue passieren lassen: Veränderung des Gesamtkonzerns, veränderte Aufbauorganisation im Controlling, neues Target Operating Model, neue weltweite BI-Systeme, neue Controlling-Prozesse und der angesprochene Kulturwandel. Sagen Sie, jetzt reicht es erst einmal oder gibt es schon weitere Ideen für die Zukunft?

Schildmeyer: Ich glaube, wir alle müssen realisieren – und das betrifft nicht nur die Kollegen im Controlling und unser Unternehmen als Ganzes, sondern vermutlich jeden in unserer Gesellschaft – dass der Wandel zum Standard geworden ist. Der alte Spruch „Stillstand ist Rückschritt" ist valider denn je. Die Zeiten, in denen es lediglich ein oder wenige Projekte gab, diese abgeschlossen wurden und es erst nach einigen Jahren wieder zur nächsten Veränderungswelle kam, wird es aus meiner Sicht nicht mehr geben. Heutzutage ist es notwendig geworden, mehrere Veränderungsmaßnahmen parallel zu bewältigen und bereits in diesem Prozess über weitere Maßnahmen, sich diesem anschließende Veränderungen, nachzudenken. Das ist nicht immer angenehm und fühlt sich eigentlich nur gut an, wenn man es schafft, eine positive Aufbruchsstimmung zu erzeugen.

Diese Aufbruchsstimmung gibt es derzeit bei Bayer, und ich möchte sie in meiner Rolle nutzen, um das „Wir-Gefühl" innerhalb der Controlling-Funktion zu stärken. Wir werden uns Freiräume schaffen, indem wir uns gegenseitig weniger kontrollieren und Ressourcen und Energie aus redundanter und nicht-wertschaffender Arbeit freisetzen. Diese Freiräume werden wir gezielt einsetzen, um Veränderung aktiv zu treiben. Da dieser Prozess alle meine Controlling-Kollegen einschließt und ihnen den Raum für Innovation schafft, mache ich mir keine Sorgen, dass uns die Ideen ausgehen werden.

Ein sehr schönes Schlusswort! Lieber Herr Schildmeyer, vielen Dank für die interessanten Einblicke und das anregende Gespräch.

Standpunkt

Kapitel 2: Grundlagen & Konzepte

Konzerncontrolling: Aufgaben, Funktionen und zukünftige Schwerpunkte in Abhängigkeit von der Konzernstruktur

- Bei einer Vielzahl von Konzernen besteht das Portfolio aus unzähligen Minder- bzw. Mehrheitsbeteiligungen. Dies führt i.d.R. zu komplexen Unternehmensstrukturen, die nachfolgend auch mit höheren Anforderungen an ein modernes Konzerncontrolling einhergehen.
- Aufgabe des Konzerncontrollings ist es, durch die Auswahl geeigneter Instrumente und Methoden eine qualifizierte Entscheidungsgrundlage für die Konzernführung bereitzustellen und zugleich effektive Planungs- und Kontrollprozesse im Konzern zu etablieren.
- Der vorliegende Beitrag beschreibt, wie das Konzerncontrolling in unterschiedliche Konzernstrukturen eingebettet ist. Dabei werden zunächst organisatorische Aspekte von Konzernen beschrieben, die Aufgabenfelder des Konzerncontrollings erläutert und zukünftige Schwerpunkte des Konzerncontrollings vorgestellt.

Inhalt		Seite
1	Relevanz in der Unternehmenspraxis	29
2	Organisation des Konzerns und die Auswirkungen auf das Konzerncontrolling	30
2.1	Finanz-Holding	30
2.2	Management-Holding	31
2.3	Stammhauskonzern	31
2.4	Mischformen und Führungsanspruch	32
3	Aufgaben und Funktionen des Konzerncontrollings	33
3.1	Orientierung an Konzernzielen	33
3.2	Rollen-Profile im Konzerncontrolling	34
4	Zukünftige Schwerpunkte im Konzerncontrolling	34
4.1	Planung und Kontrolle	35
4.2	Steuerung im Konzern	36
4.3	Transferpreise	38
5	Zusammenfassung und Ausblick	39
6	Literaturhinweise	40

- **Die Autoren**

Martin Esch, Wissenschaftlicher Mitarbeiter und Doktorand im Forschungsbereich Controlling & Innovation am Strascheg Institute for Innovation, Transformation and Entrepreneurship (SITE) der EBS Universität für Wirtschaft und Recht in Oestrich-Winkel.

Dr. Mike Schulze, Forschungsdirektor Controlling & Innovation am Strascheg Institute for Innovation, Transformation and Entrepreneurship (SITE) der EBS Universität für Wirtschaft und Recht in Oestrich-Winkel.

Prof. Dr. Ronald Gleich, Vorsitzender der Institutsleitung des Strascheg Institute for Innovation, Transformation and Entrepreneurship (SITE) der EBS Universität für Wirtschaft und Recht in Oestrich-Winkel sowie geschäftsführender Gesellschafter der Horváth Akademie GmbH in Stuttgart.

1 Relevanz in der Unternehmenspraxis

Nahezu jedes bedeutende Unternehmen wird in der heutigen Zeit als Konzern bezeichnet. Mag diese Bezeichnung in einer Vielzahl der Fälle wie z.B. für den VW-Konzern mit seinen mehr als 300 Beteiligungen korrekt sein, ist die Richtigkeit dieser Aussage in manch anderer Situation nicht ad hoc zu beantworten.

Konzern oder Großunternehmen?

Doch welche Charakteristika muss ein Konzern oder ein Konzernunternehmen aufweisen, um auch aus betriebswirtschaftlicher Sicht als solcher/solches angesehen zu werden? Aus definitorischer Sicht findet sich in der Literatur eine Ansammlung unterschiedlicher Abgrenzungen, in denen der Begriff sowohl weiter als auch enger ausgelegt wird. Eine besonders treffende Definition führen Macharzina und Pohle in diesem Zusammenhang an. Sie bezeichnen einen Konzern „unter Heranziehung wirtschaftlich-materieller Kriterien als einen Unternehmenszusammenschluss, [...] indem die wesentlichen unternehmerischen Entscheidungen von einer Konzernleitung getroffen werden, wodurch die Entscheidungsfreiheit der Konzerngesellschaften zumindest partiell eingeschränkt ist".[1] Das Besondere hierbei: Die Konzerngesellschaften müssen rechtlich selbständige Einheiten bilden.[2]

Häufig wird in Zusammenhang mit dem Konzernbegriff auch über eine sog. Holding bzw. Holdingstruktur eines Unternehmens gesprochen. Hierbei wird jedoch keine Rechtsform beschrieben, sondern lediglich eine Art und Weise, wie Einzelunternehmen untereinander organisiert sind und miteinander interagieren.[3]

Solche zentralisierten Strukturen können auf der einen Seite zu Synergieeffekten und einer verbesserten Durchsetzung von getroffenen Entscheidungen führen, bringen auf der anderen Seite jedoch Komplexität und Fragen in der Unternehmensführung mit sich. Diese reichen von der Schwierigkeit der Implementierung einer konzernweit einheitlichen Daten- und Prozesslandschaft, der Bewertung von Investitionsentscheidungen und die daran anschließende Kapitalallokation bis hin zur Harmonisierung von Zeitplänen in Planungs- und Budgetierungsprozessen.

Das Für und Wider

Dem Konzerncontrolling, als Bindeglied zwischen dem Vorstand und den Fach- und Geschäftsbereichsebene der Konzerngesellschaften, ist bei all diesen Aspekten eine zentrale Rolle zuzuordnen. *Landsmann* bezeichnet das Konzerncontrolling in diesem Zusammenhang „als Teilfunktion der Konzernführung mit systemgestaltenden und -nutzenden Aufgaben im Bereich der Planung und Kontrolle".[4]

---

[1] Macharzina/Pohle, 2003, S. 395.
[2] Vgl. § 18 AktG.
[3] Vgl. Kaminski/Strunk, 2006, S. 123.
[4] Landsmann, 1998, S. 39.

Im Folgenden soll zunächst beispielhaft die Organisation des Konzerncontrollings und nachfolgend dessen Aufgaben und Funktion dargestellt werden.

2 Organisation des Konzerns und die Auswirkungen auf das Konzerncontrolling

Konzernstruktur determiniert Konzerncontrolling

Der Aufbau und die sich daran anschließenden Aufgaben und Funktionen des Konzerncontrollings stehen in starker Abhängigkeit zur Struktur und Art des Konzerns.

Liegt dem Konzern eine Holdingstruktur zu Grunde, kann diese im Wesentlichen in drei unterschiedliche Formen unterteilt werden. Hierzu zählen:

- die Finanz-Holding,
- die Management-Holding sowie
- der Stammhauskonzern.

2.1 Finanz-Holding

Grundsätzlich strebt eine Finanz-Holding keine direkte Einflussnahme auf die operativen Geschäfte der (Tochter-)Gesellschaften an. Eine gewisse Nähe und Einfluss auf die Gesellschaft zu wahren, ist einer Finanz-Holding über die Besetzung von Kontrollgremien oder über Gesellschafter- bzw. Aktionärsversammlung möglich.

Controlling in der Finanz-Holding

Die zentrale Aufgabe des Controllings, bei der Einbettung in eine Finanz-Holding, kann in der Konsolidierung von Finanz- und Ergebnisgrößen (z.B. Return on Investment, Economic Value Added) und der darauf aufbauenden Berichterstattung an das Top-Management des Konzerns gesehen werden. Die eigenständige und losgelöste Durchführung des strategischen und operativen Controllings auf Ebene der Gesellschaften führt zwangsläufig zu einer gewissen Heterogenität, die in Kombination mit unterschiedlichen Marktgegebenheiten bspw. zu anderen Ansätzen im Planungsprozess oder in den Berichtsstrukturen führen kann.

Das Konzerncontrolling in diesem Umfeld ist im Verhältnis zu den anderen beiden erwähnten Holdingstrukturen eher schwach ausgeprägt. Insbesondere in einem stabilen Marktumfeld und bei einer sehr heterogenen Portfoliostruktur erscheint diese Organisationsform von Vorteil.[5]

---

[5] Vgl. Lube, 1997, S. 314.

2.2 Management-Holding

Eine Management-Holding greift intensiver in die Geschäftsentwicklung der Tochtergesellschaften ein, indem sie starken Einfluss auf das strategische Controlling nimmt. Der Zugriff auf das strategische Controlling – z.B. mittels einer Balanced Scorecard oder Strategy Map – ermöglicht es, einheitliche Ziele für den Konzern zu definieren. Im Gegensatz dazu sind die Tochtergesellschaften in der Ausgestaltung des operativen Controllings unabhängig vom Konzern. Aus diesem Grund besteht, wie auch bei einer Finanz-Holding, die Gefahr einer nicht ausreichenden Informationsbereitstellung für das Top-Management.

Die Schwerpunktarbeit einer Abteilung „Konzerncontrolling", innerhalb einer Management-Holding, liegt nicht nur in den Bereichen der strategischen Planung und des damit verbundenen Risk- und Portfoliomanagements, sondern auch im Bereich des Beteiligungscontrollings.

Controlling in der Management-Holding

Während die Hauptaufgabe des Beteiligungscontrollings in einer Koordinations- und Informationsfunktion gesehen wird, muss die Zielsetzung in der Planung darin bestehen, ein einheitliches Planungs- und Berichtswesen mit harmonisierten Deadlines für die einzelnen Tochtergesellschaften durchzusetzen. Die Einflussnahme und die definierten Schwerpunkte des Konzerncontrollings in einer Management-Holding entfalten insbesondere dann ihre Wirksamkeit, wenn die einzelnen Tochtergesellschaften annähernd identische Kernkompetenzen aufzeigen.

2.3 Stammhauskonzern

Das von einem Stammhauskonzern, häufig auch als Operative Holding bezeichnet, etablierte Führungsverständnis bringt den höchsten Grad an Einfluss mit sich. Die Eingriffstiefe der Muttergesellschaft ist in diesem Fall am größten. Da der Konzern bzw. die Muttergesellschaft meist eigenständig am Markt tätig ist, beschränken sich Beteiligungen auf kleinere Gesellschaften, die meist nur eine ergänzende Funktion – z.B. im Rahmen des Produktionsprozesses – innehaben.[6] Die Vorteile des Stammhauskonzerns werden in der Nähe zum Markt und der Realisierung von Synergieeffekten gesehen. Da der Stammhauskonzern den größten Zentralisierungsgrad mit sich bringt, ist eine solche Organisationsform nur bei sehr homogenen Geschäftsbereichen sinnvoll.

In einem Stammhauskonzern unterscheidet sich das Konzerncontrolling sehr geringfügig von einer Controlling-Einheit innerhalb eines einzelnen Unternehmens, das nicht aus mehreren rechtlich unabhängigen Einheiten

Controlling im Stammhauskonzern

---

[6] Vgl. Reichmann, 2011, S. 634.

besteht.[7] Zum Aufgabenfeld des Konzerncontrollings gehören sowohl die Informationsversorgung des Managements als auch die operative und strategische Steuerung des Konzerns.

2.4 Mischformen und Führungsanspruch

Die Übergänge zwischen einzelnen Konzernformen sind keineswegs starr, sondern können sehr stark verschwimmen. Unter der Berücksichtigung von Marktgegebenheiten oder des Wettbewerbsumfeldes kommt es häufiger vor, dass Konzerne einzelne Tätigkeiten auslagern und diese von Mutter- sowie allen Tochtergesellschaften genutzt werden können. Als Beispiel sei hier das, in den letzten Jahren immer populärer gewordene, Outsourcing von Verwaltungsfunktionen wie der Buchhaltung oder der IT zu nennen.[8]

	Finanzieller Führungsanspruch	Strategischer Führungsanspruch	Operativer Führungsanspruch
Finanz-Holding	x		
Management-Holding	x	x	
Stammhauskonzern	x	x	x

Grad der Einflussnahme	• Selten und unregelmäßig • Begrenzt auf finanzielle Steuerung	• Begrenzt, meist je Quartal • Fokussiert auf Richtlinie, finanzielle und strategische Steuerung	• Umfassend und häufig • Fokussiert auf operative Performance
Rolle des Konzerncontrollings	• Rahmenvorgaben und Finanzkonsolidierung	• Rahmenvorgaben, strategische Führung und Koordination	• Detaillierte Vorgaben, Prozesse

Abb. 1: Rolle des Konzerncontrollings bei unterschiedlichen Holdingstrukturen[9]

Art der Holdingstruktur bestimmt Grad des Führungsanspruchs

In Ergänzung zu diesen Aspekten, können die drei beschriebenen Konzernarten – wie bereits zuvor kurz angedeutet – auch anhand des Grades ihres Führungsanspruches voneinander unterschieden werden. Während eine

---

[7] Vgl. Jung, 2014, S. 47.
[8] Vgl. Behringer, 2014, S. 12.
[9] In Anlehnung an Horváth/Gleich/Seiter, 2015, S. 406.

Finanz-Holding lediglich einen finanziellen Führungsanspruch für sich beansprucht, wird dieser bei einer Management-Holding um eine strategische Komponente erweitert. Bei einem Stammhauskonzern ist darüber hinaus auch die operative Führung Teil des Anspruches seitens des Konzerns (s. Abb. 1).[10]

3 Aufgaben und Funktionen des Konzerncontrollings

Das Konzerncontrolling besitzt je nach Konzernstruktur eine sehr unterschiedliche Fokussierung. In den folgenden Kapiteln werden schwerpunktmäßig die Aufgaben der Controlling-Einheit des Konzerns betrachtet, die Unterschiede zu den Funktionen innerhalb eines Einzelunternehmens aufweisen oder in ihrer Ausübung innerhalb eines Konzernumfeldes eine andere Fokussierung mit sich bringen.

3.1 Orientierung an Konzernzielen

Die Aufgaben und die Funktionen des Konzerncontrollings orientieren sich primär an den Erfolgszielen des Konzerns, deren unterschiedliche Zielsetzung zu einer veränderten Schwerpunktsetzung innerhalb der Abteilung führt.

Orientierung der Aufgaben am Führungsverständnis

Ist das primäre Ziel eines Konzerns eher an monetäre Kriterien geknüpft – hierzu zählen z.B. das Erreichen eines bestimmten Return on Investment oder einer gewissen Umsatzrendite – sollte der Fokus der Arbeit des Konzerncontrollings auf der Informationsversorgung und auf Konzernplanungs- und Steuerungsaufgaben liegen.

Liegt der Schwerpunkt auf der Erreichung nicht-monetärer Ziele wie z.B. der Mitarbeiterzufriedenheit, gehören auch Aspekte wie die Etablierung einer einheitlichen Governance oder die Personalentwicklung in Bezug auf den Controller-Bereich zu den Aufgabenfeldern des Konzerncontrollings.[11]

Eine zentrale Aufgabe des Konzerncontrollings, welche in dieser Ausprägung bei Einzelunternehmen nicht zu finden ist, ist das Portfoliomanagement, als Teil der strategischen Konzernplanung. Ein wesentliches Aufgabenfeld in diesem Zusammenhang liegt in der Bewertung von Investitionsentscheidungen und der sich daran anschließenden Allokation von finanziellen Mitteln zu einzelnen Tochtergesellschaften.[12] Darüber hinaus kommen Aufgaben, wie z.B. die Bewertung interner Leistungs-

Sonderaufgabe Portfoliomanagement

---
[10] Vgl. Horváth/Gleich/Seiter, 2015, S. 405.
[11] Vgl. Ziener, 1985, S. 57 ff.
[12] S. hierzu auch Alfs, 2015, S. 55 ff.

ströme oder auch Kapitalallokationsfragen wie die Bewertung von potenziellen Unternehmenszukäufen oder Desinvestitionen im Rahmen der Innenfinanzierung des Konzerns hinzu.

3.2 Rollen-Profile im Konzerncontrolling

Eine Einheit – mehrere Rollen

Häufig werden dem Konzerncontrolling auch Rollen-Profile, meist als Teil eines zuvor definierten Operating Models, zugesprochen, um dessen Aufgaben und Funktion zunächst generisch zu kategorisieren. Im Wesentlichen kann hier zwischen drei Rollen-Profilen unterschieden werden:

- dem eines Business Partners,
- einer Functional Leadership bzw. Governance-Rolle sowie
- einer operationalen Rolle.

Als Business Partner liegt die Aufgabe des Konzerncontrollings in der direkten Unterstützung des Top-Managements bei strategischen Entscheidungen und Hilfe bei der Interpretation von Daten aus Berichts- und Kontrollsystemen. Der Controller fungiert in diesem Setting sozusagen als Co-Pilot des „Business". Wichtig für den Controller ist hierbei, die Objektivität im Entscheidungsprozess sicherzustellen und als eine Art neutraler Berater wahrgenommen zu werden.

In seiner Governance-Rolle wird dem Konzerncontrolling die Aufgabe der zielgerichteten Führung und Überwachung von Unternehmensprozessen zugeteilt, innerhalb der die Abteilung Richtlinien und Prozesse vorgibt. Zudem erhöhen Instrumente, wie die Kosten- und Leistungsrechnung oder auch das Risikomanagement die Transparenz und Kontrolle im Konzern. Diese werden wiederum als essenziell für die Umsetzung einer „guten" Corporate Governance gesehen, was das Controlling bei Governance-Themen in den Vordergrund rücken lässt.

In der dritten, der operationalen Rolle, übernimmt das Konzerncontrolling meist transaktionale Tätigkeiten, wie z.B. die Erstellung von Berichten. Diese Aufgabe in Form einer reinen Informationsfunktion verliert jedoch mehr und mehr an Bedeutung. Eine Vielzahl von Unternehmen hat in jüngster Vergangenheit damit begonnen, transaktionale Tätigkeiten in sog. Shared Service Center (SSC) auszulagern.[13]

4 Zukünftige Schwerpunkte im Konzerncontrolling

Mit der Größe und der daraus zwangsläufig resultierenden Komplexität von Konzernen entstehen sowohl für das Konzerncontrolling als auch für

---

[13] Vgl. Wrage, 2014, S. 125f.

das Unternehmen teils sehr spezifische Fragestellungen. In der Praxis stehen hier aktuell drei Themenschwerpunkte im Fokus, die im Folgenden detaillierter betrachtet werden: Die Planungs- und Kontrollfunktion, die Steuerung im Konzern sowie die Ermittlung von Transferpreisen im Rahmen der internen Leistungsverrechnung.

4.1 Planung und Kontrolle

Wie auch in einem Einzelunternehmen, ist das Ziel der Konzernplanung, Leitplanken für die Steuerung des Konzerns zu definieren. Sowohl bei Planungsansätzen (z.B. Top-down, Bottom-up oder Gegenstromverfahren) als auch im Hinblick auf die Planungshorizonte ist in der Praxis kein Unterschied zwischen Konzernplanung und der Einzelunternehmensplanung erkennbar, was sie auf den ersten Blick nahezu identisch erscheinen lässt.[14] Nichtsdestotrotz gibt es Merkmale, in denen sich die Konzernplanung von der Planung eines Einzelunternehmens unterscheidet.

Unterschied zwischen Konzern- und Einzelunternehmensplanung

Die Planung auf Konzernebene weist einen geringeren Detaillierungsgrad im Vergleich zur Einzelplanung auf. Die Konzernplanung kann in diesem Zusammenhang auch als eine Art Metaplanung angesehen werden, die einem Planungsvorgang in den einzelnen Tochtergesellschaften vorausgeschaltet sein muss.[15] Der Grad der Einflussnahme auf die dezentrale Planung einzelner Teilgesellschaften ist stark von der in Kapitel 2 vorgestellten Konzernstruktur abhängig. Während bei einer Finanz-Holding der Einfluss sehr gering ausfällt, kann es in einem Stammhauskonzern vorkommen, dass die zentrale Planung auf Konzernebene mitunter starke Auswirkungen auf den operativen Planungsprozess der Tochtergesellschaften hat.

In einem nächsten Schritt ist bei den Planungen der Tochtergesellschaften darauf zu achten, dass das aus der Planung resultierende Budget eine homogene Struktur aufweist, da ansonsten eine spätere Form der Kontrolle (z.B. durch einen Soll-Ist Vergleich) nicht mehr gewährleistet werden kann.

Ein weiterer Unterschied, welcher auch mitverantwortlich für die steigende Komplexität der Konzernplanung ist, sind vorherrschende Informationsasymmetrien zwischen dem Konzerncontrolling und den dezentralen bzw. lokalen Controlling-Einheiten. Als weiterer Faktor kommt hier der, in Konzernen ausgeprägte, interne Leistungsaustausch und eine damit entstehende Interkonnektivität zwischen den einzelnen Tochtergesellschaften hinzu.

Informationsasymmetrien erhöhen Komplexität

---
[14] Vgl. Oehler/Seufert/Sexl, 2013, S. 211.
[15] Vgl. Behringer, 2014, S. 136.

Durch die erhöhte Komplexität im Konzern gewinnen auch die Elemente der Kontrolle an Bedeutung, die in drei unterschiedliche Aspekte unterteilt werden können. Zunächst werden in der ersten Stufe Abweichungen erkannt, anschließend deren Ursachen identifiziert und letztlich Maßnahmen zur Behebung der Ursachen abgeleitet.[16] Um der Komplexität entgegenzuwirken, gibt es neben dem Konzerncontrolling weitere Organe, die eine Kontrollfunktion übernehmen. Hierzu gehören die Konzernrevision, welche die Überwachungsfunktion für die Konzernleitung übernimmt, als auch der Aufsichtsrat, der die Tätigkeit des Vorstandes überwacht.[17]

4.2 Steuerung im Konzern

Planung und Kontrolle als Teil des Steuerungsprozesses

Die Intensität der Steuerung hängt von der Organisationsstruktur des Konzerns ab und steht in starkem Bezug zum Zusammenspiel zwischen Planung und Kontrolle. *Weber* und *Schäffer* beschreiben dieses Zusammenspiel in Abhängigkeit des verfügbaren Wissens in einer Organisation, dass sich sinnbildlich auch auf die verschiedenen Holdingstrukturen übertragen lässt (s. Abb. 2).

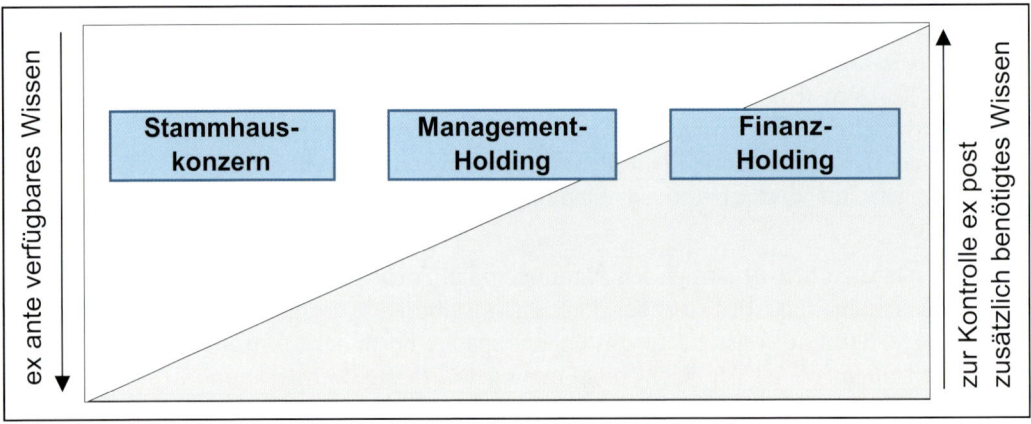

Abb. 2: Planung und Kontrolle in Abhängigkeit zum verfügbaren Wissen innerhalb der Controlling-Einheit[18]

Ob Stammhauskonzern, Management-Holding oder Finanz-Holding, jede Konzernstruktur bringt unterschiedliche Schwerpunkte in der Konzernsteuerung mit sich.

---

[16] Vgl. Weber/Schäffer, 2014, S. 252 f.
[17] Vgl. Behringer, 2014, S. 164 f.
[18] In Anlehnung an Weber/Schäffer, 2014, S. 258.

Konzerncontrolling: Aufgaben, Funktionen, Schwerpunkte

Das Konzerncontrolling eines Stammhauskonzerns verfügt im Vergleich zu einer Management- oder Finanz-Holding über einen sehr tiefen Einblick in die Geschäftstätigkeit des Konzerns, der bis hin zur operativen Ebene reichen kann. Eine Konzernsteuerung (durch das Controlling) ist in diesem Fall stark zentralisiert und kann sehr detailliert in die Planungsgestaltung und Budgetierung eingreifen. Dem Konzerncontrolling obliegt somit die Ausgestaltung zentraler Steuerungselemente und die Steuerung folgt häufig einem klassischen Top-Down-Ansatz. Da die Aufgabe untergeordneter Abteilungen in der Realisierung der vom Konzerncontrolling vorgegebenen Ziele liegt, sind die Kontrollaktivitäten meist auf eine überwachende Tätigkeit beschränkt.

Auch das Konzerncontrolling einer Management-Holding übt im Hinblick auf die Steuerung eine aktive Rolle aus. Durch die Vorgabe finanzieller als auch nicht-finanzieller Ziele übernimmt das Konzerncontrolling die strategische Führung der Teilgesellschaften, welche jedoch in ihrer operativen Tätigkeit autonom bleiben. Im Gegensatz zum Stammhauskonzern können potenzielle Synergiepotenziale im Rahmen der Steuerung jedoch in diesem Fall nicht vollständig ausgeschöpft werden.[19]

Die Konzernsteuerung bei einer Finanz-Holding beansprucht im Vergleich die geringsten Ressourcen. Eine Steuerung der Teilgesellschaften in diesem Zusammenhang beschränkt sich auf die Allokation von finanziellen Mitteln. Einzelnen Teilgesellschaften werden somit keine Zielvorgaben gemacht und stehen für die Zielerreichung eigenständig in der Verantwortung. Auch eine horizontale Harmonisierung der Zielvorgabe auf Ebene der Teilgesellschaften erfolgt nicht. Die Kontrolle beschränkt sich in einem solchen Fall auf die Messung des Zielerreichungsgrades mittels (finanzieller) Kennzahlen und der Koordinationsbedarf zwischen den Teilgesellschaften ist sehr gering. Die Generierung der Planungsinhalte erfolgt in diesem Fall meist anhand eines Bottom-up-Ansatzes aus den Teilgesellschaften heraus.[20]

Neben den erwähnten Steuerungsansätzen zwischen Konzernführung und einzelnen Teilgesellschaften entsteht auch zwischen den einzelnen Teilgesellschaften ein Koordinations- und Steuerungsbedarf. Als internes Steuerungsinstrument in Konzernen wird den Transfer- bzw. Verrechnungspreisen eine große Bedeutung beigemessen, auf die im Folgenden näher eingegangen wird.

---

[19] Vgl. Landsmann, 1998, S. 25.
[20] Vgl. Horváth/Gleich/Seiter, 2015, S. 406.

4.3 Transferpreise

Ein unterschätztes Instrument des Konzerncontrollings

Die Besonderheit von Transferpreisen liegt darin, dass sie nicht durch ein Zusammenspiel zwischen Angebot und Nachfrage in einem externen Marktumfeld entstehen. Generell dienen sie dabei zur Bewertung von Produkten oder Dienstleistungen, die innerhalb eines Konzerns erbracht werden.

Bedeutung von Verrechnungspreisen

Für das Konzerncontrolling haben Transferpreise bzw. Verrechnungspreise mehrere Funktionen zugleich. Neben einer Lenkungsfunktion wird ihnen auch eine Anreiz- und Kontrollfunktion zugesprochen. Als internes Lenkungsinstrument ermöglichen Verrechnungspreise die adäquate Berechnung der Selbstkosten einzelner Kostenstellen. Da mit der Bewertung von Produkten und Dienstleistungen innerhalb eines Konzerns auch die Ermittlung des Erfolgs einhergeht, kann somit auch die Anreizgestaltung für das Management an Verrechnungspreise geknüpft sein. Neben diesen internen Funktionen nehmen Verrechnungspreise auch externe Funktionen war. Hierzu zählen z.B. die Funktion der externen Erfolgsermittlung oder auch die Besteuerung des Gesamtkonzerns, die besonders dann eine wichtige Bedeutung erfährt, wenn der Leistungsaustausch zwischen den rechtlich selbstständigen Teilgesellschaften über Ländergrenzen bzw. Wirtschaftsräume hinweg durchgeführt wird.[21] Die besondere Herausforderung für das Konzerncontrolling liegt hierbei darin, Verrechnungspreise möglichst so festzulegen, dass die Zielkonflikte zwischen den einzelnen Funktionen möglichst gering gehalten werden.[22]

Grundsätzlich kann zwischen zwei Arten von Verrechnungspreisen unterschieden werden: Marktorientierte Verrechnungspreise und Kostenorientierte Verrechnungspreise.

Bei markorientierten Verrechnungspreisen wird für die Bewertung des internen Leistungsaustausches der jeweilige Marktpreis herangezogen, was zu einer objektiven Beurteilung der Transaktion führt. Ist ein einheitlicher Marktpreis nicht oder nur sehr schwer ermittelbar, kann der Preis an den intern zu erwartenden Kosten für ein Produkt bzw. eine Dienstleistung festgemacht werden. Der Vorteil hierbei liegt in der geringeren Volatilität der angesetzten Preise. Mitunter kann es bei marktorientierten Verrechnungspreisen zu großen Schwankungen kommen, die eine konsistente Erfolgsermittlung über einen längeren Zeitraum nicht zulassen.[23]

Verrechnungspreise als Steuerinstrument

In der Praxis entstehen Verrechnungspreise häufig auch aus Verhandlungen zwischen der Konzern-Holding und den einzelnen Teilgesellschaften. Ein wichtiger Aspekt hierbei ist u.a. die Steueroptimierung des

---

[21] Vgl. Schentler/Tyssen, 2012, S. 11.
[22] Vgl. Behringer, 2014, S. 179.
[23] Vgl. Trost, 1998, S. 57 ff.

Gesamtkonzerns. Beispielhaft zeigt sich dies an der Vielzahl von global agierenden Konzernen, die basierend auf Verrechnungspreisen, Leistungen und somit auch Gewinne von Teilgesellschaften verschieben, um somit ihre Steuerlast auf ein Minimum zu senken.

5 Zusammenfassung und Ausblick

Zusammenfassend kann festgehalten werden, dass Konzerne mit ihren zentralisierten Strukturen sowohl Synergieeffekte erfahren, jedoch auch mit einer erhöhten Komplexität konfrontiert sind. Bereits die Abgrenzung eines Großunternehmens von einem Konzern erscheint nicht auf den ersten Blick ersichtlich. In der Literatur wird die Organisationstruktur von Konzernen anhand drei wesentlicher Holdingstrukturen beschrieben. Hierzu gehören die Finanz-Holding, die Management-Holding und der Stammhauskonzern. In der Praxis verschwimmen diese Übergänge jedoch in manchen Fällen, was letztendlich zu individuell ausgestalteten Aufgaben des Konzerncontrollings innerhalb der Organisation führt. Diese reichen von einer reinen Informationsversorgung, der Kontrolle von Erfolgszielen und Steuerungsaufgaben, bis hin zur Etablierung einer einheitlichen Governance. Aufbauend auf diesen Aufgaben haben sich im Laufe der Zeit drei Rollenprofile des Controllings herauskristallisiert. Neben der bereits erwähnten Governance-Rolle existieren eine operationale sowie eine Business-Partner-Rolle.

Im weiteren Verlauf des Beitrages wurden die Auswirkungen steigender Komplexität auf das (Konzern-)Controlling in Bezug auf drei Themenschwerpunkten aufgezeigt. Hierzu zählten die Planung und Kontrolle, die Steuerung im Konzern sowie die Bedeutung von Transferpreisen. Während lediglich ein geringer Unterschied zwischen der Konzernplanung und der Planung des Einzelunternehmens erkannt wurde, steht die Konzernsteuerung in starker Abhängigkeit zur Organisationsstruktur. Daran anknüpfend wurde die Bedeutung von Verrechnungspreisen als Lenkungs- und Kontrollelement herausgestellt.

Letztendlich sei jedoch erwähnt, dass die drei genannten Aspekte nur eine gesamthafte Betrachtung der Entwicklungen im Konzerncontrolling darstellen. Eine dezidierte Analyse der zukünftigen Aufgaben mündet in einer Vielzahl weiterer Entwicklungen, die das Konzerncontrolling verändern werden. Eberenz und Behringer diskutieren diese Entwicklungstendenzen und Herausforderungen im nachfolgenden Beitrag.

6 Literaturhinweise

Alfs, Strategisches Portfoliomanagement als Aufgabenfeld des Konzern-Controllings – Risiko- und erfolgsorientierte Evaluierung der Kapitalallokation im Kontext der Corporate Strategy, 2015.

Behringer, Konzerncontrolling, 2. Aufl., 2014.

Jung, Controlling, 4. Aufl., 2011.

Horváth/Gleich/Seiter, Controlling, 13. Aufl., 2015.

Kaminski/Strunk, Steuern in der interationalen Unternehmenspraxis: Grundlagen – Auswirkungen – Beispiele, 2006.

Landsmann, Finanzplanorientiertes Konzerncontrolling – Konzeption eines wertorientierten Steuerungsinstrumentes, 1998.

Lube, Strategisches Controlling in international tätigen Konzernen: Aufgaben – Instrumente – Maßnahmen, 1997.

Macharzina/Pohle, Stichwort: Konzerncontrolling, in: Horváth/Reichmann (Hrsg.), Vahlens großes Controllinglexikon, 2. Aufl., 2003, S. 394-395.

Oehler/Seufert/Sexl, Effektive Planung in Konzernen durch integrierte Planungslösungen, in: Gleich (Hrsg.), Controllingprozesse optimieren, 2013, S. 209-228.

Reichmann, Controlling mit Kennzahlen: Die systemgestützte Controlling-Konzeption mit Analyse- und Reportinginstrumenten, 8. Aufl., 2011.

Schentler/Tyssen, Transferpreisgestaltung in länderübergreifenden Konzernen – Methoden, Einflussfaktoren und die Rolle der Tochtergesellschaften, in: Controller Magazin, 37. Jg., H. 1, 2012, S. 10-15.

Trost, Koordination mit Verrechnungspreisen, 1998.

Weber/Schäffer, Einführung in das Controlling, 14. Aufl., 2014.

Wrage, Konzeption und Einführung von Shared Service Center Finance, in: Buttkus/Eberenz (Hrsg.), Controlling in der Konsumgüterindustrie – Innovative Ansätze und Praxisbeispiele, 2014, S. 123-142.

Ziener, Controlling in multinationalen Unternehmen, 1985.

Konzerncontrolling 2020: Entwicklungstendenzen und Herausforderungen

- Der Beitrag diskutiert aktuelle Entwicklungstendenzen und Herausforderungen des Konzerncontrollings. Ausgehend von einer gesamthaften Betrachtung der Gestaltungsaspekte eines Funktionsbereichs Konzerncontrolling werden wesentliche Veränderungsbedarfe in Form von neun Thesen identifiziert.
- Praktische Handlungsempfehlungen zum Umgang mit den i.d.R. schon kurzfristig relevanten Änderungen ergänzen den Beitrag.
- Die vorgestellten Thesen sind nicht empirisch-quantitativ hergeleitet, sie reflektieren bewusst die subjektiven Beobachtungen der Autoren.

Inhalt		Seite
1	Aktuelle Aufgaben des Konzerncontrollings	43
2	Ein Ordnungsrahmen für ein Operating Model	43
3	Neun Thesen zur Zukunft des Konzerncontrollings	47
3.1	These 1: Controlling bekommt Konkurrenz durch Data Analytics	47
3.2	These 2: Controlling braucht weniger Controller	48
3.3	These 3: Externes und internes Rechnungswesen werden eins	49
3.4	These 4: Controlling wird immer wichtiger für die gute Corporate Governance	50
3.5	These 5: Steuerliche Anforderungen müssen stärker integriert werden	52
3.6	These 6: Das Konzerncontrolling wird grün und sozial	53
3.7	These 7: Der CFO wird zum CPO	54
3.8	These 8: Der Controller als Business Partner	55
3.9	These 9: Der Anpassungsdruck wächst	56
4	Fazit	57
5	Literaturhinweise	58

■ **Die Autoren**

Prof. Dr. Ralf Eberenz, lehrt an der NORDAKADEMIE Controlling, Rechnungswesen und Allgemeine Betriebswirtschaftslehre. Zudem ist er als Senior Advisor für Horváth & Partners Management Consultants tätig.

Prof. Dr. Stefan Behringer, Professor für Controlling und Corporate Governance an der NORDAKADEMIE in Elmshorn und Hamburg.

1 Aktuelle Aufgaben des Konzerncontrollings

Die besondere Organisationsform des Konzerns erfordert auch eine besondere Herangehensweise an das Controlling. Dies findet in Abteilungen, die den Namen Konzern- oder Beteiligungscontrolling tragen, statt.[1] Die konkrete Tätigkeit richtet sich stark danach, wie der Konzern strukturiert ist. Erkenntnisobjekte des Konzerncontrollings sind sowohl der Konzern als Ganzes, die Konzernfunktionen und auch die einzelnen Beteiligungen.[2] Empirische Untersuchungen zeigen, dass das Konzerncontrolling zumeist die bereichsübergreifenden methodischen und überwachenden Aufgaben übernimmt:[3]

Das Konzerncontrolling kennzeichnet ein typisches Aufgabenspektrum

- Konzernplanungs- und -kontrollaufgaben, insbesondere die Steuerung des Konzernergebnisses,
- Festlegung von einheitlichen Methoden, Richtlinien und die Betreuung von Informationssystemen,
- Koordination zwischen den einzelnen Geschäftsbereichen, wie z. B. das Festlegen von Transferpreisen,
- Bereichsübergreifende Sonderaufgaben, wie z. B. Unternehmenskäufe oder Desinvestitionen,
- Weiterentwicklung der Controllingorganisation inkl. der Personalentwicklung.

In dieser Untersuchung sollen die wesentlichen Entwicklungen des Konzerncontrollings diskutiert werden. Wir haben uns dabei auf die Herausforderungen konzentriert, die bereits in den letzten Jahren sichtbar wurden und verstärkt auch in naher Zukunft die Rollen und Aufgaben des Konzerncontrollings bestimmen werden. Ausgehend von einem **Operating Model** als Ordnungsrahmen für die Diskussion stellen wir neun Entwicklungsthesen vor. Sie sind nicht empirisch-quantitativ hergeleitet, sondern spiegeln bewusst unsere subjektiven Beobachtungen auf Basis unserer persönlichen Führungserfahrungen, vielfältiger Beratungsprojekte und einschlägiger Forschungstätigkeit wider.

2 Ein Ordnungsrahmen für ein Operating Model

Die Betrachtung der Entwicklungstendenzen des Konzerncontrollings soll hier innerhalb eines übergreifenden Ordnungsrahmens, eines sog. Operating Models erfolgen. Es beschreibt wesentliche Gestaltungsaspekte einer

Wesentliche Gestaltungsaspekte einer Organisation

---

[1] Vgl. Behringer, 2014, S. 23f.
[2] Vgl. Horvath/Gleich/Seiter, 2015, S. 406.
[3] Vgl. Hahn/Hungenberg, 2001, S. 927f.

Grundlagen & Konzepte

Organisation in geschlossener Form (s. Abb. 1). Ausgegangen wird von einem übergeordneten Zielbild (Vision), einer Zwecksetzung (Mission) und der damit verbundenen grundsätzlichen Vorgehensweise (Strategie) des Konzerncontrollings. Sie bestimmen weitgehend alle folgenden Gestaltungsaspekte und sind eng eingebunden in das Gesamtunternehmen. Konkret prägen sich diese drei Komponenten regelmäßig als Kombination, manchmal auch als Spannungsfeld, aus dem Selbstverständnis der Konzerncontroller und den vom Konzern bzw. der Konzernleitung formulierten Anforderungen aus.

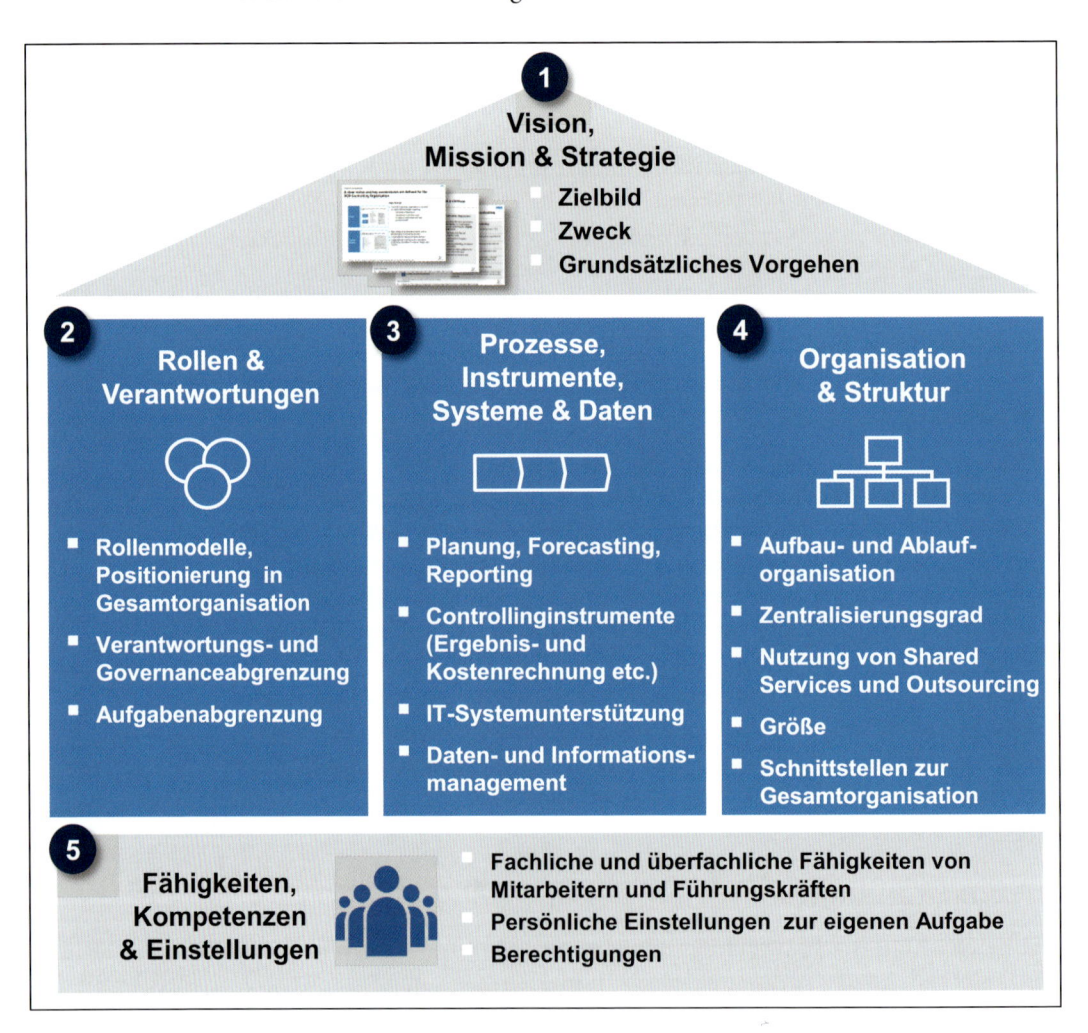

1 Vision, Mission & Strategie
- Zielbild
- Zweck
- Grundsätzliches Vorgehen

2 Rollen & Verantwortungen
- Rollenmodelle, Positionierung in Gesamtorganisation
- Verantwortungs- und Governanceabgrenzung
- Aufgabenabgrenzung

3 Prozesse, Instrumente, Systeme & Daten
- Planung, Forecasting, Reporting
- Controllinginstrumente (Ergebnis- und Kostenrechnung etc.)
- IT-Systemunterstützung
- Daten- und Informationsmanagement

4 Organisation & Struktur
- Aufbau- und Ablauforganisation
- Zentralisierungsgrad
- Nutzung von Shared Services und Outsourcing
- Größe
- Schnittstellen zur Gesamtorganisation

5 Fähigkeiten, Kompetenzen & Einstellungen
- Fachliche und überfachliche Fähigkeiten von Mitarbeitern und Führungskräften
- Persönliche Einstellungen zur eigenen Aufgabe
- Berechtigungen

Abb. 1: Das Target Operating Model im Konzern

Hieraus lassen sich die Rollenmodelle und die mit ihnen verbundenen Verantwortlichkeiten und Aufgabenbereiche ableiten. Als typische Ausprägungen können

- die Governance-Rolle (konzernweite Entwicklung und Festlegung von Controllingstandards, -richtlinien, -vorgehensweisen etc.),
- die Produktionsrolle (Bereitstellen von Informationen, Berichten, Planen etc.) und
- die Business-Partner-Rolle (geschäftsnahe, entscheidungsorientierte Unterstützung des Managements)

unterschieden werden. Welche dieser Rollen auf Konzernebene in welchem Umfang zum Tragen kommen, ist nur unternehmensspezifisch zu beantworten. Allerdings ist die Governance-Rolle die mit Abstand verbreitetste, häufig kombiniert mit der Business-Partner-Rolle für den Konzernvorstand. Von abnehmender Bedeutung ist hingegen die Produktionsrolle, da immer mehr Konzerne die eher transaktionsorientierten, quantitativen Informationsversorgungsfunktionen in Shared-Service-Organisationen oder an externe Service-Provider auslagern.[4]

Neben den Rollen und Verantwortlichkeiten sind die Geschäftsprozesse zu gestalten. Klassischerweise werden auf Konzernebene die wesentlichen Planungs-, Forecasting- und Reportingprozesse festgelegt und damit einhergehend auch die konzeptionelle und IT-technische Gestaltung der Steuerungsinstrumente, wie z.B. die Erlös-, die Kosten- oder die Ergebnisrechnung, und der mit ihnen erzeugten Steuerungsinformationen. Letztlich bestimmt sich so ein großer Teil der „Produkte", die das Konzerncontrolling dem Unternehmen zur Steuerungsunterstützung anbietet. Träger des Angebotes ist die Organisation selbst. Sie muss bezüglich ihrer Größe, ihres Aufbaus, ihrer Abläufe und ihrer Aufgabenverteilung zwischen zentralen und dezentralen, bzw. konzerninternen und -externen Controllingfunktionen so aufgestellt sein, dass die Rollen- und Prozessanforderungen effizient erfüllt werden. Basis hierfür ist der entsprechend qualifizierte personelle Unterbau. Die fachlichen und, noch wichtiger, die überfachlichen Qualifikationen der Führungskräfte und Mitarbeiter sind selbstredend ausschlaggebend für den Erfolg jeglicher Unternehmensorganisationen. Dabei kommt auch der jeweiligen persönlichen Einstellung der handelnden Akteure zu ihrer Rolle und ihrem Aufgabenfeld eine große Bedeutung zu.

Planung, Forecasting und Reporting sind „Produkte" des Konzerncontrollings

Gerade die Kombination aus sehr hohen fachlichen Anforderungen und der schwierigen persönlichen Balance aus gebotener Nähe zum betreuten Geschäft bei gleichzeitiger unvoreingenommener Neutralität stellt viele Controller vor erhebliche Probleme. Das gilt insbesondere dann, wenn

---
[4] Vgl. Eiselmayer/Kottbauer, 2015, S. 25.

Grundlagen & Konzepte

der betreute Bereich, wie beim Konzerncontrolling regelmäßig der Fall, der Vorstand selbst ist.

Basis für die Effektivität und Effizienz

Ein in sich und mit dem Gesamtkonzern konsistentes Operating Model sichert gleichermaßen die Effektivität und Effizienz des Konzerncontrollings. Seine bewusste und vorausschauende Weiterentwicklung erlaubt es, rechtzeitig auf geänderte interne und externe Veränderungen reagieren zu können, ohne die Steuerungsfähigkeit des Konzerns oder die Wirtschaftlichkeit des hierfür notwendigen Controllings zu gefährden. Es erscheint mithin sinnvoll, die im Folgenden vorgestellten Entwicklungsthesen (s. Abb. 2) mit Bezug auf diesen Ordnungsrahmen zu diskutieren und ihre möglichen Implikationen systematisch aufzuzeigen.

Konzerncontrolling 2020 – Thesen zu Entwicklung

1 Controlling bekommt Konkurrenz durch Data Analytics

Wenn das Konzerncontrolling seine Rolle behalten möchte, muss es lernen, mit Algorithmen zu arbeiten.

2 Controlling braucht weniger Controller

Big Data, Digitalisierung und Industrie 4.0 automatisieren viele Arbeitsschritte.

3 Externes und internes Rechnungswesen werden eins

Integriertes Reporting wird vom Schlagwort zur Normalität.

4 Controlling wird immer wichtiger für eine gute Corporate Governance

Mangelhafte Entscheidungsvorbereitung wird zum Haftungsauslöser für das Management.

5 Steuerliche Anforderungen müssen stärker integriert werden

Die Internationalisierung von Wertschöpfungsketten schreitet voran.

6 Das Konzerncontrolling wird grün und sozial

Kennzahlen aus dem Bereich Nachhaltigkeit finden immer mehr Eingang in das Management Reporting.

7 Der CFO wird zum CPO

Aktives Performance Management wird zur Aufgabe des Konzerncontrollings

8 Der Controller als Business Partner

Bleibt vorläufig noch ein Zielbild…

9 Der Anpassungsdruck steigt

Die Aufgabenbearbeitung im Controlling des Konzerns muss effizienter und flexibler werden.

Abb. 2: Thesen zur Entwicklung des Konzerncontrollings

3 Neun Thesen zur Zukunft des Konzerncontrollings

3.1 These 1: Controlling bekommt Konkurrenz durch Data Analytics

▪ „Wenn das Konzerncontrolling seine wichtige Rolle behalten möchte, muss es lernen, mit Algorithmen zu arbeiten."

Konkurrenz belebt das Geschäft. Aus dem angelsächsischen Raum kommt der Trend, eigene Abteilungen mit Data Scientists einzurichten. Ziel der Data Science ist es, verborgenes Wissen aus großen und unstrukturierten Datenmengen mit analytischen Methoden ans Licht zu bringen. Für die Konzernplanung wird das Instrument der Predictive Analytics große Bedeutung erlangen. Predictive Analytics versucht durch die Analyse vergangener Daten evtl. unter Zuhilfenahme von externen Datenbeständen, Regelmäßigkeiten zu erkennen und dadurch zukünftige Entwicklungen vorherzusagen.[5] In vielen Unternehmen wird diese Aufgabe in eigene Abteilungen verlegt, da insbesondere informatische Kompetenz notwendig ist.

Controller im Wettbewerb

Dem Controlling erwächst so eine Konkurrenz, die ebenfalls personelle und finanzielle Ressourcen erfordert. Sehr viel entscheidender ist allerdings, welche Rolle Data Science für die Konzernsteuerung spielen kann. War bisher die Expertise des Konzerncontrollings z. B. eine wichtige Quelle zur Plausibilisierung des Konzernplans, werden analytische, von IT-Systemen generierte Prognosen immer bedeutender werden und zu einer ernstzunehmenden Alternative für menschliche Einschätzungen.

Controller müssen beachten, dass mit den automatisch gewonnenen Vorhersagen, implizit die Planungen beeinflusst werden. Bisher wurden die Prognosen vom Controlling erstellt, jetzt werden sie maschinell erzeugt. Die Aussagen werden dabei durch die Algorithmen vorgegeben. Die Chancen einer solchen Entwicklung liegen auf der Hand: Es können verlässlichere prognostische Aussagen in kürzerer Zeit gemacht werden. Das Risiko ist aber ebenso evident. Werden Planungsannahmen rein mechanisch abgeleitet, so droht ihnen der notwendige Bezug zum Geschäft zu fehlen. Controller sichern nicht nur ihre eigene Position im Kampf um Ressourcen, sondern sorgen auch für den gebotenen Tiefgang bei der Planung, wenn sie die notwendigen mathematisch-statistischen Kompetenzen erwerben, um bei der Erstellung von Algorithmen mitzureden.

Algorithmen als Alternative?

Ein unkritischer Einsatz von Methoden der Data Analytics kann zu Fehlentscheidungen führen. Die langjährigen Erfahrungen des Controllings als Rationalitätssicherungsfunktion des Managements dürfen nicht verloren gehen, nur weil es vermeintlich bessere automatisierte Metho-

---
[5] Vgl. Buschbacher, 2016, S. 42 f.

den gibt. Auch diese Methoden brauchen einen qualitativen Input, um aussagekräftig sein zu können. Konzerncontroller sind prädestiniert dazu diesen Input auf Konzernebene zu leisten. Sie müssen die Rolle aber annehmen und sich auf den steinigen Weg machen, Data Analytics zu lernen.

Die steigende Bedeutung von Data Analytics führt potenziell zu Veränderungen in vielen Prozessen. Bedeutend für die Zukunft des Controllings ist, dass die Kompetenzen erworben werden, die notwendig sind, sich mit den neuen Methoden auseinanderzusetzen und bei deren Anwendung Einfluss zu nehmen. Dies hat auch Auswirkungen auf die Organisation, Data Science Kompetenzen müssen explizit in der Controlling-Organisation verankert werden, auch dann, oder gerade, wenn sich starke Data Science Abteilungen in den Konzernen etablieren.

3.2 These 2: Controlling braucht weniger Controller

▪ „Big Data, Digitalisierung und Industrie 4.0 automatisieren viele Arbeitsschritte."

Effizienzsteigerung durch Digitalisierung

Durch die Digitalisierung der Leistungserstellung oder automatisierte Prozesse im Vertrieb (Einsatz von Internetshops etc.) entstehen wesentlich mehr Daten, die potenziell zur Entscheidungsunterstützung herangezogen werden. Im Zuge der Digitalisierung kann man annehmen, dass aus diesen unstrukturierten Daten auch automatisch strukturierte Informationen werden, die das Management zur Entscheidungsunterstützung einsetzen kann. Das Controlling braucht zur Erfüllung seiner Aufgaben weniger Mitarbeiter, woraufhin Controllingstellen wegfallen werden.[6] Allerdings betrifft dieser Strukturwandel eher das operative Controlling. Das Konzerncontrolling wird dennoch mittelbar betroffen sein.

Kein Anspruch auf Exklusivität

Die Rolle des Controllings als exklusiver Informationslieferant verliert auf allen Ebenen an Bedeutung. Gleichzeitig steigen die Anforderungen an die Interpretation der bereitgestellten Informationen, was auch die Anforderungen an Konzerncontroller erhöht. Aber auch hier bringt die Automatisierung eine handwerkliche Entlastung. So entfallen z.B. durch die (technische) Integration von externem und internem Rechnungswesen Überleitungsrechnungen zwischen den verschiedenen Rechnungskreisen. Die Interpretation eines integrierten Abschlusses wird an Bedeutung immer weiter gewinnen, die sehr zeitaufwendige Analyse und Erklärung von Unterschieden in Ausweis und Bewertung aber entfällt. Das Controlling muss deshalb künftig seinen Mehrwert für Geschäftsunterstützung und auch seine Personalstärke anders begründen.

---

[6] Vgl. Becker et al., 2016, S. 116.

Die fortschreitende Automatisierung und Digitalisierung wird sich auf die meisten Prozesse, sowohl bei der Datenerhebung als auch bei der Datenauswertung, auswirken. Die Organisation wird tendenziell kleiner, aber nicht weniger leistungsfähig.

3.3 These 3: Externes und internes Rechnungswesen werden eins

▪ „Integriertes Reporting wird vom Schlagwort zur Normalität."

Die traditionelle Organisation in Großunternehmen umfasst ein internes und ein externes Rechnungswesen. Das interne Rechnungswesen (Controlling) sichert die Informationsversorgung des Managements und stellt entscheidungsnützliche Informationen zur Verfügung. Das externe Rechnungswesen hat die Aufgabe, die rechtlichen Verpflichtungen des Unternehmens für die Publizität zu erfüllen und bewegt sich im engen Korsett der gesetzlichen Verpflichtungen. Von beiden Seiten wird die Notwendigkeit der Integration gesehen. Das Controlling speist seine Reports in erheblichem Umfang aus Daten des externen Rechnungswesens. Das Verständnis der Regeln der Rechnungslegung, z. B. der IFRS, ist unabdingbar für einen guten Konzerncontroller. Insbesondere, da die Ergebnisse immer abhängiger von Entscheidungen des Rechnungswesens werden. Konzernergebnisse werden wesentlich beeinflusst von den Wertentwicklungen von Fair Values und Goodwills aus Akquisitionen. Daher wird die Ergebnissteuerung ohne eine enge Zusammenarbeit von Controlling und Rechnungswesen unmöglich.

Integrationsdruck von beiden Seiten

Auf der anderen Seite verlangen bspw. die IFRS bei der Berechnung von Fair Values die Verwendung von zukunftsorientierten Cashflows.[7] Deren Ableitung war die Domäne des Controllings, bei dem Planung und Forecasting angesiedelt sind. Die Planung musste schon immer die Standards des Rechnungswesens berücksichtigen, damit am Ende nicht ein Unterschied in Soll und Ist allein aus unterschiedlichen Regeln der Ableitung beider Rechenwerke resultiert. Durch die größere Bedeutung der Fair Value Bewertung benötigt aber auch das Rechnungswesen die zukunftsorientierten Informationen des Controllings.

Die Zusammenarbeit zwischen Controlling und Rechnungswesen wird durch die IFRS im sog. „management approach" institutionalisiert.[8] Konkretisiert wird dies im Framework der IFRS: „die veröffentlichten Abschlüsse basieren auf den vom Management verwendeten Informationen über die Vermögens-, Finanz- und Ertragslage sowie Veränderungen in der Vermögens- und Finanzlage des Unternehmens".[9] Unternehmen

SAP S/4HANA beschleunigt die Entwicklung

---

[7] Vgl. Velte, 2008, S. 133.
[8] Vgl. Barth, 2016, S. 529 ff.
[9] IFRS Framework, 2015, S. 1.

sind gehalten, den externen Investoren die gleichen Informationen zur Verfügung zu stellen, die das Management als Basis ihrer Entscheidungsfindung nutzt. Die Vorteile für den externen Investor liegen auf der Hand: Er kann Entscheidungen des Managements auf der gleichen Informationsbasis nachvollziehen wie die Entscheidungsträger selbst.

Aber auch das Unternehmen hat Vorteile. Die Kosten der Ermittlung von Informationen können gesenkt werden, was sich auch in geringerem Prüfungsaufwand für den Jahresabschluss niederschlagen sollte.[10] Der Konzerncontroller bekommt dadurch eine Mitverantwortung für die Ergebnisermittlung und -darstellung. Hier liegt eine Gefahr der Integration: Wenn das Konzerncontrolling z. B. Segmente so wählt, dass sie sich für die externe Darstellung gut eignen, kann das die eigentliche Rolle als Rationalitätsanker des Managements konterkarieren.

Empirische Untersuchungen zeigen, dass die Integration überall gelebt wird. Vollständige Integration ist aber noch der Ausnahme- und nicht der Regelfall.[11] Immer mehr Unternehmen werden jedoch den Weg der vollständigen Integration gehen. Es wird nicht mehr ausreichen, dass Rechnungswesen und Controlling siloartig nebeneinander stehen. IT-Systeme werden ihren Beitrag dazu leisten, dass internes und externes Rechnungswesen zur integrierten Abteilung werden. Als prominentestes Beispiel für diese Entwicklung kann sicher die neueste ERP-Generation von SAP S/4HANA angeführt werden.

Diese Veränderungen der Rahmenbedingungen haben Auswirkungen auf Rollen und Verantwortungen, da sich die Aufgabenabgrenzung ändern wird. Dadurch werden auch Prozesse betroffen sein, da die von den IFRS vorgegebenen Verfahren zur Firmenwertberechnung adaptiert werden müssen. Die Systeme werden sich ändern und integrieren das interne und externe Rechnungswesen. Durch die sich notwendigerweise ergebende Zusammenarbeit werden sich zudem Auswirkungen auf die Organisation ergeben.

3.4 These 4: Controlling wird immer wichtiger für die gute Corporate Governance

▪ „Mangelhafte Entscheidungsvorbereitung wird zum Haftungsauslöser für das Management."

Haftungsschutz und Controlling

Die Regulierungswellen der jüngsten Vergangenheit, die durch Unternehmensskandale, die Finanzkrise und eine allgemeine Skepsis der breiten Öffentlichkeit dem Management von Großunternehmen gegenüber aus-

---

[10] Vgl. Lopatta, 2011, S. 407.
[11] Vgl. Weide et al., 2011, S. 63 ff.

gelöst worden sind, werden immer stärkeren Einfluss auf das Konzerncontrolling ausüben. Das Konzerncontrolling ist prädestiniert eine entscheidende, häufig auch die verantwortliche Rolle für das Risikomanagement zu übernehmen. Auch das Berichtswesen erhält eine immer stärkere Bedeutung für die rechtliche Absicherung von Vorstand und Aufsichtsrat. Dem Controlling kommt eine Schlüsselfunktion beim Schutz vor Haftung zu. Mit wachsender Regulierung und stärkerer Durchsetzung vorhandener Gesetze durch die Justiz wird dieser Bereich immer wichtiger werden.

An Bedeutung gewinnen wird auch die Abgrenzung von haftungsrelevantem Verstoß und unternehmerischer Fehlentscheidung. Die Fehlentscheidung ist im Gesetz durch die Business Judgement Rule geregelt. Diese ist in § 93 Abs. 1 Satz 2 AktG für die Aktiengesellschaft kodifiziert. Dabei kann man davon ausgehen, dass sie auch für GmbHs Ausstrahlungswirkung hat. Demnach liegt eine Pflichtverletzung eines Vorstands immer dann nicht vor, wenn bei einer unternehmerischen Entscheidung ein Vorstandsmitglied vernünftigerweise annehmen durfte, dass er auf angemessener Informationsbasis zum Wohle der Gesellschaft entschieden hat.

Ein wichtiges Kriterium, dafür dass sich Entscheidungsträger auf die Business Judgement Rule berufen können, ist die „angemessene Informationsgrundlage".[12] Das Bundesverfassungsgericht hat die Business Judgement Rule auf die folgende prägnante Kurzform gebracht: Ein Vorstandsmitglied schuldet juristisch nicht den Erfolg einer Entscheidung, sondern eine sorgfältig getroffene Entscheidung.[13] Hier ist der Kernbereich der Tätigkeit des Controllings betroffen. Für das Management der Konzernmuttergesellschaft trägt das Konzerncontrolling die Hauptverantwortung, die Informationen in angemessener Breite und Tiefe bereitzustellen. Bei der Erstellung von Dokumenten zur Entscheidungsvorbereitung muss das Konzerncontrolling immer stärker berücksichtigen, dass sie zum Beweismittel bei einem Prozess werden können.

Business Judgement Rule als Maßgabe

Die gewachsene Verantwortung wird aber auch belohnt: Der Gesetzgeber geht bei seinem Leitbild der angemessenen Entscheidungsfindung von einer möglichst objektiven Rationalität aus. Damit wird die Rationalitätssicherungsfunktion des Controllings immer bedeutender. Das Konzerncontrolling sollte hier seine Kernkompetenz nutzen und insbesondere die Zusammenarbeit mit Compliance-Abteilungen verstärken.

Auswirkungen sind auf alle Elemente des Operating Models zu erwarten: Die Rolle des Controllings wird sich verändern und die Prozesse werden formalisierter werden. Beides wird nicht ohne Auswirkungen in der Organisation bleiben, insbesondere auch deshalb, weil nicht jede vom

---

[12] Graumann/Grundei, 2015, S. 197 ff.
[13] Vgl. BVerfG vom 23.6.2010–2 BvR 2559/08, NJW 2010, S. 3209.

Controlling produzierte Vorlage ausschließlich interne Zwecke hat. Juristische Kompetenz wird zu einer Schlüsselqualifikation des Controllings.

3.5 These 5: Steuerliche Anforderungen müssen stärker integriert werden

▍ „Die Internationalisierung der Wertschöpfungsketten schreitet voran."

Steuern und Steuerung im Spannungsfeld

Die zunehmende Internationalisierung der Liefer- und Leistungsbeziehungen und die damit einhergehende Komplexität multinational operierender Unternehmen stellen schon heute große Herausforderungen an die betriebswirtschaftliche Steuerung einerseits und an die angemessene und rechtskonforme Steuergestaltung andererseits.[14] Zum wichtigsten Thema der internationalen Besteuerungspraxis hat sich inzwischen die Festlegung von Transferpreisen zwischen verbundenen Unternehmen entwickelt. Damit stehen sich die zwei zentralen Fragestellungen nach einer anforderungsgerechten Konzeption der Unternehmenssteuerung (Steuerungskonzept) und einer entsprechenden Steuergestaltung (Transferpreiskonzept) gegenüber. Praktisch wie theoretisch ergibt sich hieraus ein Spannungsfeld zwischen betriebswirtschaftlicher und steuerlicher Perspektive, das für viele Unternehmen noch unzureichend gelöst ist.

Beispielhaft seien nur die betriebswirtschaftlich ggf. unerwünschten Anreizwirkungen steuerlich gebotener Transferpreise oder die betriebswirtschaftlich gewünschte Betrachtung eines Unternehmensverbundes als Einheit gegenüber einer steuerlich gebotenen Separierung in legal eigenständige Steuersubjekte genannt. Die Transferpreisproblematik ist nur ein Beispiel für die ständig größer werdenden Einschränkungen bei der Gestaltung betriebswirtschaftlicher Steuerungskonzepte. Das internationale Steuerrecht und seine stärkere Durchsetzung durch die Finanzbehörden werden aber auch jenseits der derzeit vieldiskutierten BEPS-Initiative der OECD und des daraus resultierenden Gesetzesentwurfs der Bundesregierung weiteren Einfluss auf die Gewinnallokation der Konzerne entfalten. Die Aufgabe die betriebswirtschaftliche Steuerung von Konzernen zu sichern, ohne die steuerlichen Regelungen zu verletzen, wird deshalb zu einer immer umfangreicheren Aufgabe für Konzerncontroller.

Auf der instrumentellen, prozessualen und systemischen Ebene kommt integrierten Lösungen eine viel größere Bedeutung zu. So müssen bspw. Ergebnis- und Margenrechnungen so konzipiert werden, dass sie trotz sich ständig ändernder steuerlicher Anforderungen betriebswirtschaftlich aus-

---

[14] Vgl. Eberenz, 2014, S. 3.

sagefähig bleiben. Planungs-, Forecast und Kontrollprozesse müssen andererseits steuerliche Einflüsse stärker reflektieren.

Organisatorisch rücken die Konzerncontrollingfunktion und die Steuerabteilung enger zusammen. Gemeinsam besetzte Transfer-Price-Offices, gemeinsame Boards und Projekte zur gesellschaftsrechtlichen Konzerngestaltung oder zu Finanzierungsfragen sind diesbezüglich nur der Anfang. Um in einer solchen Konstellation erfolgreich arbeiten zu können, bedarf es auch weiterentwickelter Fähigkeiten der Controller. Fachlich müssen sie ein erweitertes Verständnis für steuerliche Aspekte entwickeln und persönlich in der Lage sein, ihre Sprache auf eher juristisch geprägte Kollegen einzustellen. Das ist für einen Konzerncontroller, als i.d.R. ausgebildeter Betriebswirt mit entsprechend eigener betriebswirtschaftlicher Sprache und häufig gänzlich anderer Perspektive als ein Jurist, nicht immer ganz einfach.

Sprachbarrieren überwinden

3.6 These 6: Das Konzerncontrolling wird grün und sozial

▪ „Kennzahlen aus dem Bereich Nachhaltigkeit finden immer mehr Eingang in das Management-Reporting."

Beim Thema Nachhaltigkeit handelt es sich nicht um ein Modethema.[15] Es wird bleiben und betriebliche Entscheidungen immer stärker beeinflussen. Nicht nur der Gesetzgeber sorgt mit immer neuen Verordnungen für eine größere Transparenz im Bereich Nachhaltigkeit. Es sind inzwischen auch Investoren, Mitarbeiter, Kunden und die unmittelbar am Unternehmen interessierte Öffentlichkeit, die nachhaltiges Verhalten direkt und ohne Kompromisse einfordern. Diverse Initiativen auf Nicht-Regierungsebene und in internationalen Organisationen sorgen seit Langem für einen Druck auf Unternehmen, auch über den Einfluss des Unternehmens auf Gesellschaft und Umwelt zu berichten.[16] Die Transparenz wird zwangsläufig größer. Greenwashing, wie es viele Konzerne betrieben haben oder noch betreiben, wird aufgrund gesetzlicher Anforderungen künftig nur noch schwer möglich sein. Der Gesetzgeber hat durch die bis zum Jahresende 2016 zwingend vorzunehmende Umsetzung der CSR-Richtlinie der EU die Leitlinien abgesteckt. Kapitalmarktorientierte Unternehmen ab einer bestimmten Größe (mit mehr als 500 Mitarbeitern) oder aus wichtigen Branchen (Banken, Versicherungen etc.) müssen demnach eine Erklärung zu nichtfinanziellen Sachverhalten abgeben sowie ihr Diversitätskonzept für Leitungs-, Verwaltungs- und Aufsichtsorgane erläutern.[17] Mit diesen einschlägigen Pflichten zur Veröffentlichung wird auch die Aufmerksamkeit für diese Kennzahlen im Management steigen.

Längst kein Modethema mehr

---

[15] Vgl. Weber/Georg/Janke/Mack, 2012, S. 13.
[16] Vgl. Hentze/Thies, 2014, S. 43 ff.
[17] Vgl. Stawinoga/Velte, 2016, S. 841 ff.

Grundlagen & Konzepte

Die ökologischen und sozialen Folgen von Entscheidungen müssen tatsächlich berücksichtigt werden. Ansonsten können Stakeholder das Unternehmen auf vielfache Weise sanktionieren. Diese Entwicklung bedingt zwangsläufig, dass das Konzerncontrolling sich auch diesen Fragen widmet. Unterlässt es dies, werden andere Abteilungen in diese Lücke stoßen und eine immer größere Rolle bei der Entscheidungsvorbereitung spielen. Daraus folgt für das Konzerncontrolling, dass es sich der nicht-finanziellen Sphäre der Unternehmen öffnen muss. Dies erfordert andere Instrumente zur Datenerhebung, andere Kenntnisse bei der Analyse und damit insgesamt andere Kompetenzen für Konzerncontroller.

Integration in die Regelprozesse

Das Konzerncontrolling muss auf prozessualer Ebene Aspekte der nachhaltigen Unternehmensführung integrieren. Dabei ändert sich auch die Rolle, die Controller spielen. Wird das Konzept tatsächlich ernst genommen, so ist es zwangsläufig notwendig, „grüne" Aspekte auch in der Entscheidungsvorbereitung ernsthaft zu berücksichtigen, was sich auch in veränderten Anforderungen an die Kompetenz des Konzerncontrollings zeigen wird.

3.7 These 7: Der CFO wird zum CPO

■ „Aktives Performance Management wird zur Aufgabe des Konzerncontrollings"

Stärkere Geschäftsgestaltung durch den CFO

Der Verantwortungsbereich des CFOs erweitert sich vom Performance Measurement zum aktiven Performance Management. Plakativ könnte man künftig besser von einem Chief Performance Officer, dem CPO sprechen, der primär den unternehmensweiten Performance-Management-Prozess verantwortet. Er reicht von der Gestaltung und Koordination des Strategieentwicklungsprozesses, der Mittelfrist- und Jahresplanung über die Steuerung des notwendigen Projektportfolios bis zur Formulierung der Zielvereinbarungs- und Anreizsysteme. Der CPO hat wesentlichen Einfluss auf die Kapitalallokation, stößt Effizienzsteigerungsprogramme an und initiiert und verantwortet immer häufiger strategische Unternehmenskäufe und -verkäufe. Er nimmt damit eine zunehmend geschäftsgestaltende Rolle ein, die mit einer Erweiterung seines funktionalen Verantwortungsbereiches einhergeht. Insgesamt wird seine Verantwortung immer breiter.

Erweitertes Aufgabenfeld

Zu den klassischen Aufgabenbereichen des CFOs kommen künftig nicht nur zusätzliche Governance-, Compliance- und Risk-Management-Aufgaben hinzu, sondern auch strategische und operative Performance Themen. Eine stärkere Fokussierung auf die Performancesteuerung steht damit in Konkurrenz zu den übrigen Themen und bedarf einer zusätzlichen und veränderten Unterstützung durch das Konzerncontrolling. Einerseits bedeutet das eine Umschichtung der Ressourcen innerhalb des

Konzerncontrollings auf Tätigkeiten zur Unterstützung des Performance Managements, die nur dann nicht zu Lasten der anderen Aufgaben erfolgen kann, wenn dort genügend Effizienzpotenziale gehoben werden können. Andererseits entstehen sehr interessante, geschäftsnahe Aufgaben für die Konzerncontroller, die in der Lage sind strategische und operative Veränderungsprojekte in eigener Verantwortung oder zumindest in Mitverantwortung zu unterstützen oder auch zu führen.

Die veränderte Rolle des CFO wird so auch zu einer Rollenveränderung des Konzerncontrollings führen, bis hin zu dessen deutlich erweiterter Zwecksetzung. Dafür sind nicht nur intern die entsprechenden Fähigkeiten, Strukturen und Prozesse aufzubauen. Auch extern muss die Zusammenarbeit mit anderen Funktionen neu ausgerichtet werden. Denn ein geschäftlich stärker gestaltender, handlungsorientierter Anspruch birgt für den CFO und das Konzerncontrolling zwangsläufig ein erhebliches Konfliktpotenzial. Umso wichtiger ist es, hierfür eine angemessene Bereichsstrategie zu entwickeln und diese sorgfältig auf die eigene Umgebung im Konzern abzustimmen.

Veränderte Rolle für das Konzerncontrolling

3.8 These 8: Der Controller als Business Partner

▪ „...bleibt vorläufig noch ein Zielbild."

Trotz jahrzehntelanger Diskussion der Rolle des Controllers und ebenso langer Beteuerung der Richtigkeit des Zielbildes **Business Partner**, ist die Unternehmensrealität eine andere. Es gibt zwar einen messbaren und begrüßenswerten „Trend zum Business Partnering"[18], aber gleichzeitig weisen die aktuellen und gewünschten Rollenbilder des Controllers in der Wahrnehmung des Managements noch große Unterschiede auf.[19] Man wünscht sich vom Controller mehr interne Beratung, mehr Steuerungs- und Veränderungsimpulse aber deutlich weniger Kontrolle und Überwachung. Controller bleiben noch zu häufig hinter den eigenen Erwartungen an ihre Rolle und hinter denen ihrer Geschäftspartner zurück.

Eine alte Diskussion...

Eine weitere deutliche Annäherung an das Zielbild ist dabei existenziell notwendig, da die fortschreitende Digitalisierung und die zunehmende Konkurrenz durch andere Fachfunktionen ein Controlling, das nicht einer akzeptierten Business Partner Rolle entspricht, massiv bedroht. Wenn weder das Aufgabenbündel noch die Rolle des Controllers ein Alleinstellungsmerkmal darstellt, läuft er Gefahr für den Geschäftserfolg entbehrlich zu werden.

---

[18] Vgl. Weißenberger et al., 2012, S. 331.
[19] Vgl. Weber/Schäffer 2014, S. 470 f.

Grundlagen & Konzepte

...bleibt vorläufig aktuell

Die geschäftlichen Anforderungen in einem zunehmend volatilen Umfeld werden aber auf absehbare Zeit noch größer und sich inhaltlich verändern. Damit werden zwangsläufig auch die Herausforderungen für die Controller größer und die Rollenerwartungen situativer. Das Controlling wird sich deshalb auch künftig weiterentwickeln müssen, um dem Rollenbild des Business Partners näher zu kommen. Das macht letztlich eine permanente Veränderung in allen Teilen des Operating Modells notwendig. Vorwiegend aber müssen sich die Controller selbst anpassen. Fachliche und überfachliche Fähigkeiten müssen ausgebaut, die Kompetenzen erweitert bzw. verteidigt werden und die persönliche Einstellung zur eigenen Aufgabe mit angemessenem Gestaltungswillen versehen sein. Nur so wird es gelingen, dass auch in den nächsten Jahren eine größer werdende Zahl von Controllern dem Zielbild Business Partner ein Stück näherkommt. Von einer flächendeckenden Erfüllung dieses Anspruchs bleiben wir allerdings, wenn nicht auf Dauer, so doch bis auf weiteres, noch entfernt.

3.9 These 9: Der Anpassungsdruck wächst

■ „Die Aufgabenbearbeitung im Controlling des Konzerns muss effizienter und flexibler werden."

Kosteneffizienz und Anpassungsfähigkeit

Der anhaltende Effizienzdruck der Unternehmen trifft selbstredend auch die Finanzfunktionen und somit das Konzerncontrolling. Immer größere Anteile, insbesondere der transaktionalen Tätigkeiten wie z. B. der Reportgenerierung, der Konsolidierung oder der Planungsunterstützung, werden standardisiert, automatisiert und industrialisiert und können so kostengünstiger abgewickelt werden. Die Auslagerung solcher Prozesse in Shared Service Center oder zu einem externen Dienstleister eröffnet häufig zusätzliche Kostensenkungspotenziale. Der Trend zu weiteren Effizienzsteigerungen bleibt ungebrochen und wird auch für die bislang eher nicht im Fokus stehenden Konzernfunktionen stärker werden.

Noch wichtiger als die Verbesserung des laufenden Geschäfts oder wie die Amerikaner sagen, des „run the business", ist die Fähigkeit der Organisation sich selbst an neue Gegebenheiten schnell anzupassen. Die Flexibilität, das „change the business", ist in einer dynamischen und volatilen Geschäftsumgebung erfolgsentscheidend. Für das Konzerncontrolling bedeutet das zweierlei. Zum einen sind Prozesse und die sie unterstützenden IT-System so zu gestalten, dass sie trotz aller gebotenen Standardisierung schnell und kostengünstig an neue bzw. differenzierte Geschäftsanforderungen angepasst werden können. Geradezu klassisch wird dieses Spannungsfeld am Beispiel konzernweit integrierter, hochstandardisierter, aber gleichzeitig sehr teurer ERP-Systeme deutlich. Sie sind sehr effizient, aber wenig flexibel. Änderungen dauern häufig sehr lange und erfordern Neuinvestitionen oft noch bevor sich die bereits getätigten amortisiert haben. Hier eine kluge Balance zu finden ist eine immer größere Herausforderung.

Zum anderen wird für das Konzerncontrolling der Anteil von Routinetätigkeiten immer kleiner, bei gleichzeitigem Anstieg der Projekttätigkeiten. Organisatorische Flexibilität heißt, genügend Projektressourcen im, immer häufiger auftretenden, Bedarfsfall bereitstellen zu können. Das kann durch eine explizitere Trennung der Rollen und Aufgaben erfolgen, wenn z. B. einzelne Controllingfunktionen ausschließlich für die Geschäftsunterstützung und Projektarbeit eingerichtet und von Reporting- bzw. Governancefunktionen getrennt werden. Alternativ kann in Grenzen auch die Kooperation mit externen Dienstleistern (Beratern) ausgebaut werden, um Fixkosteneffekte zu vermeiden. Der Trend zu einer projektorientierten Organisation bleibt jedenfalls bestehen und muss organisatorisch beantwortet werden.

4 Fazit

In der Zukunft warten viele Herausforderungen auf das Konzerncontrolling. Die Anforderungen an die Kompetenzen der Konzerncontroller steigen. Es müssen zusätzliche Bereiche erschlossen werden. Die Expertise, die dem Controlling im Bereich der Finanzen zugestanden wird, muss in erheblichem Maße um andere Bereiche ergänzt werden. Eine gute Unternehmenssteuerung bedarf einer viel stärkeren Integration finanzieller, technologischer, rechtlicher und gesellschaftlicher Aspekte als bisher.

Große Herausforderungen und große Chancen

Wenn das Konzerncontrolling sein Operating Model auf diese Situation umfassend anpasst, hat es gute Chancen die entscheidende Kraft dieses Integrationsprozesses zu sein. Es bleibt dann eine bedeutende Funktion im Konzern und ein höchst vielschichtiges und interessantes Aufgabenfeld. Das Risiko ist aber groß: Schafft das Konzerncontrolling die Entwicklung nicht, kann es leicht marginalisiert werden. Andere Abteilungen wie Data Science, Nachhaltigkeit oder Compliance stehen bereit, um Aufgaben aus dem Controlling abzuziehen.

Was kann das Konzerncontrolling also tun, um sich auf die Herausforderungen der kommenden Jahre vorzubereiten?

Zunächst einmal muss es auf die Entwicklungen eingehen und sich für neue Bereiche offen zeigen. Investitionen in Aus- und Weiterbildung werden außerordentlich wichtig. Nur durch die individuellen Kompetenzen der Controller kann die Funktion als ganzes die Herausforderungen bewältigen. Controller müssen aber auch an ihrem Image arbeiten. Aufgrund ihrer Vielfalt und Bedeutung ist Controlling eine sehr attraktive Tätigkeit, die aber extern wie intern vermarktet werden muss. Anders lassen sich die besten Köpfe, insbesondere der Top-Nachwuchs, nicht begeistern. Hier können Controller selbst am meisten tun, um das Geschäft zu unterstützen und gleichzeitig ihre eigene Position zu stärken.

5 Literaturhinweise

Barth, Planung im Zusammenhang mit der Bilanzierung und Bewertung nach IFRS, in: Becker/Ulrich (Hrsg.), Praxishandbuch Controlling, 2016, S. 529–549.

Becker/Ulrich/Botzkowski/Eurich, Controlling von Digitalisierungsprozessen – Veränderungstendenzen und empirische Erfahrungswerte aus dem Mittelstand, in: Obermaier (Hrsg.): Industrie 4.0 als unternehmerische Gestaltungsaufgabe, 2016, S. 97–117.

Behringer, Konzerncontrolling, 2. Aufl. 2014.

Buschbacher, Wertschöpfung mit Big Data Analytics, in: Controlling & Management Review Sonderheft 1/2016, S. 40–45.

Eberenz, Zum Zusammenhang von Steuerungs- und Transferpreiskonzept, in: Plate (Hrsg.), NORDAKADEMIE-Forschung für die Wirtschaft, Bd. 3, 2014, S. 31–45.

Eiselmayer/Kottbauer, Trends im Controlling, in: Controllermagazin 2/2015, S. 24–25.

Graumann/Grundei, Nachweis einer „angemessenen Information" im Sinne der Business Judgement Rule, in: Zeitschrift für Corporate Governance 5/2015, S. 197–204.

Hahn/Hungenberg, PuK Planung und Kontrolle, Planungs- und Kontrollsysteme, Planungs- und Kostenrechnung, Wertorientierte Controllingkonzepte, 6. Aufl. 2001.

Hentze/Thies, Stakeholder-Management und Nachhaltigkeits-Reporting, 2014.

Horvath/Gleich/Seiter, Controlling, 13. Aufl. 2015.

Lopatta, IFRS und Controlling, in: Funk/Rossmanith (Hrsg.), Internationale Rechnungslegung und internationales Controlling: Herausforderungen – Handlungsfelder – Erfolgspotenziale, 2011, S. 515–538.

Stawinoga/Velte, Der Referentenentwurf für ein CSR-Richtlinie-Umsetzungsgesetz – Eine erste Bestandsaufnahme unter besonderer Berücksichtigung der empirischen Relevanz des Deutschen Nachhaltigkeitskodex (DNK), in: Der Betrieb 15/2016, S. 841–847.

Velte, Management Approach, in: Zeitschrift für Planung und Unternehmenssteuerung 2008, S. 133–138.

Weber/Georg/Janke/Mack, Nachhaltigkeit und Controlling, 2012.

Weber/Schäffer, Einführung in das Controlling, 14. Aufl. 2014.

Weide/Hoffjan/Nevries/Trapp, Organisatorisch-personelle Auswirkungen einer Integration des Rechnungswesens – eine empirische Analyse, in: Zeitschrift für betriebswirtschaftliche Forschung 1/2011, S. 63–86.

Weißenberger/Wolf/Neumann-Giesen/Elbers, Controller als Business Partner: Ansatzpunkte für eine erfolgreiche Umsetzung des Rollenwandels, in: Zeitschrift für Controlling & Management (ZfCM) 5/2012, S. 330–335.

Moderne Konzernplanung: Top-down, asymmetrisch, treiberbasiert

- Eine Management-Holding übernimmt im Planungsprozess eine aktive Rolle. Häufig besteht jedoch in der Praxis ein Widerspruch zwischen Steuerungsverständnis und organisatorisch-prozessualer Aufstellung der Konzernholding im Planungsprozess.
- Eine wirkungsvolle Konzernplanung einer aktiv steuernden Holding zeichnet sich durch einen vorangeschalteten Target-Setting-Prozess i.S.d. „Frontloading" aus. Dadurch werden sowohl die Akzeptanz im Unternehmen als auch die Effizienz im Gesamtprozess erhöht.
- Der Target-Setting-Prozess integriert das Ambitionsniveau aus der Unternehmensstrategie in den Planungsprozess. Eine schrittweise Zielsetzung auf den unterschiedlichen Hierarchieebenen gemeinsam mit den relevanten Einheiten bildet dabei die Basis für eine schlankere und nachgelagerte Ausplanung.
- Durch den Fokus auf steuerungsrelevante Inhalte wird zudem die Qualität der Planung erhöht. Dazu werden Treibermodelle verwendet, mit denen die individuellen Geschäftsmodelle im Konzern und deren wesentliche Treiber abgebildet werden können.
- Moderne Planungssoftware bildet ein wichtiges Element im Planungsprozess. So müssen nicht nur flexible Datenmodelle abgebildet werden, sondern auch Funktionalitäten zur Verfügung stehen, die wesentliche Aspekte einer modernen Planung ermöglichen.

Inhalt		Seite
1	Aktive Unternehmenssteuerung durch eine Management-Holding	63
2	Änderung der Prozesse: „Frontloading" statt Bottom-up-Planung	64
3	Target Setting als Basis für eine effiziente Ausplanung	65
4	Strategieübersetzung und Zielsetzung auf Business-Unit-Ebene	67
5	Target Break-Down und nachgelagerte Ausplanung	68
6	Fokus auf wesentliche Inhalte in der asymmetrischen Planung	68
7	Diskussion auf Basis von Treibermodellen – Aufbau des Modells	70

8	Treibermodell-Kaskade: Vom Konzern über BUs auf einzelne Bereiche	71
9	Berücksichtigung disruptiver Änderungen mittels Maßnahmen	72
10	Steigende Anforderungen an moderne Planungssoftware	73
11	Häufiger Status quo und Vorteile professioneller Planungssoftware	74
12	Fazit	76
13	Literaturhinweise	78

■ Die Autoren

Simon Math, Managing Consultant im Competence Center Controlling und Finance von Horváth & Partners Management Consultants und Experte für Planung und Forecasting. Er hat in den letzten Jahren eine Vielzahl an Projekten zur Neugestaltung von Planungsprozessen und der Neuausrichtung der Unternehmenssteuerung in verschiedenen Großkonzernen begleitet.

Bastian Borkenhagen, Principal im Competence Center Controlling & Finance und Leiter des Kompetenzfeldes "Planung und Forecasting" bei Horváth & Partners Management Consultants. Er hat den Horváth-&-Partners-Ansatz für Konzernplanung sowie für treiberbasierte Planung wesentlich weiterentwickelt und eine Vielzahl von Unternehmen bei der Optimierung ihrer Planung beraten.

1 Aktive Unternehmenssteuerung durch eine Management-Holding

Die Planung ist ein zentraler Prozess für die aktive Steuerung und die zukünftige Ausrichtung des Unternehmens. In der Controlling-Organisation sowie in den Fachbereichen wird dazu eine Vielzahl an Ressourcen vorgehalten. Die erhöhten Abstimmungs- und Koordinationsbedarfe in Konzernen treiben dabei zusätzlich den Aufwand im Prozess. Komplexe Strukturen, heterogene Geschäftsmodelle und eine häufig heterogene IT-Landschaft erhöhen zudem oftmals die Komplexität für Planungskonzept und -prozess.

Die Konzern-Holding kann im Planungsprozess zwei alternative Rollen einnehmen, die im Folgenden unterschieden werden: die aktiv steuernde („operative") Management-Holding und die eher passive („strategische") Finanz-Holding. | Alternativen für die Positionierung der Konzern-Holding

Der Fokus der (strategischen) Finanz-Holding liegt auf der finanziellen Steuerung der Konzerngesellschaften. In der Holding werden dabei vergleichsweise wenige Ressourcen zur Steuerung vorgehalten, da das Verständnis über die Geschäftsspezifika der einzelnen Business Units eher gering ist. Das wesentliche Kriterium, an dem der Planungsprozess gemessen wird, ist die Effizienz. Der Prozess wird oft als Bestandteil des Konzern-Reportings verstanden und i.d.R. als Bottom-up-Prozess durchgeführt. Dabei werden oftmals Prozess- und Toollandschaft der Ist-Berichterstattung genutzt.[1] | (Strategische) Finanz-Holding

Im Gegensatz zur (strategischen) Finanz-Holding spielt die (operative) Management-Holding eine aktive, gestaltende Rolle in der Unternehmenssteuerung. Dazu ist ein umfassendes Verständnis über die Spezifika der einzelnen Geschäftsmodelle im Unternehmen notwendig. Das Konzerncontrolling übernimmt dabei die Rolle eines Business-Partners und arbeitet nahe am operativen Geschäft. Um diese Rolle ausfüllen zu können, werden in der Holding mehr Controlling-Ressourcen benötigt. Die Steuerung erfolgt mithilfe detaillierter, sowohl finanzieller als auch nichtfinanzieller Vorgaben. Wichtigste Kriterien zur Beurteilung des Planungsprozesses sind für die Management-Holding der Steuerungsimpuls, den die Planung generiert, sowie deren Effektivität.[2] | Operative Management-Holding

Borkenhagen und Kappes beschreiben in ihrem Artikel die Diskrepanz zwischen dem Steuerungsverständnis und der organisatorischen und prozessualen Aufstellung, die bei vielen Unternehmen auch heute noch zu finden ist, als „stuck in the middle". Damit wird im Wesentlichen eine

---

[1] Vgl. Borkenhagen/Kappes, 2013, S. 145.
[2] Vgl. Borkenhagen/Kappes, 2013, S. 146.

Grundlagen & Konzepte

Holding beschrieben, die bei nur geringem Geschäftsverständnis eine Vielzahl an Controllingressourcen bindet.

Moderne Konzernplanung ermöglicht durch aktive Steuerung

In der Praxis findet sich immer häufiger die Rolle der operativen Konzern-Holding wieder. Dabei besteht der Anspruch, die wesentlichen Geschäftstreiber der Geschäftsmodelle zu kennen, um auch auf übergeordneter Ebene Synergien heben und Effizienzen schaffen zu können. Auch in der Planung trägt dieses Rollenverständnis der Holding zu Verbesserungen bei. Das Verständnis für die unterschiedlichen Treiber der Geschäftseinheiten ermöglicht nicht nur eine qualitativ hochwertigere Diskussion mit den untergeordneten Einheiten, sondern in der Folge auch einen schlankeren Prozess. Die nachfolgenden Kapitel beschreiben, wie moderne Planung von einer aktiven Management-Holding in Prozess, Inhalt und IT-Unterstützung ausgestaltet werden kann. Dabei wird auch gezeigt, wie komplexe Steuerungsdimensionen in Konzernen wie z. B. unterschiedliche Geschäftsfelder und Produktklassen sowie geografische Dimensionen wie Regionen und Länder in der Planung berücksichtigt werden können.[3]

2 Änderung der Prozesse: „Frontloading" statt Bottom-up-Planung

Typischer Planungsprozess im Konzern

Häufig erfolgt auf Basis genereller Prämissen (und ggf. unverbindlicher Zielvorgaben) eine umfangreiche Bottom-up-Planung der Einheiten. Diese wird durch das Konzerncontrolling gesammelt und konsolidiert. Im Anschluss daran finden eine Beurteilung der angelieferten Planungen und eine Diskussion des Ambitionsniveaus statt. Ist die Planung aus Sicht der Holding zu konservativ, werden die Einheiten aufgefordert, ihre Planungen zu überarbeiten. Dabei müssen regelmäßig detaillierte Planungswerke überarbeitet werden. Anschließend erfolgen eine erneute Anlieferung und Diskussion, bis das gewünschte Ambitionsniveau der Planung erreicht ist.

Konsequenz: Mangelnde Qualität bei hohem Aufwand

Dieser Prozess ist zeit- und ressourcenintensiv. Darüber hinaus fehlt ein klarer Strategiebezug. Die Planung zeigt, was mit der aktuellen Aufstellung der Konzerneinheiten sicher erreicht werden kann, und nicht das, was aus strategischen Überlegungen heraus erreicht werden soll.

Setzen von Zielen als wesentlicher Verbesserungshebel

Anstelle einer aufwendigen, iterativen Bottom-up-Planung mit häufig niedrigem Ambitionsniveau und geringem Zielsetzungscharakter sollte die Planung der Management-Holding stärker top-down orientiert sein. Die aktive Gestaltung der künftigen Geschäftsentwicklung bedeutet das Setzen von Zielen. In einem separaten, vorgeschalteten Target-Setting-Prozess

---

[3] Zur Ausgestaltung eines State-of-the-Art-Konzernberichtswesens einschließlich der Planung i. S. e. (strategischen) Finanz-Holding wird an dieser Stelle auf Kirchmann/Niebecker, 2011, verwiesen.

("Frontloading" der Planung) erfolgt die Herleitung verbindlicher Ziele für alle wesentlichen Steuerungseinheiten. Anschließend erfolgt die Ausplanung der Zielvorgaben in den Einheiten.

Die gesetzten Ziele müssen realistisch und ambitioniert sein. Grundlage für die Entwicklung der Ziele bilden die Erwartungen von Anteilseignern, aus der Unternehmensstrategie abgeleitete Maßnahmen, der Vergleich mit Wettbewerbern sowie die voraussichtliche Entwicklung der gegenwärtigen Unternehmensperformance, manifestiert im Forecast.[4]

Durch die stärkere Top-down-Orientierung wird die Qualität, d.h. insbesondere der Steuerungsnutzen der Planung, erhöht. Die Planung ist dadurch ambitionierter. Die Konsistenz zwischen Planung und Strategie kann sichergestellt werden. Neben den qualitativen Verbesserungen lassen sich durch die Top-down-Orientierung zusätzlich der Planungsprozess verkürzen und die im Prozess gebundenen Ressourcen reduzieren (vgl. Abb. 1).[5]

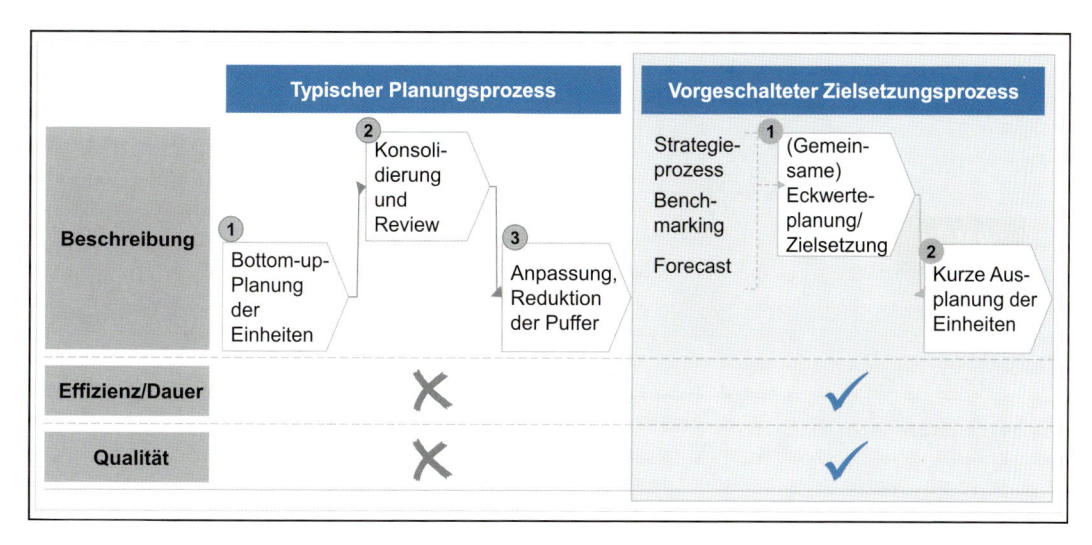

Abb. 1: Top-down ausgerichteter Planungsprozess i.S.d. "Frontloading"

3 Target Setting als Basis für eine effiziente Ausplanung

Voraussetzung für eine erfolgreiche Top-down-Planung ist eine qualitativ hochwertige Zielsetzung. Dazu muss zu Beginn des Prozesses der Aufwand

Zielsetzung des Target Setting

---
[4] Vgl. Kappes/Schentler, 2012, S. 106.
[5] Vgl. Horváth & Partners, 2012, S. 6–7.

Grundlagen & Konzepte

für die Herleitung ambitionierter, aber realistischer (plausibler) Ziele erhöht werden („Frontloading"). Unrealistische Ziele hingegen stoßen auf wenig Akzeptanz in der Organisation. Die Planung kann dann keine Steuerungswirkung entfalten. Generelle Ziele des Target-Setting-Prozesses sind daher:

- Setzen eines finanziellen Rahmens für das Folgejahr.
- Schaffung von Akzeptanz für die verabschiedeten Ziele.
- Formulierung einer Handlungsempfehlung für die Budget-Allokation im Folgejahr.

Anschließend an den Zielsetzungsprozess werden die verabschiedeten Ziele detailliert geplant. In der Planung wird dieser finanzielle Rahmen validiert und die Allokation von Ressourcen vorgenommen.

Target-Setting-Prozess — Der Target-Setting-Prozess kann dabei in drei wesentliche Schritte unterteilt werden: die Übersetzung der strategischen Entscheidungen und Maßnahmen in quantitative Ziele, die Zielsetzung auf Business-Unit- (BU-)Ebene und das Herunterbrechen der Ziele auf darunterliegende operative Einheiten (vgl. Abb. 2). Die Diskussionen sind dabei sehr spezifisch auf das jeweilige Geschäftsmodell ausgerichtet. Treibermodelle, die eine solche Diskussion unterstützen, werden in Kapitel 7 vorgestellt.

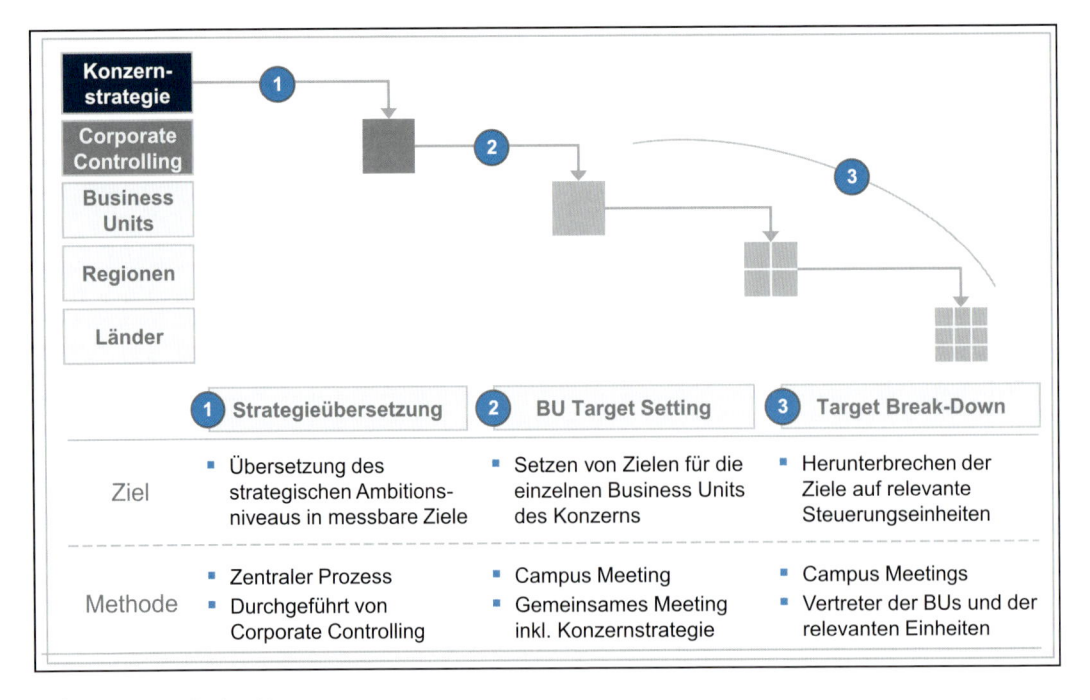

	① Strategieübersetzung	**② BU Target Setting**	**③ Target Break-Down**
Ziel	Übersetzung des strategischen Ambitionsniveaus in messbare Ziele	Setzen von Zielen für die einzelnen Business Units des Konzerns	Herunterbrechen der Ziele auf relevante Steuerungseinheiten
Methode	Zentraler Prozess Durchgeführt von Corporate Controlling	Campus Meeting Gemeinsames Meeting inkl. Konzernstrategie	Campus Meetings Vertreter der BUs und der relevanten Einheiten

Abb. 2: Target-Setting-Prozess

4 Strategieübersetzung und Zielsetzung auf Business-Unit-Ebene

Vor dem Target Setting muss das in der Unternehmensstrategie verabschiedete Ambitionslevel für das Folgejahr in quantitative Zielwerte übersetzt werden. Hierzu werden Wachstumsziele genauso verwendet wie zu erwartende Effekte aus verabschiedeten Maßnahmen und Programmen. Diese strategischen Ziele können z.B. ein Wachstum von 2 % über dem Marktwachstum oder eine 5 %ige Kostenersparnis in den Support-Funktionen sein. Diese Vorgaben werden im ersten Schritt in die Spitzenkennzahlen des Konzerns wie z.B. Umsatz, EBITDA, Cashflow oder Economic Value Added (EVA^{TM}) übersetzt. Diese Übersetzung erfolgt i.d.R. durch das Konzerncontrolling.

Schritt 1: Übersetzen des strategischen Ambitionsniveaus

Ziel des Target Setting auf Business-Unit-Ebene ist die Operationalisierung der Strategie in einem ersten Schritt auf die obersten operativen Steuerungseinheiten.

Schritt 2: Target Setting auf Business-Unit-Ebene

Für die Festsetzung der Zielwerte für jede Business Unit hat sich in der Praxis ein „Campus"-Ansatz bewährt. In Campus-Meetings finden sich dabei die wesentlichen Wissensträger und Stakeholder aus zentralen und dezentralen Bereichen zusammen. Diese Meetings werden vom Konzerncontrolling verantwortet und sind fest im Planungskalender verankert. Die Meetings setzen sich i.d.R. aus Vertretern der folgenden Bereiche zusammen:

- Aus der Business Unit sind nicht nur Führungskräfte der BU, sondern bspw. auch Vertreter der wichtigsten Regionen und Länder vertreten.
- Vertreter des Strategiebereichs achten auf die Operationalisierung der strategischen Ziele, Annahmen und Maßnahmen für die jeweilige Business Unit.
- Vertreter der Unternehmensfunktionen bringen die jeweiligen strategischen Maßnahmen und Erwartungswerte für die jeweilige Funktion und deren zu erwartende Auswirkung auf das jeweilige BU-Ergebnis in die Diskussion ein.
- Vertreter des Corporate Controlling fungieren dabei nicht nur als Mediator zwischen den Teilnehmern, sondern vertreten auch die gesetzten Ziele des Gesamtkonzerns.

Um die Effizienz eines solchen Vorgehens voll ausschöpfen zu können, ist es wichtig, dass vorher zwar Abstimmungen innerhalb des Bereichs, jedoch keine vorgelagerten Detailplanungsprozesse stattfinden. In der Praxis erweist sich dieser Eckpfeiler eines solchen Top-down-Ansatzes oft als das zentrale Element des Change Management.

Die Ziele, die eine Business Unit im ersten Prozessschritt erhalten hat, werden im Nachgang auf die untergeordneten Geschäftsbereiche und Funktionen heruntergebrochen.

5 Target Break-Down und nachgelagerte Ausplanung

Schritt 3: Target Break-Down

Im dritten Schritt wird das verabschiedete Ziel der Business Unit auf die untergeordneten Einheiten heruntergebrochen. Auf dem darunterliegenden Level kann eine Einheit bspw. geografisch nach Regionen und/oder nach spezifischen Funktionen wie bspw. R&D oder Produktion organisiert sein.

In diesem Schritt des Target-Setting-Prozesses setzen sich ebenfalls die wesentlichen Vertreter der jeweiligen Einheiten zusammen, um die Zielwerte der tieferliegenden Einheiten zu diskutieren und zu verabschieden.

So werden in einem stufenweisen Prozess die Top-Level-Ziele nach und nach bis auf die Ebene einzelner Länder, Produkte etc. heruntergebrochen. Dieses Vorgehen einer gemeinsamen Diskussion zur Verabschiedung des Zielwerts verlagert den Abstimmungsaufwand i.S.d. Frontloading an den Anfang des Planungsprozesses. Durch diese enge Einbindung der einzelnen Einheiten in den Target-Setting-Prozess steigt nicht nur die Qualität der Zielsetzung, sondern auch die Akzeptanz für die gesetzten Ziele. Diese gesteigerte Akzeptanz führt im Nachgang zu einem verschlankten Ausplanungsprozess, da Abstimmschleifen minimiert werden.

Nachgelagerte Ausplanung/ Budgetierung

Die detaillierte Ausplanung bzw. Budgetierung erfolgt erst nachgelagert als separater Prozess auf Basis der vorgegebenen Zielwerte. Neben den o.g. Aspekten bzgl. Ambitionsniveau und Konsistenz mit der Strategie lässt sich somit der Aufwand der Planung erheblich reduzieren. Eine frühzeitige Integration der einzelnen, detaillierten Teilplanungen würde zu einem sehr hohen Aufwand bei Änderungen in einzelnen Planwerten führen. Durch eine nachgelagerte Ausplanung lässt sich dies vermeiden. Dies gilt insbesondere für die Ableitung von Tarifen und Standardkosten für die Produktion (sofern relevant). Für einzelne Teilplanungen, z.B. die häufig sehr aufwendige Vertriebsplanung, kann ggf. sogar auf eine Ausplanung verzichtet werden.

6 Fokus auf wesentliche Inhalte in der asymmetrischen Planung

Fokus auf wesentliche Inhalte

Anstatt die Planungsinhalte den Anforderungen des Ist-Reportings anzupassen, sollten die Geschäftsmodelle der jeweiligen Einheiten nach ihren Spezifika untersucht und diese in das Planungsmodell integriert werden.

Mehr und mehr Unternehmen gehen bereits dazu über, die Ergebnisrechnung um diese Geschäftsspezifika zu ergänzen. So werden je nach Geschäftsmodell zusätzlich regionale, produkt- oder kundenbezogene Dimensionen integriert.

Kernelement eines schlanken Zielsetzungsprozesses ist der Fokus auf wesentliche Inhalte und Treiber. In der Praxis wird oftmals ein wesentlicher Anteil des Umsatzes in wenigen Märkten mit einer überschaubaren Anzahl an Produktgruppen/Produkten erwirtschaftet. Daher sollten in einem schlanken Zielsetzungsprozess auch nur diese wesentlichen Produkt-Land-Kombinationen berücksichtigt werden. Dies ermöglicht nicht nur ein Campus-Meeting mit einer überschaubaren Anzahl an Teilnehmern, sondern steigert zusätzlich die Qualität der Diskussion, da der Fokus auf wesentliche Treiber gelegt werden kann. *(Fokus auf Top-Produkte und Top-Länder)*

Die Geschäftsfelder und deren Struktur können zwischen und innerhalb von Business Units stark variieren. Daher ist es notwendig, in der Auswahl, der im Zielsetzungsprozess diskutierten Objekte, Flexibilität zu ermöglichen. So kann es z.B. in einer Einheit ausreichend sein, eine Region in Summe zu betrachten, da innerhalb der Region eine Vielzahl von Ländern mit ähnlich hohen Umsätzen steht. Auf der anderen Seite gibt es Regionen, in denen 2–3 Länder einen hohen Anteil am Umsatz haben. Hier bietet es sich an, diese Länder im Detail zu betrachten, während für die Summe der verbleibenden Länder eine generelle Wachstumsannahme getroffen wird. Eine solch flexible, „asymmetrische" Auswahl bezieht sich dabei nicht nur auf Regionen und Länder, sondern auch auf die Produkte innerhalb eines Landes/einer Region. *(Asymmetrisches Planungsmodell)*

Um den Prozess möglichst schlank zu halten, werden vom Konzern Mindestausprägungen für die Planung definiert. Diese Ausprägungen sind aus Konzernsicht ausreichend, um den wesentlichen Teil des Geschäfts steuern zu können. Die Ausprägungen können dabei sehr unterschiedlich beschrieben werden. Bspw. können die Top-10-Produktgruppen nach Umsatz definiert sein oder alle Produkte, die kumuliert 80 % des Umsatzes ausmachen. Auch Produkte, die neu im Markt platziert werden, können im Fokus der Konzernbetrachtung stehen und daher für die Planung für alle Einheiten verpflichtend sein. Die Möglichkeiten einer solchen definierten Mindestausprägung können in der Praxis vielfältig sein. Auf jeder Stufe, auf der die Ziele heruntergebrochen werden, können zusätzliche Mindestausprägungen hinzukommen, die das jeweilige Geschäft in der Region oder dem Land widerspiegeln.

7 Diskussion auf Basis von Treibermodellen – Aufbau des Modells

Auch heute noch stehen oft finanzielle Ergebnisgrößen im Fokus der Diskussion. Bereits durch die asymmetrische Auswahl von Objekten werden die wesentlichen Geschäftstreiber, wie z.B. Top-Produkte und/oder Top-Länder, jedoch bereits hinterfragt und bestimmt. Um die Qualität der Diskussion auf dieser Basis weiter zu verbessern, kommen in der Praxis immer häufiger Treibermodelle zum Einsatz.

Treibermodelle verbinden eine Spitzenkennzahl mit den wesentlichen Treibern des jeweiligen Geschäftsmodells. Die Verknüpfung erfolgt dabei über finanzielle Ergebnisgrößen (vgl. Abb. 3).

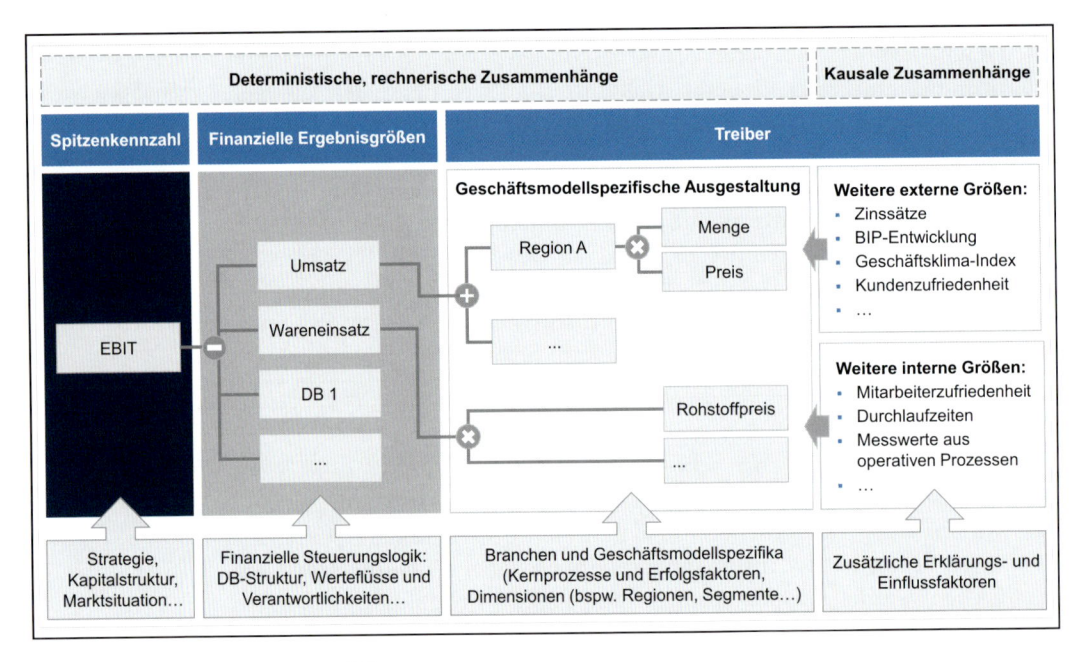

Abb. 3: Aufbau eines Treibermodells

Die finanzielle Ergebnisgröße, in diesem Beispiel der Umsatz, wird im Modell zunächst anhand der wesentlichen Regionen oder alternativ der Produkte aufgerissen. Dieser Aufriss orientiert sich dabei sehr stark am organisatorischen Aufbau und den wesentlichen Steuerungseinheiten. Diese Elemente werden dann direkt mit ihren entsprechenden Treibern verknüpft. Diese sind für Umsatz die Menge und der Preis. Durch die mathematische Verknüpfung der Treiber mit den finanziellen Ergebnisgrößen leiten sich diese automatisch ab und ergeben letzten Endes die Spitzenkennzahl.

Hinter den Treibern stehen oftmals noch zusätzliche Erklärungsfaktoren. Dabei handelt es sich meist um makroökonomische Faktoren wie z. B. die Entwicklung des Bruttoinlandsprodukts (BIP), aber auch andere externe sowie interne Informationen wie z. B. die Mitarbeiterzufriedenheit. Diese dienen als Grundlage für Annahmen, sind jedoch nicht direkt mathematisch mit dem Modell verbunden. Der wesentliche Grund dafür ist, dass deren Einflüsse oft nicht 1:1 abzuleiten oder mathematisch nur über sehr komplexe Algorithmen und Modelle abbildbar sind. Die zunehmende Digitalisierung und die verbesserte Möglichkeit zur Einbindung von Big Data in der Unternehmenssteuerung ermöglichen jedoch zunehmend die direkte Verknüpfung und Integration dieser Informationen in Treibermodelle. Diese Integration wird jedoch primär im Forecasting genutzt. Hier steht die Aktualisierung getroffener Annahmen auf Basis von veränderten Parametern im Vordergrund, wohingegen die Planung an sich als eine Willensbildung für die Zukunft verstanden werden sollte und somit einen Zielsetzungscharakter besitzt.

8 Treibermodell-Kaskade: Vom Konzern über BUs auf einzelne Bereiche

Treibermodelle bilden die Spezifika eines Geschäftsmodells ab und dienen daher sehr gut als Basis zur Diskussion. Es gibt in der Praxis jedoch nicht das eine allumfängliche Modell, das alle Einheiten mit ihren Spezifika verbindet. Vielmehr sind es einzelne entwickelte Modelle, die auch unabhängig voneinander verwendet werden können und die in ihren Spitzenkennzahlen miteinander verknüpft sind. Daher lässt sich eine Kaskade abbilden, die von einem Modell für das Gruppenergebnis bis zum Treiberbaum einer operativen Einheit reicht (vgl. Abb. 4).

Der Fokus des Gruppenmodells liegt auf der Abbildung der Konzern-P&L sowie auf der Abbildung konzernspezifischer Kennzahlen. Die Modelle werden über die Business Unit, die Funktion/den Bereich bis hin zu operativen Treiberbäumen stets granularer und werden mit unterschiedlicher Zielsetzung auch in der operativen Unternehmenssteuerung eingesetzt.

Grundlagen & Konzepte

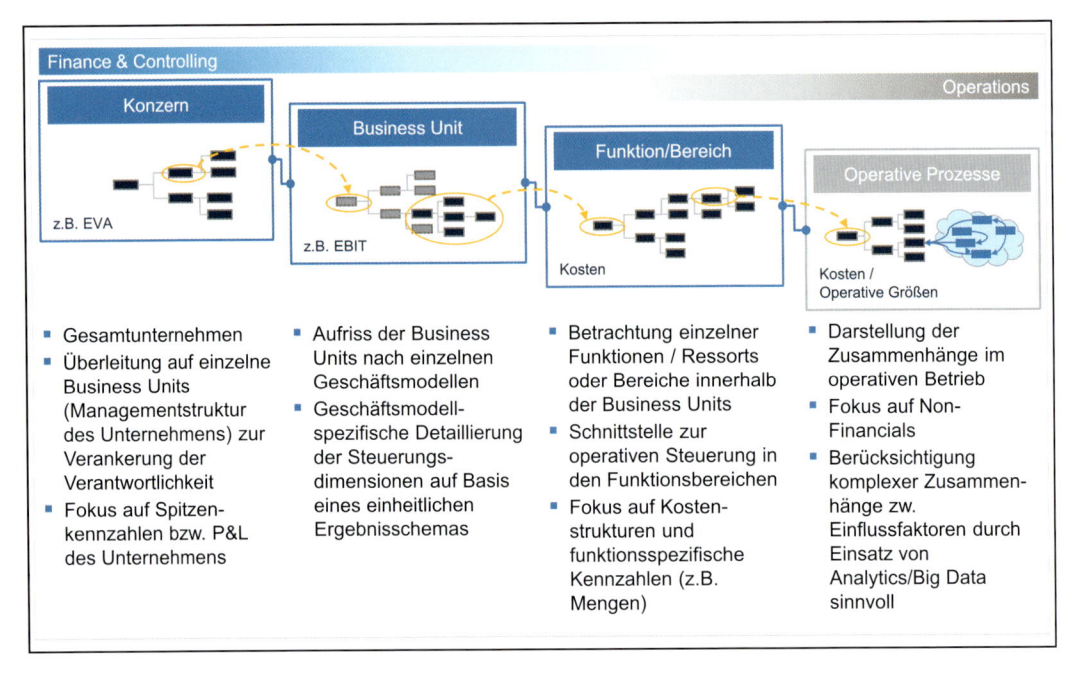

Abb. 4: Kaskadierender Aufbau von Treibermodellen

9 Berücksichtigung disruptiver Änderungen mittels Maßnahmen

Da in der Erstellung der Treibermodelle die wesentlichen Treiber des Geschäfts identifiziert und festgelegt werden, konzentriert sich darauf auch die Diskussion in der Planung. In der Diskussion, basierend auf Treibern, werden verschiedene Aspekte berücksichtigt.

Ein wesentlicher Aspekt ist die Entwicklung des Basisgeschäfts. Sind die Annahmen aus der Strategie realistisch für diesen Bereich? Kann ein Wachstum durch Mengen- oder Preisveränderungen realisiert werden? Werden Umsätze noch mit dem gleichen Produktmix realisiert? Diese beispielhaften Fragen werden in der Planung mithilfe von Treibern diskutiert.

Zudem spielt die Auswirkung von geplanten disruptiven Veränderungen eine wichtige Rolle. So können die Effekte von geplanten Marketingoffensiven, Pricing- oder Sparmaßnahmen direkt berücksichtigt und diskutiert werden. Erklärungsfaktoren bilden dabei eine Unterstützung in der Argumentation und in der letztendlichen Zielwertbestimmung. Neben der inhaltlichen Optimierung des Zielsetzungsprozesses durch

Treibermodelle bieten moderne Tools eine Reihe von Funktionalitäten, die eine Diskussion wesentlich unterstützen. Diese werden im nachfolgenden Kapitel beschrieben.

10 Steigende Anforderungen an moderne Planungssoftware

Das verwendete Planungstool spielt eine zentrale Rolle, auch in der Prozessunterstützung. Wichtige beschriebene Elemente wie die asymmetrische Selektion von Objekten oder die Abbildung der verknüpften Treiber bedürfen einer flexiblen Toollösung. Neben diesen Anforderungen an ein flexibles Datenmodell werden auch weitere Funktionalitäten immer wichtiger.

Toolanforderungen aus dem Target Setting

Im Zuge verstärkter Volatilität gewinnen Möglichkeiten zur Simulation stark an Bedeutung. Dabei können drei Formen unterschieden werden:

Simulation und Szenario-Modellierung

- **Geschäftsspezifische Simulationen:** Wie ändern sich Umsatz und Gewinn bei Veränderung bestimmter Treiber? (Beispiel: Welche Folgen haben ein Mengen- und Preisrückgang in Asien? Wie wirkt sich der Anstieg eines bestimmten Rohstoffpreises aus?)
- **Finanzwirtschaftliche Simulationen:** Wie ändert sich der Gewinn bei Veränderung volkswirtschaftlicher Rahmenparameter? (Beispiel: Welche Folgen hat ein gestiegener Dollarkurs?)
- **Maßnahmensimulation:** Welche Auswirkungen haben geplante Maßnahmen auf Umsatz und Gewinn? Wie sehen die Kennzahlen mit oder ohne die Maßnahme aus? (Beispiel: Wie viele zusätzliche Produkte können ab wann durch die Investition in eine neue Produktionslinie abgesetzt werden? Wie wirken sich die höheren Absätze auf den Umsatz, wie die höheren Kosten auf den Gewinn aus?)

Auf Basis dieser Simulationen können im Rahmen der Zielsetzung verschiedene Szenarien betrachtet und das oben beschriebene „Frontloading" unterstützt werden (vgl. Abb. 5).

Mit dem Einsatz von Simulationen und Szenarien in der Zielsetzung gehen eine bessere Nachvollziehbarkeit und Akzeptanz der Zielwerte einher.

In der Praxis kann die Effizienz im Planungsprozess auch dadurch erhöht werden, dass auf den relevanten Ebenen bereits Vorschlagswerte (engl.: Pre-Fills) bereitgestellt werden. So kann z. B. der letzte verfügbare Forecast als Basis für eine Zielsetzung dienen. Diese Funktionalität beschränkt sich jedoch nicht auf das simple Laden vorhandener Informationen. Auch bereits hinterlegte Logiken, die getroffene Annahmen und ergänzende Informationen in den Daten berücksichtigen, erhöhen die Qualität der Vorschlagswerte. Dabei ist jedoch zu beachten, dass der Anwender die Generierung der Werte nachvollziehen kann, um eine doppelte Berücksichtigung einzelner Einflüsse zu vermeiden.

Pre-Fills und Splashing

Grundlagen & Konzepte

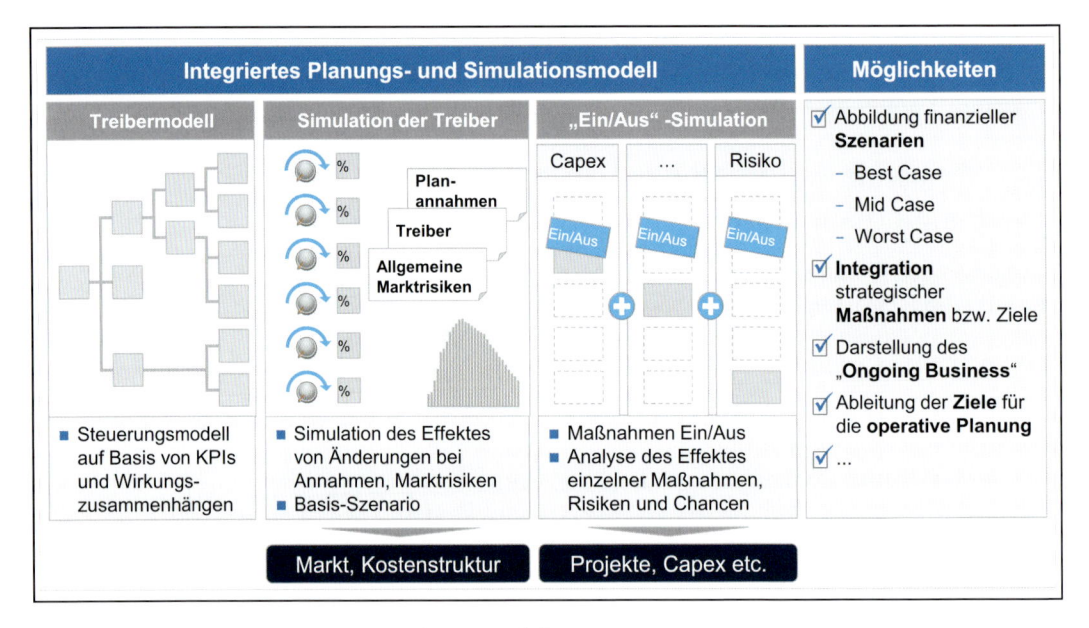

Abb. 5: Integriertes Planungs- und Simulationsmodell

Zusätzlich zu den im Zielsetzungsprozess verwendeten Funktionen müssen die Zielwerte auch als Aufsatzpunkt für die Planung bereitgestellt werden. Steht in der Zielsetzung eine aggregierte Ebene im Fokus der Diskussion, so werden als Aufsatzpunkt für die Planung diese Zielwerte auf die darunterliegenden Detailebenen automatisiert heruntergebrochen (engl.: Splashing). Damit ist im Wesentlichen die Verteilung dieses Zielwerts gemeint. Eine solche Verteilung ist auch auf unterschiedliche Zeithorizonte unter Berücksichtigung saisonaler Effekte möglich. Auch diese Verteilungslogik muss dem Anwender transparent gemacht werden, um die Akzeptanz für die Werte zu erreichen.

11 Häufiger Status quo und Vorteile professioneller Planungssoftware

Häufiger Status quo: Hohe Anforderungen treffen auf geringe Flexibilität

Die Konzernplanung wird häufig über die Prozess- und Toollandschaft des Ist-Reportings abgebildet. Die Planung besteht hier im Wesentlichen aus dem Bottom-up-Einsammeln der Plandaten im Konsolidierungssystem des Konzerns.

Das Datenmodell des Konsolidierungssystems ist relativ starr. Die Abbildung von Geschäftsspezifika sowie die Simulation gestalten sich schwierig oder sind gar nicht möglich. Darüber hinaus verursachen die Anforderungen aus dem Datenmodell des Ist-Reportings einen relativ hohen Aufwand, insbesondere bezüglich der auch im Plan benötigten Partnerinformationen. Wird aus Vereinfachungsgründen auf die Partnerinformationen verzichtet, so stellt das Konsolidierungstool lediglich ein reines „Datensammel-Tool" in der Planung dar. Der Vorteil der integrierten Konsolidierung analog zur Ist-Konsolidierung geht dadurch verloren.

Der Einsatz professioneller Planungssoftware bietet gegenüber (reinen) Tools zur Legalkonsolidierung eine Reihe von Vorteilen, die den Anforderungen eines modernen Planungsprozesses entsprechen (vgl. Abb. 6):

Vorteile professioneller Planungssoftware

- Nutzung eines flexiblen Datenmodells. Der Detaillierungsgrad der Planungspositionen auf den verschiedenen Ebenen der Planungshierarchie kann flexibel definiert werden. Für einzelne Einheiten können spezifische Inhalte definiert werden.
- Bei der Generierung der Plandaten werden die Planer durch spezielle Planungsfunktionalitäten unterstützt. Dazu zählen die Integration von Unternehmensdaten und Teilplänen, die Erstellung von Vorschlagswerten, Verteilung und Saisonalisierung sowie Workflowunterstützung mit Genehmigungsprozessen und Statusüberwachung.
- Im Rahmen der Zielsetzung werden die Simulation der geschäftsspezifischen Treiber sowie die Betrachtung und Speicherung von Szenarien unterstützt.

Der Einsatz eines Planungstools beschränkt sich nicht auf die Planung, sondern ermöglicht auch die Abbildung des regelmäßigen Forecasts sowie die Möglichkeit für unterjährige Simulationen und Ad-hoc-Forecasts. Da in der Planung eine (vereinfachte) Management-Konsolidierung regelmäßig ausreicht, ist der scheinbare Vorteil der Nutzung der Legal-Konsolidierungsfunktionalität für die Planung unbedeutend.

Bei der Ausgestaltung des Planungstools bestehen zwei grundsätzliche Ansätze, welchen Abdeckungsgrad das System besitzen soll. Dabei wird zwischen einem reinen Holding-Tool und einer integrierten Planungsplattform unterschieden. Der Trend geht dabei zur Integration, um dem Anwender von der Zielsetzung bis zur Planung der Einheiten eine durchgängige IT-Unterstützung bieten zu können.[6]

---

[6] Vgl. Arnold, 2012.

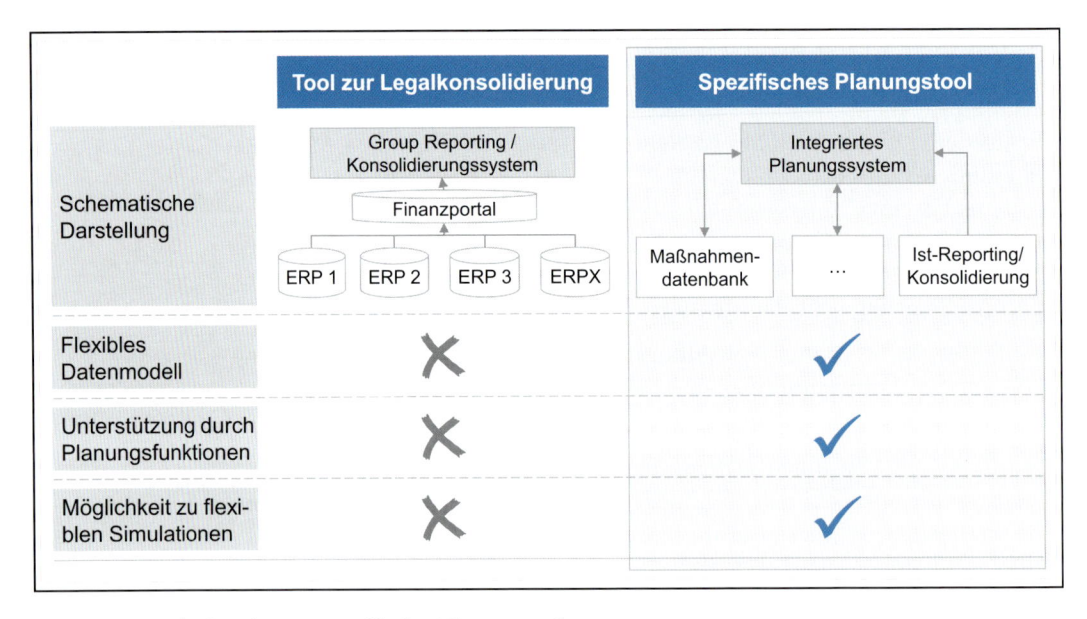

Abb. 6: Vorteile des Einsatzes spezifischer Planungstools

12 Fazit

Der Artikel beschreibt drei wesentliche Hebel, mit denen die Konzernplanung weiterentwickelt werden kann: den vorangeschalteten Top-down-Zielsetzungsprozess („Frontloading"), die Fokussierung auf wesentliche, geschäftsmodellspezifische Treiber in der Planung und die Unterstützung des Prozesses durch moderne Planungssoftware (vgl. Abb. 7).

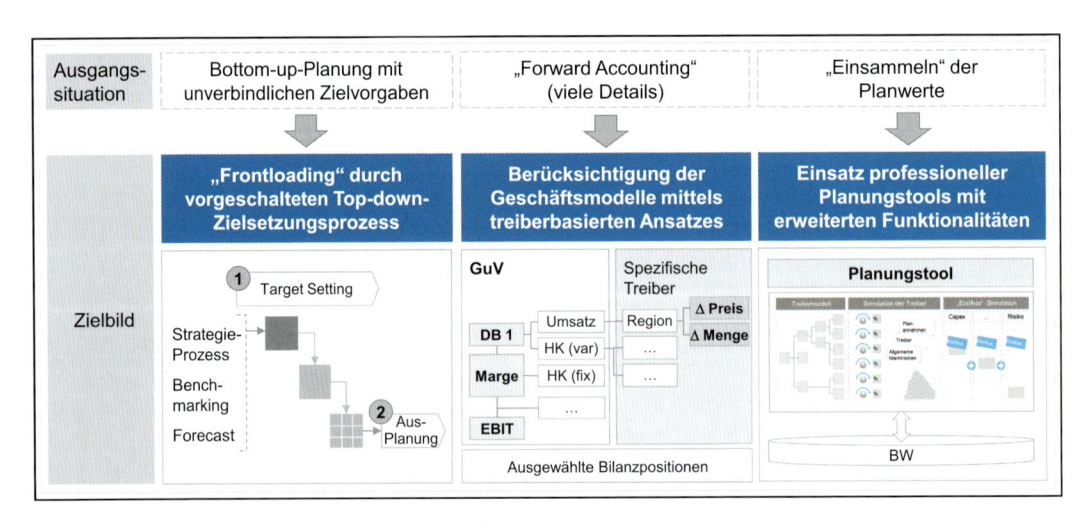

Abb. 7: Handlungsfelder für eine effiziente und aktive Konzernplanung

Die Planung ist das zentrale Instrument zur Gestaltung und Steuerung der künftigen Geschäftsentwicklung. Die Steuerung wird durch die Top-down-Orientierung mit einem vorgeschalteten Target-Setting-Prozess ermöglicht. I. S. d. „Frontloadings" werden Diskussionen an den Anfang des Planungsprozesses geschoben. Der Target-Setting-Prozess erfolgt dabei in drei Stufen: Zunächst erfolgt eine Übersetzung des Ambitionsniveaus aus der Strategie in quantitative Ziele. Diese werden dann in einem zweiten Schritt auf die Business Units verteilt (BU Target Setting). Dabei werden in gemeinsamen Campus-Meetings Annahmen diskutiert und Ziele festgelegt. Im Nachgang werden diese Ziele, ebenfalls in gemeinsamer Diskussion, auf die jeweiligen Steuerungseinheiten wie z.B. Regionen und Länder heruntergebrochen (Target Break-Down). Durch die Einbindung der relevanten Stakeholder in den Campus-Meetings wird die Akzeptanz der Ziele in der Organisation geschaffen. Dadurch fällt der Prozess zur Ausplanung im Nachgang an das Target Setting wesentlich schlanker aus.

Verbesserte Effizienz der Planung durch „Frontloading"

Um die Qualität zu erhöhen, ist es notwendig, auf unnötige Detaillierungen zu verzichten. Statt ein „Forward Accounting" mit dem Detaillierungsgrad des Ist-Reportings zu betreiben, fokussiert sich eine aktive Konzernplanung auf die steuerungsrelevanten Inhalte und berücksichtigt die Geschäftsspezifika der einzelnen Konzerneinheiten in einem „asymmetrischen" Planungsmodell. Hierzu werden Treibermodelle genutzt, die die Spezifika der jeweiligen Geschäftsmodelle abbilden. Die Modelle werden kaskadierend vom Gesamtkonzern bis hin zu einzelnen operativen Einheiten aufgebaut und sind in ihren Spitzenkennzahlen verknüpft. Ergänzend zur Planung lassen sich die Treibermodelle auch für fokussierte Forecast-Prozesse nutzen. Besonders im Rahmen von Forecasts für operative Einheiten lässt sich dabei auch Big Data nutzen. Die wesentlichen Diskussionen finden basierend auf Treibern statt und werden durch die Betrachtung von Erklärungsfaktoren unterstützt. Finanzielle Ergebnisgrößen und Spitzenkennzahlen leiten sich durch die mathematische Verknüpfung direkt ab.

Höhere Qualität durch den Fokus auf wesentliche Treiber

Eine moderne Konzernplanung wird durch spezielle Planungssoftware unterstützt. Neben dem flexiblen Datenmodell und der Workflow-Steuerung des Planungsprozesses sind vor allem Planungs- und Simulationsfunktionalitäten der wesentliche Vorteil gegenüber den Ist-Reporting-Systemen. Diese spezifischen Funktionalitäten ermöglichen erst die Umsetzung innovativer Elemente in der Planung und eine effizientere Gestaltung des Prozesses.

Professionelle Software als wichtiges Element moderner Planung

Ein entscheidendes Element ist das Rollenverständnis in der Organisation. Das Top-Management muss gemeinsam mit dem Konzerncontrolling ein ausreichendes Geschäftsverständnis entwickeln, sodass die Vorgabe von Top-down-Zielen möglich ist. Der Verzicht auf umfangreiches Bottom-up-Einsammeln von Planwerten schon vor dem Target-Setting-Prozess ist in der Praxis oft ein wichtiger Meilenstein des Change Management.

Notwendigkeit für Change Management

Auch die offene Diskussion von Annahmen und Maßnahmen anhand von Treibermodellen in einem Campus-Meeting bringt verschiedene Elemente mit sich, die in bisherigen Prozessen so nicht gelebt wurden. Der Fokus auf nur wenige elementare Treiber widerspricht dabei oft gängigen Praktiken. Der Verzicht auf Details verursacht oft Verunsicherung, da dadurch offenbar Informationen verloren gehen. Wichtig ist dabei, nicht nur die Veränderung im Controlling selbst, sondern vor allem im Management zu unterstützen, denn der Verzicht auf Details ist nur dann möglich, wenn diese auch in Zukunft nicht mehr nachgefragt werden.

Die Möglichkeit des Controllings, als treibende Kraft der Veränderung in dieser Sache direkt auf das Management der BUs einzuwirken, ist dabei ein wichtiges Element. Die i.d.R. jedoch organisationsbedingt fehlende Befähigung dazu muss im Change Management durch alternative Maßnahmen ausgeglichen werden.

Change Management ist daher besonders in großen Projekten wie der Einführung einer globalen Planungslösung mit neuem Konzept, neuen Prozessen und neuen Tools also keine Modeerscheinung, sondern ein zentraler Baustein eines erfolgreichen Projekts.

13 Literaturhinweise

Arnold, Weiterentwicklung der Planung bei SAP, http://www.haufe.de/controlling/planungsfachkonferenz-2012-weiterentwicklung-der-planung_28_158908.html, Abrufdatum 6.9.2016.

Borkenhagen/Kappes, Moderne Konzernplanung als Basis für eine aktive Konzernsteuerung, in Gleich/Gänßlen/Kappes/Kraus/Leyk/Tschandl (Hrsg.), Moderne Instrumente der Planung und Budgetierung – Innovative Ansätze und Best Practice für die Unternehmenssteuerung, 2013, S. 147–161.

Horváth & Partners, Planungsstudie 2012 – Effizienzsteigerung im Fokus, https://www.horvath-partners.com/de/media-center/studien/detail/planungsstudie-2012-effizienzsteigerung-im-fokus/, Abrufdatum 12.9.2016.

Kappes/Schentler, Frontloading in der Unternehmensplanung: Der Weg zu einer Best-Practice-Planung, CFO aktuell – Zeitschrift für Finance & Controlling, 3/2012, S. 105–108.

Kirchmann/Niebecker, Group Reporting und Konsolidierung: Optimierung der internen und externen Berichterstattung, Ansätze zur Prozessverbesserung, effiziente Unterstützung der Berichtsprozesse, 2011.

Digitalisierung im Controlling: Einflussfaktoren, Standortbestimmung und Konsequenzen für die Controllerarbeit

- Der Artikel zeigt die Auswirkungen der Digitalisierung für den Controller und die Prozesse im Controlling auf.
- Ein Bewertungsradar liefert auf der Basis von klar definierten Kriterien eine Einordnung der Betroffenheit von Prozessen im Controlling.
- Eine Heatmap schafft einen schnellen Überblick der Digitalisierung des Controllings.
- Es wird ein Ausblick auf die zukünftige Dimensionierung der Controllingbereiche gegeben.

Inhalt		Seite
1	Was bedeutet ‚Digitalisierung im Controlling'?	81
2	Wie bewertet man den Grad der Digitalisierung der CFO-Organisation	82
2.1	Digital Impacts	83
2.2	Digital Operations	85
2.3	Digital Enablers	87
2.4	Digital Capabilities	88
3	Heatmap für die CFO-Organisation am Beispiel der Controllingprozesse	89
3.1	Kriterien	90
3.2	Bewertung der Controllingprozesse	90
3.2.1	Planung	92
3.2.2	Reporting	93
3.2.3	Kostenrechnung	93
4	Dimensionierung der digitalen Controllingorganisation	94
5	Fazit	95
6	Glossar	95
7	Literaturhinweise	96

■ **Die Autoren**

Andreas Kirchberg, Principal und Leiter des Kompetenzfeldes „Organizational Effectiveness" bei Horváth & Partners Management Consultants in Düsseldorf.

Daniel Müller, Senior Project Manager im Bereich CFO Strategy & Organization bei Horváth & Partners Management Consultants in Düsseldorf.

1 Was bedeutet ‚Digitalisierung im Controlling'?

Wenn über das Thema Digitalisierung oder Industrie 4.0 geschrieben und gesprochen wird, liegt der Schwerpunkt zumeist auf Prozessen in der Produktion, im Vertrieb, im Einkauf oder im Marketing. Die gängigen Beispiele, wie die vollständig autonome Fertigung in Fabrikhallen ohne Personal oder die neuen Formen der Kundeninteraktion, haben stets einen Bezug zu Marketing und Vertrieb oder Produktionsprozessen und operativen Prozessen der Wertschöpfungskette. So beschreibt Martina Weidner, Solution Sales Executive Manufacturing & Sales bei SAP, die prozessualen Veränderungen im Bereich der Produktion folgendermaßen:

Verständnis von Digitalisierung

„Die Teile wissen, wer sie sind und können sich mittels RFID-Technologie mit der Anlage unterhalten. Sie fahren immer zur richtigen Station und sagen ihr, ich bin dieses Teil, in dieser Variante und jetzt bearbeite mich bitte richtig."[1]

Dementsprechend ist die Verantwortung für die Bewertung und Entwicklung von Digitalisierungsinitiativen in Unternehmen im Schwerpunkt auf eben diese Bereiche verteilt (s. Abb. 1).

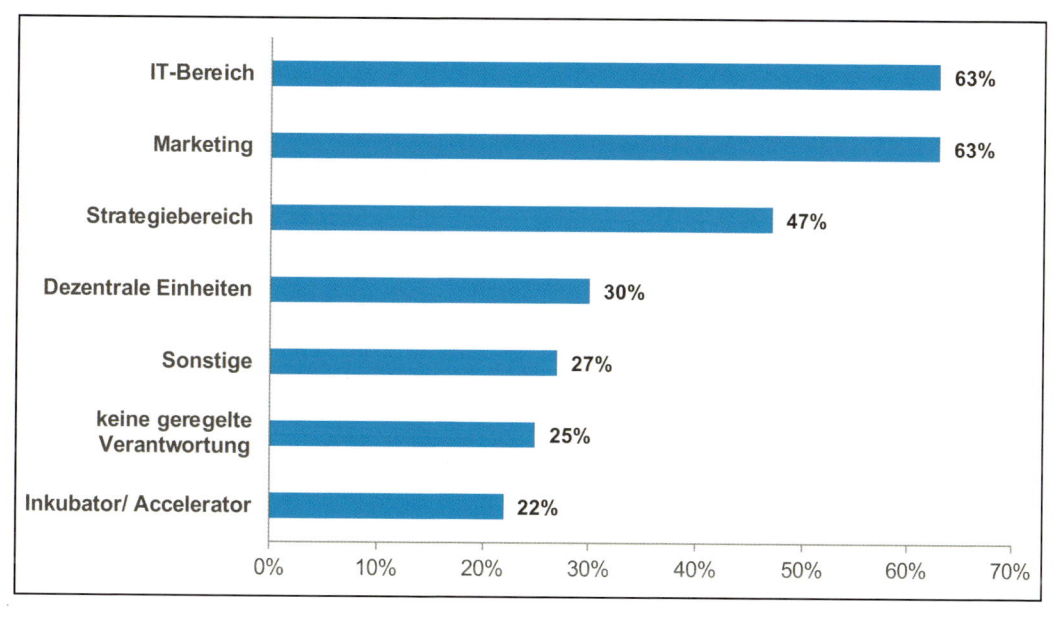

IT-Bereich	63%
Marketing	63%
Strategiebereich	47%
Dezentrale Einheiten	30%
Sonstige	27%
keine geregelte Verantwortung	25%
Inkubator/ Accelerator	22%

Abb. 1: Verantwortlichkeiten für die Umsetzung des Digitalisierungsprozesses[2]

---

[1] Vgl. Böhme, 2014, online.
[2] Vgl. Sindemann, 2014.

Wenn die Digitalisierung auf Supportprozesse, z. B. im Bereich Finanzen, und das Umfeld des CFOs erweitert wird, sind die Aussagen, welche Auswirkungen die Digitalisierung haben wird, deutlich ungenauer.

Schlagworte wie Predictive Analytics und Big Data sowie erweiterte Vernetzung lassen sich finden, es fehlen allerdings die erprobten und im realen Betrieb eingesetzten Fallbeispiele. So werden oftmals Aktivitäten und Projekte als Beispiele für den Grad der Digitalisierung in der CFO-Organisation angeführt, die bestenfalls die Voraussetzung und die Basis für eine Realisierung und Umsetzung der digitalen Transformation der CFO-Organisation und der -prozesse bieten. Hier ist z. B. die langsam Fahrt aufnehmende Einführung von SAP S/4HANA zu nennen.

Innovative Unternehmen beginnen sich mit dem Thema Digitalisierung auch in der CFO-Organisation auseinander zu setzen und gründen Einheiten wie „financial digital labs" oder „digital shared units". Hier wird die Kompetenz der CFO-Organisation in Richtung digitale Steuerung gebündelt und fokussiert.

2 Wie bewertet man den Grad der Digitalisierung der CFO-Organisation

Standortbestimmung des Grades der Digitalisierung

Viele Unternehmen tun sich schwer mit der eigenen Standortbestimmung und der Beurteilung des Grades der Umsetzung der Digitalisierung in der eigenen CFO-Organisation. Verschiedene Bewertungsmuster und Kriterien, zumeist aus den operativen Prozessen abgeleitet, werden hierfür herangezogen. Während aber z. B. in der Produktion ein Kriterium wie „Digital-to-physical conversion (Beispiel: Advanced robotics, 3D Druck)" sinnvoll ist, gelten für die CFO-Organisation Kriterien mit einem anderen und eigenen Fokus.

Ein strukturiertes **Bewertungsradar**, das sich in vier Cluster aufteilt und den Reifegrad der Struktur der CFO-Organisation mit messbaren Kriterien bewertet, hilft bei der Standortbestimmung (s. Abb. 2).

Was die einzelnen Quadranten im Einzelnen bedeuten, soll im Nachfolgenden näher erläutert werden.

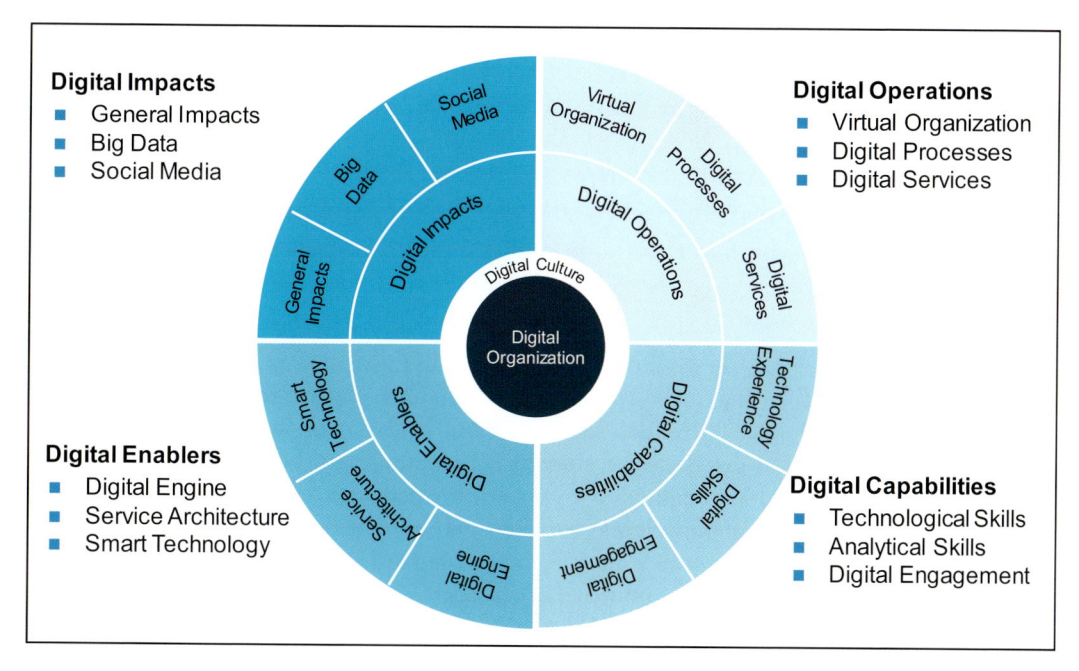

Abb. 2: Bewertungsradar

2.1 Digital Impacts

In einer „digitalen" CFO-Welt wird die Bedeutung des Datenmanagements deutlich ansteigen. Dabei steht das Datenmanagement in diesem Zusammenhang für die saubere Strukturierung der Stamm- sowie der Bewegungsdaten, die allen weitergehenden Analysen zugrunde liegen.

Digital Impacts umfasst Datenmanagement & -analyse

Was bedeutet dies im Detail? In der Vergangenheit haben Unternehmen zum Teil große Anstrengungen unternommen, Stamm- und Bewegungsdaten zu harmonisieren. Auf allen Informationsebenen und auch IT-Systemen ein identisches Verständnis von seinen Kunden, von seinen Lieferanten oder seinen eingesetzten Materialien oder Kontierungsmerkmalen wie Kostenstellen zu haben, ist von unschätzbarem Wert. Es ist ebenfalls zwingende Voraussetzung für eine Harmonisierung der Unternehmens-System-Welten. Diese Anstrengungen sind auch Basis und Voraussetzung für eine weitergehende Digitalisierung des Finanzbereichs. Hierdurch wird die ohnehin rapide steigende Komplexität der Informationswelten wieder reduziert. Digitalisierung bedeutet in diesem Bereich aber noch einen Schritt weiter zu gehen. Wenn Berichte durch externe Informationen z.B. aus dem Internet angereichert werden, ist eine Harmonisierung der „externen" Daten kaum möglich. Hierzu ein Beispiel:

Grundlagen & Konzepte

Die einfache Frage, wieviel Umsatz mein Unternehmen mit einem beliebigen Kunden gemacht hat, lässt sich bei nicht harmonisierten Daten nur mit großem Aufwand und zum Teil manuell beantworten. Alle Umsätze für diesen einen Kunden, müssen gesammelt werden, egal welche Straße, welche Schreibweise, welche Bankverbindung oder Ansprechpartner jeweils für diesen Kunden in der Buchung hinterlegt sind.

Bei harmonisierten Daten ist dies deutlich einfacher, man sucht in seinen Systemen nach der Kundennummer und hat eine Antwort nahezu auf Knopfdruck.

Datenanalyse baut integral auf dem Datenmanagement auf

Will man diesen Bericht mit Informationen aus weiteren Quellen anreichern, z. B. aktuelle Nachrichten, Bonitäten, Entwicklungen des respektiven Geschäftsbereichs des Kunden, dann findet man diese Information nicht mehr auf der Basis der eigenen Kundennummer. Dann werden intelligente Algorithmen benötigt, die solche Informationen automatisiert aus verschiedensten Datenquellen extrahieren und bestenfalls aufbereiten. Algorithmen, die in der Lage sind, aus z. B. vielen Tausend Einträgen in Datenbanken und dem Internet die Informationen über den Kunden zu filtern, die für den Entscheidungsträger im eigenen Unternehmen relevant sind. Hier stößt man weit in den Bereich der Digitalisierung des Finanzbereiches vor.

Datenanalyse baut integral auf dem Datenmanagement auf. Das zukünftige Reporting wird viel stärker prognoseorientiert aufgestellt sein. Aus der Ableitung von Vergangenheitswerten unter Einbeziehung von zukunftsorientierten KPIs, werden viele Leistungen, die derzeit ein Controller mit Erfahrung und langjährigem Sachverstand leistet, automatisiert vor- und aufbereitet werden. Beispiele für die fortschreitende Digitalisierung in Datenmanagement & -analyse sind:

- Etablierung eines Datenmanagements, das die Qualität von Daten über den gesamten Lebenszyklus hinweg plant, steuert und kontrolliert;
- Standardisierung des Umgangs mit/der Verarbeitung von Daten;
- Festlegen von Analyse-Tools;
- Zentrale Ergebnisdatenhaltung;
- Etablierung einer möglichst agilen Datenversorgung, die eine effiziente und schnelle Anbindung externer Datenquellen ermöglicht;
- Verwendung externer Datenquellen (bspw. Social Media);
- Kausalanalytik und Predictive Analytics gewinnen an Bedeutung (bspw. Welche Rahmenbedingungen/externen Faktoren wirken auf meine Erfolgsgrößen?);
- Dynamic Balanced Scorecard.

2.2 Digital Operations

Prozesse im Finanzbereich werden zunehmend automatisiert. Für Prozesse im Accounting betreiben viele Unternehmen schon seit Jahren umfangreiche Anstrengungen, diese zu automatisieren. Scanning, OCR, Workflows sind mittlerweile erprobter und erfolgreicher Standard in vielen Unternehmen.

Massive Veränderung der Organisation und Prozesse

Diese Automatisierungsbemühungen werden auf weitere Prozesse des Finanzbereiches ausgeweitet. Bisher waren stark transaktionale Prozesse im Fokus (z. B. die Debitoren- und Kreditorenbuchhaltung).

Auf der Basis von zum Teil extern angestoßenen Standardisierungsbemühungen wie der Einführung der E-Bilanz, lassen sich auch substantielle Effizienzpotenziale in Prozessen wie den Monats- oder den Jahresabschluss heben. Viele Treasury-Aktivitäten wie das Zero Balancing lassen sich weitestgehend automatisieren.

Im Accounting lassen sich alle Tätigkeiten automatisieren, die:

- transaktional (seit vielen Jahren der Fokus),
- transaktional, aber durch Systembrüche getrennt (bisher technische Hürden), oder
- nicht transaktional, aber regelbasiert (bisher wegen geringer Wiederholungsrate oder vermeintlich zu komplexen Regeln nicht automatisiert)

sind.

Darüber hinaus waren Controllingprozesse bisher wenig durch Automatisierung unterstützt, hier bieten sich die größten Potenziale im Reporting und dem Planungsprozess. Neue Technologien, wie Robotic Process Automation (RPA), bieten neue Ansatzpunkte für eine Automatisierung von Prozessen, die bisher weitgehend durch Experten manuell durchgeführt wurden. Verschiedene IT-Systeme bilden hier keine Grenze mehr, eine Automatisierung kann applikationsübergreifend, ohne die Programmierung von komplexen Schnittstellen erfolgen.

RPA bedeutet einen Quantensprung im Bereich Automatisierung

Digitalisierung ist bisher aber eher ein Thema der operativen Prozesse, hier liegt in der Verkettung von operativen und Finanzprozessen im Sinne einer End-to-End-Prozessverknüpfung massives Effizienzpotenzial.

Natürlich haben integrierte ERP-Systeme auch bisher schon eine integrierte Schnittstellenwelt zwischen operativen Prozessen z. B. im Einkauf oder der Produktion und dem Finanzbereich geboten. SAP bucht z. B. schon immer zwischen den verschiedenen Modulen durch. Eine vollständige „digitale" Integration geht aber noch deutlich weiter. Auswirkungen von Handlungen und Handlungsoptionen, lassen sich direkt in die Finance-Welt überführen. Dabei werden Real-Time Analysen bei tatsächlichen, operativen Transaktionen und Real-Time Simulationen bei potenziellen Handlungsoptionen die Regel.

Beispiele sind hier:

- Daten stehen zunehmend in real time zur Verfügung, sodass Subprozesse wie Monitoring oder Abweichungsanalysen zunehmend in real time durchgeführt werden können (Wandel von reaktiv zu proaktiv);
- Zunehmend kürzere Prozessdurchlaufzeiten.

Zunehmende Bedeutung von Service-Organisationen

Service-Organisationen werden zunehmend die Auswirkungen des Digitalen Wandels zu spüren bekommen. Standardisierte Prozesse schaffen harmonisierte Basisdaten und sind somit eine ideale Ausgangsposition für den digitalen Wandel. Der Anteil an Service-Organisationen wird durch die Digitalisierung massiv zunehmen, der langjährige Trend in Richtung Shared Services und Center of Excellence wird sich verstärken. Die Größe der Service-Organisationen, gemessen an den notwendigen Mitarbeitern, wird sich aber gegenläufig entwickeln. Durch massive Sprünge in der Automatisierung wird der Headcount deutlich abnehmen und im Extremfall fast gegen Null gehen.

Die heute schon möglichen hohen Bandbreiten in der Vernetzung führen zudem zu einer weitergehenden Virtualisierung der Arbeitsplätze. Auch bisher gab es Home Office-Arbeitsplätze, bei denen sich Mitarbeiter „Arbeit nach Hause" mitgenommen haben. Zukünftig wird die Anbindung so eng sein, dass ein Kunde keinen Unterschied mehr zwischen zentral und dezentral arbeitenden Ansprechpartnern wahrnimmt.

Dies wird dazu führen, dass der Anteil der Prozesse, die im Controlling durch eine Service-Organisation durchgeführt werden, überproportional ansteigen wird, während die Anzahl der Personen, die in dieser Service-Organisation ‚physisch' zentral gebündelt werden, jedoch abnehmen wird. Im Idealfall, wird es Competence Center mit vielen, virtuell arbeitenden Experten geben, standardisierbare Tätigkeiten werden durch Systeme übernommen (s. Abb. 3).

Charakteristika für die weitergehende Virtualisierung sind:

- Zunahme der Bandbreite und somit unterbrechungsfreie Konnektivität für hohe Datenvolumen;
- Workflows zur schnittstellenfreien Einbindung;
- Self-Service der Mitarbeiter durch Arbeitsvorrat oder zentral gesteuerte Disposition;
- Flexible Servicestruktur, z.B. virtuelle Telefonanlagen;
- Mobile IT-Infrastruktur.

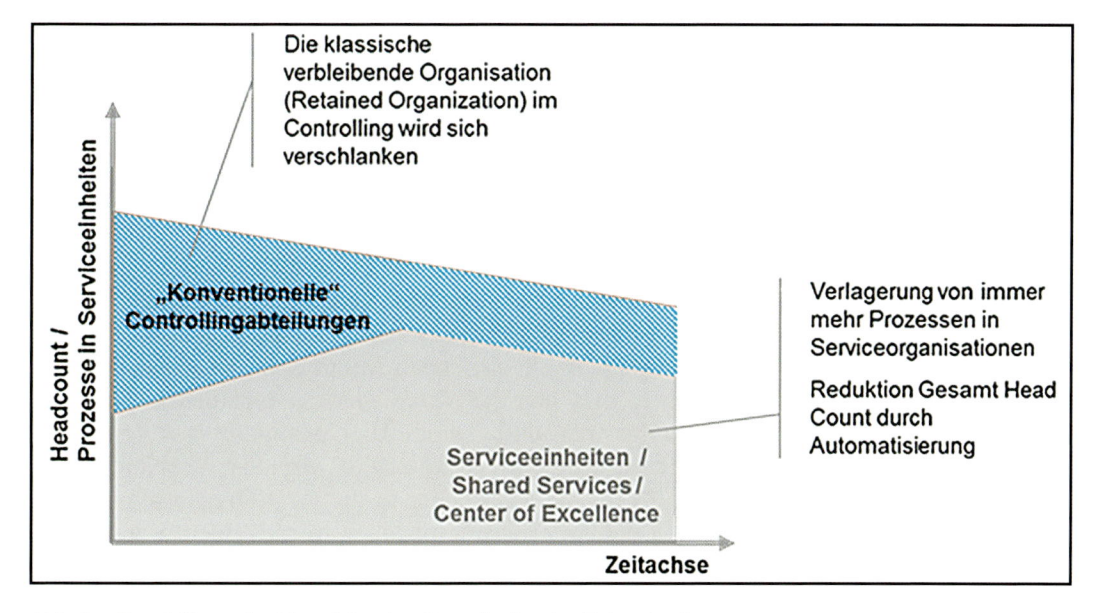

Abb. 3: Entwicklung der Shared Service-Organisation im Zeitverlauf

2.3 Digital Enablers

Eng mit den Digital Operations sind die Digital Enablers verknüpft. Die zukünftigen Organisationsformen und Prozessmodelle, lassen sich nur auf der Basis der entsprechenden technischen Plattformen abbilden. In diesem Bereich wird gerade die CFO-Organisation in Deutschland große Sprünge machen. Das Feld der Datenauswertung, also des Reportings sowie das ganz grundlegende Feld der ERP-Systeme, wird viele Unternehmen beschäftigen.

Zunehmende Rolle von IT und Tools

Beispiele sind hier:

- Digital Service-Architekturen, die eine flexible Nutzung und Orchestrierung von geschäftsprozessorientierten, technischen Diensten ermöglichen;
- Enabler-Technologien: SAP S/4HANA, roboyo, SOLYP etc.;
- Automatisierung von Routinetätigkeiten durch Machine-to-Machine Kommunikation (bspw. kann Robotic Process Automation erhaltene Emails öffnen und Anhänge verarbeiten);
- Nutzung von Clouds, um zentrale Ergebnisse per Self-Service zugänglich zu machen.

Da Digital Enablers nicht als Selbstzweck eingeführt werden, sondern wie beschrieben die Operations unterstützen, wird an dieser Stelle nicht vertiefend auf die technologische Seite eingegangen.

2.4 Digital Capabilities

Mitarbeiter und Skills bleiben wichtigstes Kapital im Controlling

Der digitale Wandel in der CFO-Organisation kann nur erfolgreich sein, wenn er von den Mitarbeitern des Finanzbereichs mitgetragen wird. Die ausschließliche Einführung neuer Technologien, die Bereitstellung neuer Berichte und Auswertungstools oder die Einführung neuer Automatisierungstechniken müssen durch die Entwicklung der Mitarbeiter der CFO-Organisation unterstützt und begleitet werden.

Neue Anforderungen an den Controller

Die Mitarbeiter müssen in der Lage sein, neue Technologien zu beherrschen und diese anzuwenden. Oftmals scheitern neue Tools einfach an der fehlenden Schulung für die bedienenden Mitarbeiter. Neue Analysewege bedeuten aber auch, dass sich die Mitarbeiter der inhaltlichen Möglichkeiten überhaupt bewusst sind. Dieses Digital-Mindset aus der Kombination der Beherrschung von Technologien und dem Verständnis der Möglichkeiten, wird für die Mitarbeiter in der CFO-Organisation selbstverständlicher Teil des Anforderungsprofils werden. Zudem werden sich neue Skill-Profile ausbilden, die auch jetzt schon von Unternehmen am Arbeitsmarkt aktiv nachgefragt werden.

Betrachtet man die Wertschöpfungskette im Controlling von der Informationserzeugung, der ‚Veredelung' der Daten und der Auswertung (Record to Report), dann benötigen die Mitarbeiter unterschiedliche Skill-Profile (s. Abb. 4).

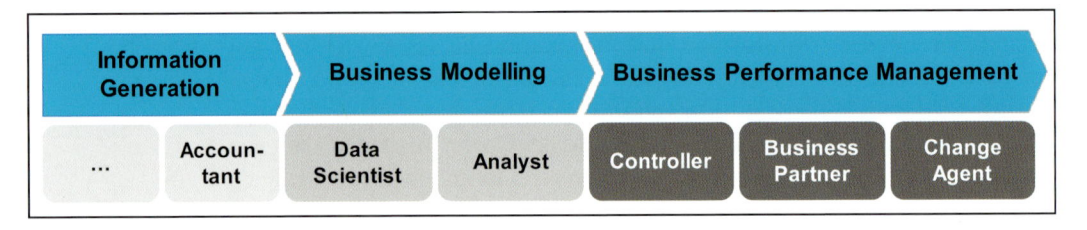

Information Generation		Business Modelling		Business Performance Management		
...	Accountant	Data Scientist	Analyst	Controller	Business Partner	Change Agent

Abb. 4: Skill-Profile

Anreicherung der Skill-Profile durch digitale Kompetenz

Während bei der Datenerzeugung, gerade in der Buchhaltung, das klassische Skill-Profil des Buchhalters weiterhin relevant ist, wird der Prozess Business Modeling durch Mitarbeiter mit einem zum Teil völlig neuen Skill-Set getragen. Die Kombination und Zusammenführung von unternehmensinternen Daten mit externen Datenquellen und die Entwicklung von sinnhaften Prognosemechanismen werden durch Data Scientists und Analysts getrieben, die das notwendige inhaltliche, technische und nicht zuletzt mathematische Verständnis haben, um die Analysewelten von Morgen zu schaffen.

Aber nicht nur die Anforderungen an die Arbeitnehmer von Morgen wandeln sich, die Mitarbeiter selbst haben einen geänderten Anspruch an die Arbeitswelt (s. Abb. 5).

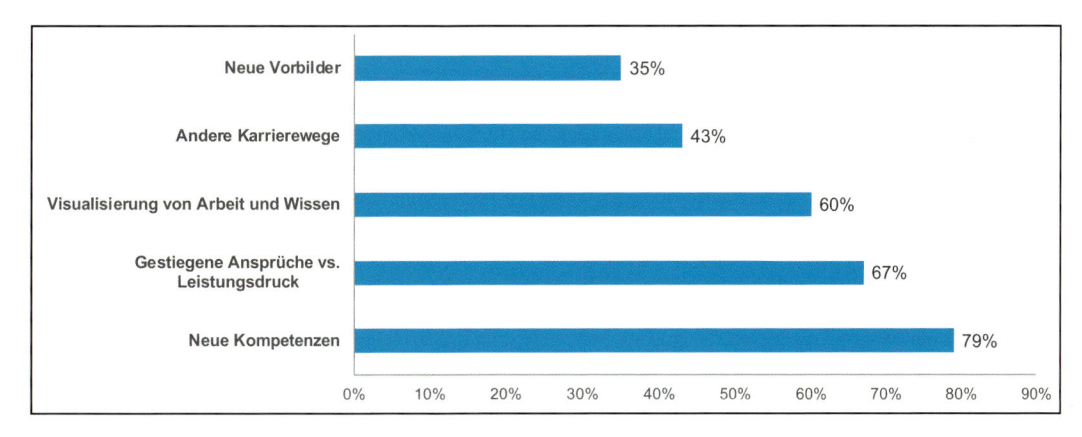

Kategorie	Prozent
Neue Vorbilder	35%
Andere Karrierewege	43%
Visualisierung von Arbeit und Wissen	60%
Gestiegene Ansprüche vs. Leistungsdruck	67%
Neue Kompetenzen	79%

Abb. 5: Auswirkung der Digitalisierung auf Strukturen, Arbeitsweisen und Kompetenzen[3]

Die in der Grafik dargestellte Studie, stellt diesen Sachverhalt dar. Neben neuen Kompetenzen, werden die sich verändernden Ansprüche der Arbeitnehmer auf der Basis der Möglichkeiten der Digitalisierung eine große Rolle spielen.

Anspruch der Arbeitnehmer an digitale Arbeitswelt

Zusammenfassend lässt sich sagen, dass sich das Anforderungsprofil für die Mitarbeiter im Controlling wandeln wird und sich ein zusätzlicher Bedarf an Data Scientists ergibt, die über Methodenwissen im Bereich der quantitativen Methoden verfügen und den Controller unterstützen. Auf diese Weise kann sich der Controller noch stärker zum Business Partner des Managements entwickeln.

3 Heatmap für die CFO-Organisation am Beispiel der Controllingprozesse

Auf der Basis des im vorhergehenden Kapitel beschriebenen Bewertungsradars lassen sich „Heatmaps" entwickeln, die einen guten Eindruck davon vermitteln, in welchen Prozessen und Bereichen die Digitalisierung einen deutlichen Einfluss haben wird.

---

[3] Vgl. Deutscher Marketing Verbund e.V., 2014.

3.1 Kriterien

Zur Bewertung werden die in Abb. 6 aufgelisteten Kriterien angewendet.

	Bewertungskriterien
Digital Impact	Es existieren neue (externe) Datenquellen, die die Prozesseffizienz/Qualität des Prozessoutputs steigern können.
	Die Verknüpfung unterschiedlicher Datenquellen schafft eine breitere Informationsbasis und steigert die Prozesseffizienz/Qualität des Prozessoutputs.
	Die Verwendung von Advanced Analytics erzeugt neue, wichtige Erkenntnisse und steigert auf diese Weise die Prozesseffizienz/Qualität des Prozessoutputs.
Digital Enabler	Für den betreffenden Prozess stehen real-time Daten bereit, sodass durch deren Nutzung eine erhebliche Steigerung der Prozesseffizienz/Qualität des Prozessoutputs herbeigeführt werden kann.
	Durch Digital Enablers kann auf Zwischen- und Endergebnisdaten des betreffenden Prozesses sowie anderer Prozesse orts- und zeitunabhängig zugegriffen werden, sodass es zu einer erheblichen Steigerung der Effizienz kommt.
Digital Capab.	Standardisierte und routinierte Prozessaktivitäten können (bspw. durch Robotic Process Automation) automatisiert werden.
	Voranschreitende Automatisierung, Vernetzung und Digital Enablers führen zu einer stark verkürzten Prozessdurchlaufzeit.
Digital Operations	Es kommt zu einer Änderung der Bedeutung des betreffenden Prozesses innerhalb des Hauptprozesses.
	Es kommt zu strukturellen Veränderungen des Prozesses (Erweiterung/Veränderung/Reduktion der Prozessaktivitäten).
	Infolge der Prozessveränderung kommt es zu einer Änderung der Nachfrage nach FTE, die an der Ausführung des Prozesses beteiligt sind.
	Infolge der Prozessveränderung kommt es zu einer Änderung des Skill Profils der FTE, die an der Ausführung des Prozesses beteiligt sind.

Abb. 6: Kriterien zur Bewertung des Ausmaßes der Digitalisierung[4]

Werden die Controllingprozesse anhand dieses Rasters überprüft, lassen sich Bereiche und Teilprozesse identifizieren, die mehr als andere von einer Digitalisierung betroffen sind.

3.2 Bewertung der Controllingprozesse

Abb. 7 gibt einen nach Haupt- und Teilprozessen strukturierten Überblick des Controllings:

---

[4] Müller/Schulmeister, 2016.

Digitalisierung im Controlling

Hauptprozess	Teilprozesse						
Strategische Planung	Strategische Analyse	Prüfung/Anp. Vision, Mission, Werte	Prüfung/Anp. Geschäftsmodell und strategische Stoßrichtung	Definition Ziele, Maßnahmen & Messgrößen	Finanzielle Bewertung d. Strategie	Abstimmung der Strategie mit Stakeholdern	Kommunikation der Strategie	Monitoring der Strategieumsetzung
Operative Planung, Budgetierung	Festlegen/Kommunizieren von Prämissen & top-down Ziele		Erstellung von Einzelplänen & Budgets	Zusammenfassung & Konsolidierung von Einzelplänen		Prüfung/Anp. der Planungsergebnisse	Präsentation & Verabschiedung der Planung	
Forecast	Ermittlung einer Datenbasis für den Forecast sowie Erstellung Forecast		Datenanalyse & Abweichungsanalyse (Forecast bzw. Plan/Budget)		Erarbeitung von Gegensteuerungsmaßnahmen		Verabschiedung des Forecasts	
Kosten-, Leistungs-, Ergebnisrechnung	Definition & Pflege Stammdaten	Kostenartenrechnung und Kostenstellenrechnung (inkl. Leistungsverrechnung)		Angebots-/ Auftragsplankalkulation	Mitlfd.- & Nachkalkulation	Periodenerfolgsrechnung	Periodenabschluss der Kostenrechnung	Abweichungsanalyse
Management Reporting	Management des Reportingsystem- & Datenprozesses		Berichtserstellung (Zahlenteil)		Berichtserstellung (Abweichungsanalyse und Kommentar)		Bewertung durch Management & Einleitung von Maßnahmen	
Projekt- und Investitionscontrolling	Planung des Projektes/ Investitionen	Unterstützung des Genehmigungsverfahrens		Erstellung von Investitions-/ Projektberichten		Erstellung von Entscheidungsvorlagen	Nachkalkulation und Abschlussbericht	
Risikomanagement	Identifikation & Klassifikation von Risiken	Analyse & Bewertung von Risiken	Aggregation der Einzelrisiken Gesamtrisikopositionen		Ableiten & Verfolgen von Risikomaßnahmen		Erstellung eines Risikoberichts	
Betriebswirtschaftliche Beratung & Führung	Begleitung Entscheidungsprozess	Begleitung/Einleitung von Maßnahmen zum Ergebnis-/ Kostenmanagement		Mitarbeit/Initiation von Prozessanalyse und -optimierung		Projektmitarbeit	Förderung von betriebswirtschaftlichem Know-how im Unternehmen	

■ = stark betroffen ■ = mittelstark betroffen ■ = wenig/leicht betroffen

Abb. 7: Auswirkungen der Digitalisierung auf die Controllingteilprozesse[5]

---

[5] Vgl. Müller/Schulmeister, 2016.

Grundlagen & Konzepte

Was lässt sich hieraus ablesen, welches sind die Bereiche, die sich durch die Digitalisierung massiv verändern werden?

3.2.1 Planung

Im zahlengetriebenen Teil des Planungsprozesses wird durch

- die Umstellung auf Predictive/Prognose in vielen Teilbereichen der Planung,
- die Erweiterung der Datenbasis um unternehmensexterne Daten sowie
- die erweiterte Datenbasis unternehmensinterner Daten

die größte Veränderung zu erwarten sein.

Planung wird teilweise „Predictive"

Während derzeit der Planungsaufwand in den Fachbereichen und unter den Controllern zum Teil massiv ist, werden zukünftig viele Zahlen durch Algorithmen „prognostiziert" und dann nur noch durch die Mitarbeiter validiert werden. Bspw. erfolgt die Personalplanung nicht durch die Anmeldung der (zum Teil überzogenen) Personalbedarfe der Kostenstellenverantwortlichen, die dann in einem „Knetprozess" auf ein realistisches Maß reduziert werden. Die zukünftige Personalplanung wird auf Basis von Marktentwicklung, Produktzyklen, Initiativen und Personalentwicklungsketten der Vergangenheit zu einem Prognosewert kommen, der durch die Kostenstellenverantwortlichen maximal noch zu validieren und zu „challengen" ist. Diese Entwicklung geht Hand in Hand mit modernen Planungsmethoden, in denen ein „Frontloading" eine entscheidende Rolle spielt. Dieses Frontloading wird durch die Digitalisierung immer weiter automatisiert durchgeführt und befüllt werden.

Diese Vorgehensweise betrifft die Budgetierung ebenso wie den Forecast. Die Datenerzeugung sowie die „Erklärung" der Plan/Budget/FC-Zahlen kann hier automatisiert werden.

„Disruptive" Veränderungen

An dieser Stelle lohnt sich ein kurzer Blick auf „disruptive" Veränderungen. Ein Plan-Algorithmus wird niemals die gesamte Bandbreite aller Möglichkeiten abdecken können. Nur innerhalb bestimmter Parameter ist eine Aussage sinnvoll. Was passiert aber, wenn die Inputs für den Algorithmus außerhalb dieser Parameter liegen? Dann wird auch das Ergebnis der Planung im schlimmsten Fall unbrauchbar und missdeutend sein. Man erinnert sich z.B. an Kursstürze an Börsen, die durch Automatismen (Algorithmen) mit verstärkt wurden, weil Kurse unter einen definierten wert gefallen sind und der Algorithmus fälschlicherweise im Krisenmodus umfangreiche Verkäufe angestoßen hat, die wiederum zu weiteren automatischen Verkäufen führten. Hier wurden die Grenzen des Modells verlassen.

Mittlerweile wurden Schutzmechanismen implementiert, diese müssen aber zunächst vorgedacht werden. Frei nach Murphy's Law „Alles, was schiefgehen kann, wird auch schiefgehen", lassen sich aber nicht alle Eventualitäten vordenken.

Derzeit begegnen Unternehmen, die das Thema Predictive Analytics in der Planung aufgreifen, diesem Umstand mit drei Strategien:

- Es werden nur Teilbereiche, die aber zeitaufwendig sind, durch Algorithmen bestimmt, z. B. die Personalkosten.
- Der Prozess wird in einem Parallelbetrieb durch eine konventionelle Planung unterfüttert.
- Es werden explizite Quality Gates in den Planungsprozess integriert, die sich ausschließlich mit dem Monitoring der Rahmenparameter beschäftigen.

Letztendlich gilt es Erfahrung in diesem Bereich zu sammeln, um sich final auf neue Vorgehensweisen in der Planung zu verlassen.

3.2.2 Reporting

Hier werden die Effekte der Digitalisierung der CFO-Organisation sehr deutlich. Real-Time Reporting, Erweiterung der Datenbasis durch externe Daten sowie die Fokussierung auf Prognosewerte und Simulationen werden das Reporting berühren. Daten werden weiter fortschreitend über die Cloud neue Zugriffstechniken ermöglichen. Hier wird der klassische Papierbericht, wie auch schon in den vergangenen Jahren, nur jetzt in beschleunigter Form, weiter zurückgedrängt werden.

Reporting wird schneller und umfangreicher

Somit werden zwei Bereiche des Reportings besonders berührt, zum einen

- die Inhalte, die einen agileren und zukunftsorientierteren Charakter bekommen und zum anderen
- die Art und Weise der Erstellung und Verbreitung von Berichten.

3.2.3 Kostenrechnung

Die interne Kostenrechnung wird sich eng mit dem externen Rechnungswesen integrieren, die Trennung in zwei Welten wird weiter aufgelöst werden. Kalkulatorische Kosten werden einfacher mit dem externen Rechnungswesen abgestimmt werden. Systemseitig wird dies in Deutschland vom führenden ERP-System intensiv unterstützt. SAP S/4HANA zielt mit der weitgehenden Integration der Haupt- und Nebenbücher in einer Tabelle in diese Richtung.

Zunehmende Integration der Kostenrechnung

„Eine moderne Kosten- und Leistungsrechnung baut heute auf eine durchgängige, einheitliche Datenbasis (SPOT = Single Point of Truth), die sich integriert über alle Funktionsbereiche eines Unternehmens hinweg erstreckt. Ohne eine entsprechende Automatisierung durch ERP-Systeme in Unternehmen ab einer bestimmten Größe, wäre dies nicht mehr zu leisten. Dabei muss allerdings darauf geachtet werden, dass nicht das System das Konzept der Kosten- und Leistungsrechnung vorgibt, sondern das System nach dem auf die Unternehmenssteuerung ausgerichteten Konzept der Kosten- und Leistungsrechnung eingerichtet wird."[6]

4 Dimensionierung der digitalen Controllingorganisation

Weiterentwicklung der Dimensionierung der Controllingbereiche

Neben der Gestaltung der digitalen Controllingorganisation und der Verankerung entsprechender Qualifikationsprofile darin, stehen viele Unternehmen vor der Fragestellung, wie sich die Digitalisierung auf die Ressourcenausstattung des Funktionsbereiches Controlling auswirkt. Grundsätzlich sind in diesem Zusammenhang zwei gegenläufige Einflussfaktoren zu berücksichtigen:

- In den transaktionalen Teilprozessen des Controllings, also etwa bei der Datenzusammenstellung und -konsolidierung im Management Reporting oder bei der Kalkulation von Kosten- und Ergebnisbeitragsschemata in der Kostenrechnung, werden künftig weite Teile der Prozesse automatisiert ablaufen. Dies führt zu einer Substitution von Ressourcen in diesem Bereich durch IT-Tools und -lösungen. So zeigt sich in der Praxis bereits heute, dass die Anwendung der verfügbaren Technologieunterstützungen zu Kapazitätsreduktionen in repetitiven Controllingaktivitäten führt.

- In den kompetenzbasierten Teilprozessen des Controllings, Beispiele hierfür sind u. a. die Berichtskommentierung im Management Reporting und die anschließende betriebswirtschaftliche Beratung des Managements, sind ebenfalls bereits zahlreiche digitale Lösungsansätze im Einsatz. Diese zielen allerdings weniger auf die Automatisierung bestehender Standardprozesse als auf die Anreicherung und Erweiterung dieser Schritte, etwa um zusätzliche Daten- und Informationsquellen, ab. Dadurch kann der Umfang und die Qualität des Business-Partnering der Controllingfunktion signifikant gesteigert werden. Als Konsequenz zieht dies in den meisten Fällen einen intensiveren Personaleinsatz mit sich, was angesichts des erhöhten Nutzens allerdings einen bewusst gewählten Schritt darstellt.

Kompromiss zwischen Effizienz und gesteigertem Informationsbedarf

In Summe lässt sich festhalten, dass die Einsatzgebiete rund um das Thema Digitalisierung sowohl den Controllingorganisationen, die bei standardisiertem Service-Portfolio möglichst kosteneffizient aufgestellt sein möchten, als auch den Controllingfunktionen, die großen Wert auf wertstiftende

---

[6] Vgl. Walter, 2013.

Informationsbereitstellung und Entscheidungsunterstützung mit bestmöglicher Datengrundlage bei entsprechend erhöhter Kapazitätsausstattung legen, einflussreiche Instrumente an die Hand geben. Die Skalierung der Controllingorganisation ist schließlich eine Folge der Wahl bzw. der Kombination dieser Stoßrichtungen.

Welche Priorisierung im jeweiligen Fall den größtmöglichen Vorteil bietet, ist entscheidend von der digitalen Agenda des Gesamtunternehmens und dem Zielbetriebsmodell der Finanzfunktion, dem Finance Target Operating-Model, abhängig. Idealerweise ist die Controllingorganisation und die Kapazitätsausstattung dieser dann ein Ergebnisobjekt der beiden übergeordneten Einflussfaktoren.

5   Fazit

Die Digitalisierung wird den Controllingbereich der Zukunft massiv berühren. Es wird nicht ausreichen, wie in der Vergangenheit, neue Softwareprodukte einzuführen. Vielmehr muss ein vollumfänglicher Wandel stattfinden.

Das Vorgehen und die zugrundeliegenden Prozesse werden sich wandeln, die Inhalte werden stark angereichert werden, die Systeme müssen diesen Wandel unterfüttern, die Menschen müssen ein „digital Mindset" entwickeln, welches die Möglichkeiten versteht und erkennt.

Die Bedeutung des Controllings für die Unternehmenssteuerung wird hierdurch weiter zunehmen.

Wie weit ein Unternehmen auf der digitalen Reise im Controlling fortgeschritten ist, lässt sich durch Methoden wie das Assessment Radar bestimmen. Wie weit und wie schnell das Controlling den digitalen Wandel, auch vor dem Hintergrund von noch unklaren Zielbildern, umsetzt, wird ein Stück weit die langfristige Wettbewerbsfähigkeit mitbestimmen.

6   Glossar

Advanced Robotics[7] beschreibt sensorbasierte Roboter, die mit Hilfe von Algorithmen eine menschenähnliche Intelligenz nachbilden und somit einzelne Prozesse eigenständig durchführen können.

OCR (Optical Character Recognition) ist ein Verfahren, mit dessen Hilfe handschriftlich oder maschinell erzeugte Zeichen oder Markierungen maschinell eingelesen werden können.

---

[7] http://www.wisegeek.com/what-is-advanced-robotics.htm, Abrufdatum 13.9.2016.

Predictive Analytics umfasst Methoden, die eine Identifikation von Mustern und Interdependenzen in Daten ermöglichen und dadurch Vorhersagen über die wahrscheinliche Zukunft ermöglichen.[8]

RFID[9] (Radio Frequency Identification) beschreibt ein Verfahren mit Hilfe dessen Daten schnittstellenfrei eingelesen und gespeichert werden können. RFID-Systeme ermöglichen eine berührungslose Erkennung von Objekten per Funk und finden dort Anwendung, wo eine automatische Kennzeichnung, Erkennung, Registrierung, Lagerung, Überwachung oder Transport stattfindet.[10]

Robotic Process Automation beschreibt die Automatisierung von Prozessen, die zuvor durch Menschen ausgeübt wurden, mit Hilfe von Advanced Robotics.[11]

Die **Roboyo**[12] GmbH ist ein Unternehmen, das „Software Roboter" zur Automatisierung von strukturierten Geschäftsprozessen vertreibt.

Solyp[13] ist eine Strategic Intelligence Software, die eine Digitalisierung des Planungsprozesses ermöglicht.

7 Literaturhinweise

Böhme, Industrie 4.0: Zwei Beispiele für die Fabrik der Zukunft, 2014, http://news.sap.com/germany/industrie-4-0-zwei-beispiele-fur-die-fabrik-der-zukunft/, Abrufdatum 16.8.2016.

Walter, Grundlagen der Kosten- und Leistungsrechnung, in: Einführung in die moderne Kostenrechnung, 2013.

Müller/Schulmeister, Auswirkungen der Digitalisierung auf die Controlling-Teilprozesse, Horváth & Partners, 2016.

Deutscher Marketing Verbund e.V., Studie Marketingorganisation der Zukunft, 2014.

Sindemann, Wie die Digitalisierung ins Herz der deutschen Wirtschaft vorstößt und unsere Jobs verändert, in: Capital. Wirtschaft und Gesellschaft, 4/2013.

---

[8] http://www.computerwoche.de/a/mit-predictive-analytics-in-die-zukunft-blicken,2370894, Abrufdatum 13.9.2016.
[9] http://www.rfid-basis.de/, Abrufdatum 13.9.2016.
[10] http://wirtschaftslexikon.gabler.de/Definition/optische-zeichenerkennung.html, Abrufdatum 13.9.2016.
[11] http://www.computerwoche.de/a/der-neue-jobkiller-in-der-it-branche,3096563, Abrufdatum 13.9.2016.
[12] https://www.roboyo.de/robotic-process-automation/, Abrufdatum 13.9.2016.
[13] http://www.solyp.com/de/software-solyp3/strategic-intelligence-software-solyp3.html, Abrufdatum 13.9.2016.

Kapitel 3: Umsetzung & Praxis

Verrechnungspreise: Neue Pflichten durch die BEPS-Regelungen, Country-by-Country-Reporting und andere Dokumentationspflichten

- Dieser Artikel stellt zunächst die Bedeutung von VP aus steuerlicher und Controlling-Sicht dar, erläutert die Notwendigkeit eines ganzheitlichen VP-Managements und beleuchtet dann ausgewählte praxisrelevante Auswirkungen von BEPS.
- Anschließend wird die Frage untersucht, ob und in wie weit dieses erheblich verschärfte steuerliche Umfeld zu veränderten steuerlichen VP führen wird und ob diese VP noch für Steuerungszwecken verwendet werden können.[1]

Inhalt		Seite
1	Bedeutung von Verrechnungspreisen aus steuerlicher und aus Controlling-Sicht	101
2	Der Druck auf steuerlich angemessene Verrechnungspreise nimmt weltweit erheblich zu	101
3	Der Verrechnungspreiszyklus: Bedeutung eines ganzheitlichen Verrechnungspreis-Managements	102
4	Überblick über die BEPS-Gegenmaßnahmen	104
4.1	Hintergrund	104
4.2	Übersicht über finale BEPS-Berichte	104
4.3	Wesentliche Inhalte aus Verrechnungspreis-Sicht	106
4.4	Praxisempfehlung	108
5	Gestiegene Anforderungen an die Verrechnungspreisdokumentation	109
5.1	Praxisrelevante Kernfragen	109
5.2	Inhalte des OECD Master Files	112
5.3	Inhalte des OECD Local Files	112
6	Einführung des Country-by-Country-Reportings	114
6.1	OECD – Country-by-Country-Reporting	114
6.2	EU – Public Country-by-Country-Reporting	118

---

[1] Das Thema „Verrechnungspreise – aus Sicht von Controlling und Steuern" ist äußerst komplex. Daher wird für weitergehende Erläuterungen und Praxishinweise auf folgende Literatur verwiesen, in die nun auch die BEPS-Veröffentlichungen eingearbeitet sind: Hanken/Kleinhietpaß/Lagarden, 2016.

7	Steuerliche Verrechnungspreise für Zwecke der Unternehmenssteuerung?	118
8	Zusammenfassung und Ausblick	121
9	Literaturhinweise	122

■ Der Autor

Jörg Hanken, Transfer Pricing Partner PwC München, Steuerberater, CVA, Diplom-Wirtschaftsinformatiker.

1 Bedeutung von Verrechnungspreisen aus steuerlicher und aus Controlling-Sicht

Verrechnungspreise („VP") sind seit der Veröffentlichung der Habilitationsschrift von Eugen Schmalenbach im Jahre 1903 in der Betriebswirtschaftslehre verankert und insofern nichts Neues. Die weltweite wirtschaftliche Bedeutung von VP ist enorm, da ca. 60 % bis 70 % des Welthandels innerhalb von Konzernen stattfinden.

Aus **Controlling-Sicht** werden Verrechnungspreise als Wertansätze definiert, zu denen Leistungen zwischen Teilbereichen eines Unternehmens ausgetauscht werden. Der Austausch von Leistung und Kosten findet direkt zwischen beiden beteiligten Kostenstellen statt. Die Kosten und/oder das Ergebnis beeinflussen die Zielerreichung der Bonusvereinbarung der Mitarbeiter, deren Eigeninteresse auf diese Weise mit dem Firmeninteresse verbunden wird. Das dient der Motivation und der Anreizsteuerung. Der Mitarbeiter handelt so, dass – idealerweise – sein Bonus maximiert und dabei zugleich das Unternehmensergebnis verbessert wird, wodurch zwei Funktionen gleichzeitig erfüllt werden: die der Lenkung und der Koordination. Letztlich soll der Konzerndeckungsbeitrag maximiert werden („**Vergrößerung des Kuchens**").

Controlling- vs. Steuersicht

Aus deutscher **steuerlicher Sicht** werden Verrechnungspreise als Preise und Konditionen für grenzüberschreitende Geschäftsbeziehungen zwischen verbundenen Unternehmen sowie zwischen Stammhaus und Betriebsstätte definiert. Steuerliche VP dienen ausschließlich der **wertschöpfungsadäquaten Allokation des Konzernergebnisses**. Bildlich gesprochen geht es hierbei lediglich um die „**Verteilung des Kuchens**" (also Konzerngewinn und somit Steuersubstrat) auf die Staaten. Steuerliche VP bieten gleichermaßen Risiken und Chancen. Im Sinne einer nachhaltigen Unternehmensentwicklung ist zu empfehlen, zunächst zu überprüfen, ob VP-Risiken bestehen, diese dann zu reduzieren oder gar zu beseitigen, um erst in einem zweiten Schritt zu analysieren, welche Chancen und Mehrwerte sich für das Unternehmen mittels steuerlicher VP realisieren lassen könnten.

2 Der Druck auf steuerlich angemessene Verrechnungspreise nimmt weltweit erheblich zu

In den jüngeren Jahren und vor allem seit der Veröffentlichung der BEPS[2]-Berichte am 5. Oktober 2015 hat die steuerliche Sicht auf VP dramatisch an Bedeutung gewonnen. Multinationale Unternehmen wollen

Steuerkonformität ist essentielle Voraussetzung

---

[2] BEPS = Base Erosion and Profit Shifting. Der OECD geht es um die Bekämpfung von (aggressiver) Reduzierung der Steuerbemessungsgrundlagen und von Gewinnverlagerungen.

und müssen mit erster Priorität „tax compliant" sein, um Reputationsschäden, persönliche Strafen für die Geschäftsführung und schmerzhafte Cash-Abflüsse (Mehrsteuern, Zinsen, Strafen) zu vermeiden.

Allerdings stellt man aus Unternehmenssicht fest, dass die steuerlichen Betriebsprüfer der Staaten die Angemessenheit der VP als ein ertragreiches Prüfungsfeld für sich entdeckt haben. Oft decken sich die Vorstellungen eines „fremdüblichen" VP zwischen zwei Behörden und zwischen Behörden und Unternehmen nicht. Dies ist umso bedauerlicher, weil man als Unternehmen versucht, es „richtig" zu machen und dafür erhebliche Ressourcen in den konzernweiten und abteilungsübergreifenden VP-Prozess investiert, der die Preissetzung, Überwachung, Korrektur, Dokumentation und Verteidigung von VP umfasst. Vor diesem Hintergrund verwundert es dann doch sehr, dass sich die BEPS-Papiere fast ausschließlich um eine vermeintliche doppelte Nicht-Besteuerung sorgen, anstatt praxistaugliche Wege aufzuzeigen, wie die **täglich eintretende und belastende Doppelbesteuerung** beseitigt werden kann.

3 Der Verrechnungspreiszyklus: Bedeutung eines ganzheitlichen Verrechnungspreis-Managements

Stringentes VP-Management – Ein komplexes Vorhaben

In der Praxis setzt ein erfolgreiches VP-Management voraus, dass Abteilungen eng zusammenarbeiten und dass VP Themen sowohl aus steuerlicher als auch aus Controlling-Sicht beurteilt werden.

Professionelles VP-Management umfasst mehr als nur die Festlegung der „richtigen" VP-Methode oder die Erstellung der VP-Dokumentation. Die konzernweite Implementierung von VP-Strukturen ist weitaus umfangreicher und betrifft verschiedene Arbeitsschritte und Fachabteilungen. Abb. 1 strukturiert die einzelnen Umsetzungsphasen und zeigt vereinfachend einen typischen Verrechnungspreiszyklus, wie er bei jedem neuen VP-Sachverhalt in Unternehmen durchlaufen werden sollte.

Der in Abb. 1 dargestellte VP-Zyklus beschreibt die, vom Autor entwickelte und empfohlene, chronologische Abfolge der Arbeitsschritte, wie sie in einem Unternehmen durchdacht und umgesetzt werden sollte. Dabei ist der Anspruch, neue oder sich verändernde Geschäftsmodelle oder Transaktionen aus VP-Sicht end-to-end professionell zu lösen. Übersieht oder überspringt man einzelne o.g. Schritte, so ist ein wirksames und effizientes VP-Management nicht mehr gewährleistet. Früher oder später wird das Unternehmen von den Versäumnissen eingeholt, die sich in hohen steuerlichen VP-Risiken/Steuernachzahlungen, ineffizienten Arbeitsprozessen oder laufenden Konflikten zwischen Controlling und Steuerabteilung (und IT) auswirken können.

Verrechnungspreise: Neue Pflichten

Entwicklung ganzheitliche VP-Strategie
- Abstimmung der VP Strategie unter Berücksichtigung von…
- Geschäftsmodell/Supply Chain (Business)
- Steuerlichen Vorgaben
- Steuerungskonzept (Controlling)

VP-Modellierung
- Waren
- Dienstleistungen
- Entsendungen
- Lizenzen
- Darlehen, Cash Pool
- Funktionsverlagerung

Erstellung VP-Richtlinie
- Fokus: steuerliche Sicht, Compliance-Anforderung, Betriebsprüfung
- Zusammenschrieb des VP-Modells, F&R Analyse und Charakterisierung, VP-Methode inkl. Kalkulationsschema für alle Transaktionsgruppen
- Beschreibung Verantwortlichkeiten für Pflege VP-Richtlinie, VP-Dokumentation, Betriebsprüfung

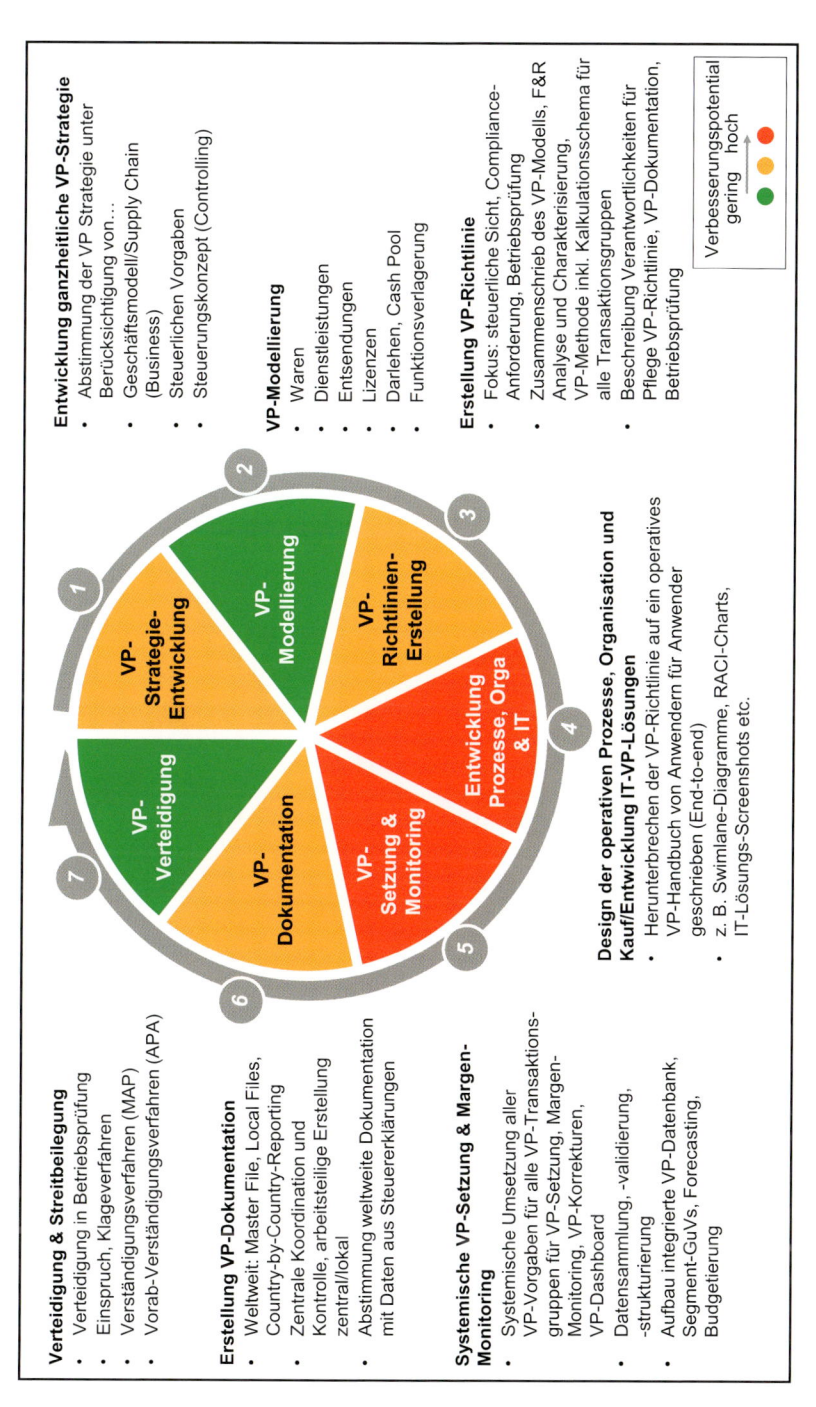

Design der operativen Prozesse, Organisation und Kauf/Entwicklung IT-VP-Lösungen
- Herunterbrechen der VP-Richtlinie auf ein operatives VP-Handbuch von Anwendern für Anwender geschrieben (End-to-end)
- z. B. Swimlane-Diagramme, RACI-Charts, IT-Lösungs-Screenshots etc.

Systemische VP-Setzung & Margen-Monitoring
- Systemische Umsetzung aller VP-Vorgaben für alle VP-Transaktionsgruppen für VP-Setzung, Margen-Monitoring, VP-Korrekturen, VP-Dashboard
- Datensammlung, -validierung, -strukturierung
- Aufbau integrierte VP-Datenbank, Segment-GuVs, Forecasting, Budgetierung

Erstellung VP-Dokumentation
- Weltweit: Master File, Local Files, Country-by-Country-Reporting
- Zentrale Koordination und Kontrolle, arbeitsteilige Erstellung zentral/lokal
- Abstimmung weltweite Dokumentation mit Daten aus Steuererklärungen

Verteidigung & Streitbeilegung
- Verteidigung in Betriebsprüfung
- Einspruch, Klageverfahren
- Verständigungsverfahren (MAP)
- Vorab-Verständigungsverfahren (APA)

Abb. 1: Verrechnungspreiszyklus – ganzheitliches VP Management reduziert Risiken und Kosten

Für weitergehende Erläuterung und Umsetzungshinweise wird auf die hier zugrunde liegende Literatur[3] verwiesen.

4 Überblick über die BEPS-Gegenmaßnahmen

4.1 Hintergrund

BEPS als Reaktion auf die Finanzkrise

„BEPS" ist die Abkürzung, die die OECD und die G20 für „Base Erosion and Profit Shifting" gewählt haben. Hierbei geht es um die Bekämpfung von zu niedrigen Steuerbemessungsgrundlagen sowie um Gewinnverlagerungen von Konzernen. Die BEPS-Diskussion entstand vor dem Hintergrund der Finanz- und Schuldenkrise und der Frage, ob die Firmen, verglichen mit der wirtschaftlichen Aktivität in einem Land, hinreichende Steuerzahlungen leisten, was einzelnen Unternehmen (z. B. gem. Presse Google, Starbucks, Amazon, Apple) eine erhebliche mediale Aufmerksamkeit eingebracht hat.

Im Anschluss forderten die Finanzminister der G20 die OECD auf, einen Aktionsplan mit 15 Gegenmaßnahmen zu erarbeiten, um die oben genannten BEPS-Themen koordiniert und umfassend zu bearbeiten.

4.2 Übersicht über finale BEPS-Berichte

Noch nie in der Geschichte der OECD hat sie in einem so kurzen Zeitraum zwischen 2013 und Oktober 2015 so viele praxisrelevante Themen so intensiv bearbeitet und es geschafft, zu jedem der 15 Aktionspunkte finale Berichte am 5. Oktober 2015 zu veröffentlichen. Nach eigenen Angaben[4] hat die OECD insgesamt 23 Diskussionsentwürfe vorgestellt und mehr als 12.000 Seiten an Kommentaren aus der Öffentlichkeit erhalten und verarbeitet. Zu den Themen in Abb. 2 wurden finale OECD-Berichte veröffentlicht (die stark umrandeten Maßnahmen betreffen Verrechnungspreise).[5]

Die wesentlichen Erkenntnisse aus den VP-Maßnahmen werden in Kapitel 4.3 zusammengefasst. Eine etwas genauere Darstellung erfolgt für die Maßnahme 13 (VP-Dokumentation s. Kapitel 5, Country-by-Country Reporting s. Kapitel 6).

---

[3] Vgl. Teil A „Verrechnungspreiszyklus" in Hanken/Kleinhietpaß/Lagarden, 2016.
[4] Vgl. OECD, OECD/G20 Projekt Gewinnverkürzung und Gewinnverlagerung – Erläuterung – Abschlussberichte 2015, S. 4–5.
[5] Vgl. PwC, 2015.

Maßnahme 1	Maßnahme 2	Maßnahme 3	Maßnahme 4	Maßnahme 5
Besteuerung der digitalen Wirtschaft	Verhinderung doppelter Nichtbesteuerung bei hybriden Gestaltungen	Internationale Standards für die Hinzurechnungsbesteuerung	Verhinderung von Steuerverkürzung durch Versagung des Zinsabzugs	Bekämpfung schädlicher Steuerpraktiken unter Berücksichtigung von Transparenz und Substanz
Maßnahme 6	**Maßnahme 7**	**Maßnahme 8**	**Maßnahme 9**	**Maßnahme 10**
Verhinderung von Abkommensmissbrauch	Verhinderung der künstlichen Umgehung des Status als Betriebsstätte	Aktualisierung der Verrechnungspreisleitlinien in Hinblick auf immaterielle Wirtschaftsgüter	Aktualisierung der Verrechnungspreisleitlinien in Hinblick auf Risiko- und Kapitalzuordnungen	Aktualisierung der Verrechnungspreisleitlinien in Hinblick auf andere risikoreiche Transaktionen
Maßnahme 11	**Maßnahme 12**	**Maßnahme 13**	**Maßnahme 14**	**Maßnahme 15**
Entwicklung von Methoden zur Erfassung und Analyse von BEPS-Daten und Gegenmaßnahmen	Verpflichtung von Steuerpflichtigen zur Offenlegung ihrer aggressiven Steuerplanungsmodelle	Verrechnungspreis-Dokumentationsanforderungen (Master File, Local File, Country-by-Country Reporting)	Verbesserung der Effizienz von Streitbeilegungsmechanismen	Entwicklung eines multilateralen Instruments

Abb. 2: Finale OECD-Berichte zu BEPS

4.3 Wesentliche Inhalte aus Verrechnungspreis-Sicht

BEPS-Berichte: Überblick über Änderungen

Insgesamt sind die OECD Veröffentlichungen von einem starken Misstrauen gegenüber Unternehmen und Beratern geprägt. **Es muss an dieser Stelle nochmals betont werden, dass die nationalen Gesetzgeber die Verursacher von Steuergestaltungsmöglichkeiten sind und nicht die Unternehmen, die insofern zu Unrecht am Pranger stehen.** Dass die Staaten in einem Steuerwettbewerb zueinander stehen, um Investitionen und somit Konzerne anzulocken, ist kein Geheimnis. Dass OECD Richtlinien daran etwas ändern werden, ist sehr fraglich. Dass ein Staat aus Fairness-Gründen Steuersubstrat an andere Staaten abgibt, gehört auch eher in die Kategorie „Wunschdenken". Analysen zeigen, dass es kein Zufall ist, dass vor allem US-Konzerne mit geringen Konzernsteuersätzen in der Presse stehen. Das US-Steuerrecht erlaubt eben den in USA domizilierten Konzernen, ihre Auslandsgewinne in bestimmten Gesellschaften und Staaten zu belassen, die dort nicht oder kaum besteuert werden. Es fehlen in den USA letztlich steuerliche Hinzurechnungsregelungen wie sie z.B. das deutsche Außensteuergesetz kennt. Daher wären die aus der Presse bekannten Steuersätze bei einem in Deutschland ansässigen, profitablen Konzern nicht denkbar.

Nachfolgend werden die praxisrelevanten VP-bezogenen Erkenntnisse und geplanten Änderungen aus den über 2.000 seitigen finalen Berichten kurz zusammengefasst (ohne Anspruch auf Vollständigkeit und Ausgewogenheit):

- Die OECD hat den zu Beginn der Initiative angegriffenen **Fremdvergleichsgrundsatz** bestätigt und damit alternativen Ansätzen, wie der globalen Gewinnaufteilung, vorerst einen Riegel vorgeschoben. Damit scheint eine Aufteilung von steuerlichem Einkommen zwischen Staaten unter Anwendung von Allokationsschlüsseln wie z.B. Umsatz oder Mitarbeiterzahl zumindest bei den OECD-Mitgliedsstaaten zum jetzigen Zeitpunkt weiterhin keinen Anklang zu finden. Der Fremdvergleichstest soll nun zweistufig erfolgen. Zunächst ist die konzerninterne Geschäftsbeziehung samt den wirtschaftlich erheblichen Charakteristika („economically relevant characteristics"[6]) zu identifizieren. Hierbei soll der zugrundeliegende Vertrag (nur noch) der „Startpunkt" sein. Danach werden die Konditionen und wirtschaftlichen Gegebenheiten der konzerninternen Transaktion mit denen verglichen, wie sie fremde Dritte vereinbaren würden. Das BEPS Papier zu Aktionspunkt 8-10 setzt sich intensiv mit der Frage auseinander, wann Verträge und somit Gestaltungen mangels Fremdüblichkeit zu recharakterisieren sind.

---

[6] Vgl. OECD (2015), Aktionspunkte 8-10, Kapitel I, Tz. 1.33 bis 1.35.

Letztlich ist dies der Fall, wenn eine erhebliche Abweichung zwischen dem vertraglich Vereinbarten und dem tatsächlichen Verhalten der Parteien vorliegt.

- Verstärkt durch die Diskussionen zu Aktionspunkt 10, erkennt man schon heute, dass vor allem die Finanzverwaltungen der Schwellenländer immer stärker versuchen, die einseitigen VP-Methoden (wie z. B. C+, R-, TNMM) anzugreifen und abzulehnen, um dagegen eine zweiseitige VP-Methode wie die **Profit-Split-Methode** durchzusetzen.
- Aufgrund der zukünftig erhöhten Transparenz werden Unternehmen gut beraten sein, weltweit **konsistente VP-Modelle** zu implementieren. D. h. vergleichbare Sachverhalte/Transaktionen sollten vergleichbar bepreist werden. Ansonsten wird jede Finanzverwaltung versuchen, die für sie günstigere Gesellschafts-Charakterisierung sowie VP-Methode durchzusetzen.
- Ferner werden Unternehmen ihre aktuellen VP-Modelle hinsichtlich **Substanz** überprüfen müssen. Da sich die Geschäftsmodelle über die Jahre ändern, sollte die Angemessenheit und Sinnhaftigkeit von VP-Modellen auch unabhängig von BEPS regelmäßig verifiziert werden. Wo sitzen die tatsächlichen Entscheider? Wer kontrolliert das Risiko? Ist der konzerninterne Auftraggeber von Auftragsentwicklungsleistungen überhaupt fachlich hierzu in der Lage?
- Zukünftig sollen **vertragliche Risikoaufteilungen** nur dann anerkannt werden, wenn sie sich auf tatsächliche Entscheidungsprozesse und somit auf eine tatsächlich ausgeübte Kontrolle über die Risiken stützen.
- Lizensierung von Know-how: Die Frage der Bewertung, der wertschöpfungsadäquaten Allokation und Besteuerung von Entgelten aus **immateriellen Wirtschaftsgütern** rückt noch stärker in den Fokus. Die OECD stärkt die Preisvergleichsmethode, die Bewertung von IP sowie die Profit Split Methode und lehnt die C+ Methode sowie den sog. „Knoppe-Test" für die Bepreisung von Know-how-Überlassung ab.
- Der Aktionspunkt 1 beschäftigt sich mit der Besteuerung der **digitalen Wirtschaft**, wobei hier jedes Unternehmen betroffen ist, das z. B. E-Commerce betreibt. Die erfreuliche Erkenntnis ist, dass die Rückmeldung der Kommentatoren dazu geführt hat, dass der finale Bericht nicht mehr die teilweise absurden Vorstellungen der OECD zu möglichen Besteuerungsanknüpfungspunkten enthält. Somit werden die spezielle sog. „bit tax", eine spezielle Quellensteuer auf „digitale Leistungen" sowie die Ausdehnung des Betriebsstättenbegriffs[7] auf die sog. „digital presence"

---

[7] Allerdings ist Aktionspunkt 7 zu beachten. Dort wird empfohlen, den Katalog der unschädlichen Hilfsleistungen einzuschränken. Z. B. soll ein Lager, das von einer erheblichen Zahl an Mitarbeitern geführt wird, um physische Ware, die online bestellt wurde, auszuliefern, eine Betriebsstätte des fakturierenden Unternehmens darstellen.

zunächst nicht weiter verfolgt. Dagegen sollen digitale Leistungen von Unternehmen an Privatpersonen umsatzsteuerlich im Aufenthaltsstaat des Verbrauchers besteuert werden. Diese Maßnahme soll gleiche Wettbewerbsbedingungen für in- und ausländische Anbieter gewährleisten.

- Die Praxis hat mit einer erheblichen Ausdehnung des **Betriebsstättenbegriffs** zu rechnen. Bspw. dürften zukünftig Kommissionärs- und Agentenstrukturen und je nach Einzelfall auch Läger Betriebsstätten auslösen. Dies ist umso frustrierender und kaum nachvollziehbar, weil vermutlich die meisten „neuen" Betriebsstätten qua Funktions- und Risikoprofil nur mit geringen Routinemargen vergütet werden dürften. Insofern droht viel administrative Arbeit bei gleichzeitig geringer Auswirkung auf die Allokation des steuerlichen Einkommens.
- Die zeitlich früheste und flächigste Auswirkung der BEPS Aktionspunkte betrifft die **VP-Dokumentation**. Im Ergebnis sind zukünftig mehr und durchaus sensiblere Sachverhalte, genauer und dies innerhalb von kürzeren Fristen zu dokumentieren. Man spricht von einem Master File, von Local Files je Gesellschaft und einem **Country-by-Country-Reporting** (äußerst praxisrelevant und zeitkritisch!). Details vgl. Kapitel 5 und 6.
- Im Ergebnis werden weltweit die Streitigkeiten mit Betriebsprüfungen und somit auch die Anzahl von (Vorab-)**Verständigungsverfahren** stark steigen. Bereits heute sind beim Bundeszentralamt für Steuern über 1.000 Verfahren anhängig. Deutschland hat damit die USA überholt – ein trauriger Rekord. Gemäß Aktionspunkt 14 haben sich die Länder auf bestimmte Mindeststandards geeinigt, um die wirksame und zeitnahe Streitbeilegung im Wege von Verständigungsverfahren zu erreichen. Hierzu gehört auch die Absicht, ein zwingendes und verbindliches Schiedsverfahren in die DBAs aufzunehmen. Solange die betroffenen Bundesämter die personellen Ressourcen nicht erheblich aufstocken, wird sich jedoch in der Praxis nichts ändern/verbessern.

4.4 Praxisempfehlung

Was bedeuten diese Änderungen für Unternehmen?

Da Berichterstattungen über „zu wenig gezahlte Steuern" die Reputation von Unternehmen stark beschädigen können, besteht derzeit eine gewisse Verunsicherung bzw. Zurückhaltung in den Führungsetagen und den Steuerabteilungen, Steuerplanung zu betreiben. An dieser Stelle sei festgehalten, dass, soweit aus der Presse ersichtlich, nicht etwa illegale Steuerplanungen vorgeworfen werden, sondern vielmehr die Frage gestellt wird, ob – legale Steuerplanungsmodelle – moralisch vertretbar sind oder nicht. Piltz[8] bringt es treffend auf den Punkt: „Warum erkennen oder benennen die OECD und die Einzelstaaten nicht sich selbst als Verursacher dieser Steuergestaltungen? Es ist unbestritten, dass wir hier nur von sog. legaler Steuervermeidung reden, also nicht von Steuerhinterziehung. Ob man das, was die inkriminierten Unternehmen nutzen, als Steuerschlupflöcher bezeichnen will oder intelligente Nutzung des Gesetzes oder die Nutzung legislatorischer Fehler, ist Geschmackssache. **Eines ist aber klar: Es gibt keine legale Steuervermeidung, die nicht aus der Gesetzgebung dieser Staaten selbst resultiert.**"

Tipp: Auswirkungen der BEPS-Berichte genau analysieren
Unternehmen sind gut beraten, die für sie relevanten finalen BEPS-Berichte zu studieren und herauszuarbeiten, ob und in wie weit sich die veränderten Sichten der OECD auf das Unternehmen auswirken. Mit höchster Priorität sollten...

- die Auswirkungen auf die globale VP-Dokumentation analysiert werden,
- ein Country-by-Country-Reporting-Readiness-Test (Welche Daten werden benötigt? Woher kommen die Daten? Was ergibt die Analyse der Daten? Bieten sich sogar Chancen für exportstarke deutsche Unternehmen?) durchgeführt werden,
- die Auslandsaktivitäten hinsichtlich Betriebsstättenqualifikation überprüft werden (z. B. Kommissionärs- und Agentenstrukturen)

und grundsätzlich überprüft werden, ob die tatsächliche Verteilung des Konzernergebnisses der Wertschöpfung/Substanz folgt.

5 Gestiegene Anforderungen an die Verrechnungspreisdokumentation

Mittlerweile haben alle relevanten Industriestaaten VP-Dokumentationsvorschriften eingeführt und die meisten sanktionieren das Nichtvorhandensein oder die Unverwertbarkeit von VP-Dokumentationen. Auch Deutschland hat bereits in 2013 das zehnjährige Bestehen der VP-Dokumentationsvorschriften (GAufzV) „gefeiert".

Saubere Dokumentation ist zwingende Voraussetzung

5.1 Praxisrelevante Kernfragen

Konzerne, die in einer Vielzahl von Ländern VP-Dokumentationen erstellen müssen, verfolgen meistens die in Abb. 3 dargestellten Planungsziele bei der Ausgestaltung des weltweiten VP-Dokumentationsprozesses:

---

[8] Vgl. Piltz, 2013.

Zentralisierung
Harmonisierte, konsistente VP Dokumentation, zentral vorgegeben und koordiniert

Flexibilität
Flexibilität mithilfe von (optionalen) Modulen/ Vorlagen sowie Verteilung der Arbeit auf Basis von Workflow-Management Systemen

Compliance
Strafzuschläge vermeiden, Doppelbesteuerung reduzieren

Effizienz
Verwenden von bestehenden VP Dokumentationen, keine Redundanzen in der VP Dokumentation, weniger Erstellungsaufwand

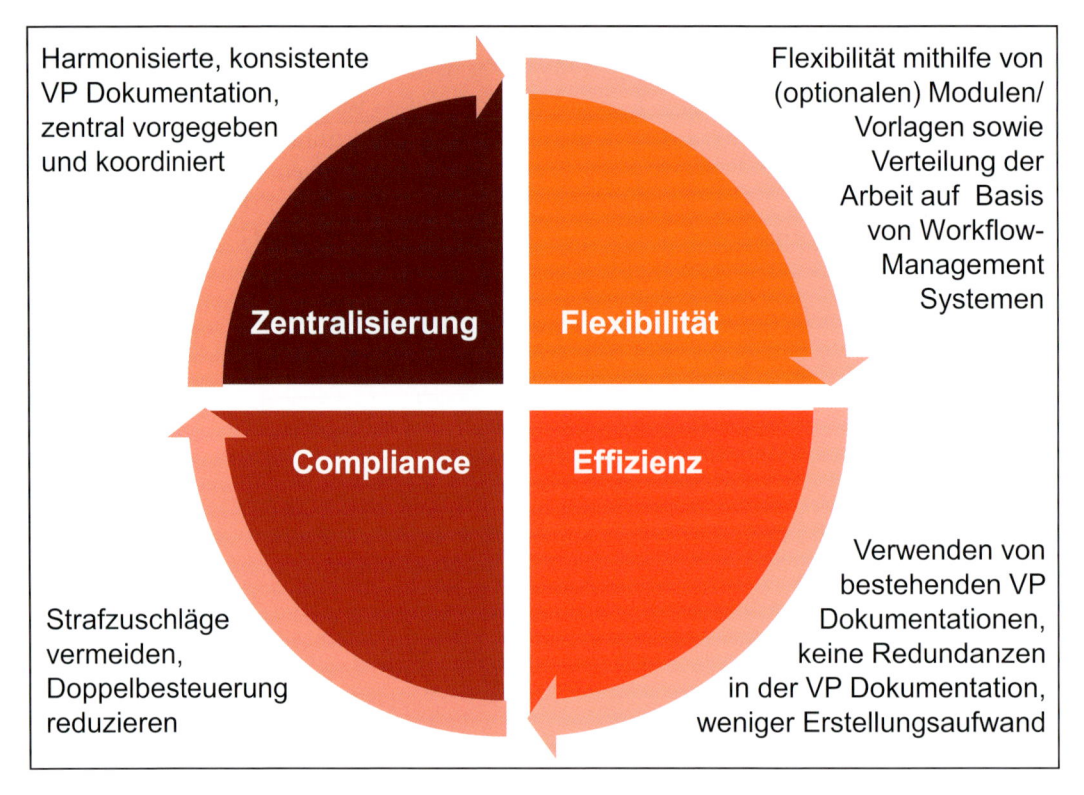

Abb. 3: Planungsziele bei der Ausgestaltung des weltweiten VP-Dokumentationsprozesses

■ **Welche Konzerne müssen VP-Dokumentationen erstellen?**

Für das Master File und die Local Files hat die OECD keine Grenzen definiert. D. h. es hängt von dem lokalen Steuerrecht ab, ob und in wie weit ein Konzern VP Dokumentationen erstellen muss.[9] In Deutschland ist ein Master File zu erstellen, wenn das Unternehmen einen Umsatz von mehr als 100 Mio. EUR erzielt.[10] Local Files sind zu erstellen, wenn die Summe der konzerninternen Lieferungen 5 Mio. EUR p.a. oder wenn die Summe der konzerninternen Leistungen 0,5 Mio. EUR p.a. übersteigt.[11]

---

[9] Detaillierte Beschreibungen der VP-Regelungen je Land ergeben sich z.B. aus PwC, International Transfer Pricing 2014/2015.
[10] Vgl. § 90 Abs. 3 Satz 3 AO (Entwurfsfassung). Und es ist erforderlich, dass die Unternehmensgruppe in mindestens zwei Staaten eine Gesellschaft oder Betriebsstätte unterhält.
[11] Gem. § 6 Abs. 1 und 2 GAufzV gelten für „kleinere Unternehmen" deutlich reduzierte VP-Dokumentationsanforderungen.

- **Bis wann ist die VP-Dokumentation zu erstellen?**

OECD: Das Local File soll zur jeweils lokalen Steuererklärungsfrist für das betreffende Wirtschaftsjahr fertiggestellt sein. Das Master File soll zur Steuererklärungsfrist der obersten Konzerngesellschaft fertiggestellt sein.

Deutschland: Noch gibt es keine gesetzliche Frist für die Erstellung der VP-Dokumentation. Sie muss aber innerhalb von 30 bzw. 60 Tagen nach Anforderung durch die Betriebsprüfung übergeben werden.

- **Müssen alle oder nur die wesentlichen Transaktionen dokumentiert werden?**

Erfreulicherweise greift die OECD diesen praxisrelevanten Punkt auf. Einerseits sind nach der deutschen GAufzV alle grenzüberschreitenden, konzerninternen Transaktionen zu dokumentieren. Andererseits soll eine Zumutbarkeitsgrenze gelten. In der Dokumentationspraxis hat man schon bislang mit Wesentlichkeitsgrenzen gearbeitet. Insofern ist es zu begrüßen, dass die OECD den Mitgliedstaaten vorschlägt, solche Grenzen zu akzeptieren. Wichtig ist, dass mittlerweile die meisten Staaten – entgegen Deutschland – auch die Dokumentation der intranationalen konzerninternen Transaktionen fordern!

- **In welcher Sprache sind VP-Dokumentationen zu erstellen?**

Grundsätzlich soll das lokale Recht die Sprache festschreiben, wobei die Mitgliedstaaten aufgefordert werden „gewöhnlich genutzte Sprachen" zu akzeptieren. Hier hätte die OECD ruhig mutiger auftreten können und eine Auswahl von z. B. maximal 4 konkret benannten Sprachen einfordern sollen. In der Praxis werden die meisten VP-Dokumentationen in Englisch geschrieben. Dies ist auch in Deutschland möglich, wenn ein Antrag bei der Finanzbehörde gestellt und i. d. R. positiv bestätigt wird.

- **Welche Strafen ergeben sich bei Nichtbefolgung der VP-Dokumentationsregelungen?**

Die meisten Industriestaaten haben mittlerweile empfindliche Strafen eingeführt, um die Nichtbefolgung der Compliance schmerzhaft zu sanktionieren. Neben der „normalen" Mehrsteuer- und Zinsbelastung ergeben sich unmittelbar folgende VP-spezifische Sanktionen im Falle von VP-Anpassungen durch die Betriebsprüfung, wenn keine oder eine unverwertbare VP-Dokumentation vorliegt:

- Schätzung der Gewinnerhöhung zulasten des Steuerpflichtigen bis zu einem für den Steuerpflichtigen ungünstigsten Wert einer Margen-/Preisbandbreite.

Umsetzung & Praxis

- Strafzuschläge von 5 % bis 10 % auf den Mehrbetrag der **Einkünfte** (nicht der Mehrsteuer!), mindestens 5.000 EUR. Daher wirkt dieser Strafzuschlag auch im Verlustfall. Er ist zudem nicht steuerlich abzugsfähig.
- Falls keine VP-Anpassung: Zuschlag von 5.000 EUR (Festbetrag), der nicht steuerlich abzugsfähig ist.

5.2 Inhalte des OECD Master Files

▪ **Welche Inhalte sollte ein typisches Master File enthalten?**

Master Files vs. Local Files

Das Master File wird zentral und identisch für alle Konzerngesellschaften erstellt. Es wird nicht lokal angepasst. Es ist das übergeordnete Dokument für alle Local Files und zieht alle konzernweit geltenden Informationen „vor die Klammer".

> **Tipp: Vorschläge der OECD für Master File-Inhalte in Arbeitshilfe**
> Die Inhalte, die die OECD[12] für ein Master File vorschlägt, finden Sie in Kapitel 1 der Arbeitshilfe „Verrechnungspreisdokumentation: Vorschläge der OECD für Master File und Local File".

▪ **Kann/muss man je Business Line/Division/Teilkonzern ein Master File erstellen?**

Grundsätzlich fordert die OECD, dass ein Master File für den Gesamtkonzern erstellt wird und auch jeder Konzerngesellschaft vollständig zur Verfügung gestellt wird. In begründeten Ausnahmefällen darf zwar je Business Line ein Master File erstellt werden, falls z.B. wesentliche Business Lines sehr unabhängig von den anderen agieren oder falls diese jüngst akquiriert worden sind. Allerdings müssen auch in diesem Fall alle Master Files allen Konzerngesellschaften übergeben werden, damit ein Gesamtüberblick möglich ist.[13]

5.3 Inhalte des OECD Local Files

▪ **Welche Inhalte sollte ein typisches Local File enthalten?**

Das Local File beschreibt die gesellschaftsspezifische Organisation und Tätigkeit der einzelnen Konzerngesellschaft. Es beinhaltet im Wesentlichen eine transaktionsbezogene Funktions- und Risikoanalyse, eine

---

[12] Vgl. OECD, Transfer Pricing Documentation and Country-by-Country Reporting, Action 13-2015, Final Report, Annex I to Chapter V, 2015.
[13] Vgl. finaler BEPS Bericht zu Aktionspunkt 13, Kapitel V, Tz. 20.

Transaktionsbeschreibung und eine Angemessenheitsanalyse. Bewährt hat sich die Erstellung von Teilmodulen je Transaktionstyp.

Tipp: Vorschläge der OECD für Local File-Inhalte in Arbeitshilfe
Die Inhalte, die die OECD[14] für ein Local File vorschlägt, finden Sie in Kapitel 2 der Arbeitshilfe „Verrechnungspreisdokumentation: Vorschläge der OECD für Master File und Local File".

Wie kann die Angemessenheitsanalyse vorgenommen werden?

Wie die transaktionsbezogene Angemessenheitsanalyse durchgeführt werden kann, beschreiben die OECD-Richtlinien[15] wie in Tab. 1 gezeigt.

1. Schritt	Festlegung der erfassten Jahre.
2. Schritt	Breitgefächerte Analyse der für den Steuerpflichtigen geltenden Umstände.
3. Schritt	Den bzw. die untersuchten konzerninternen Geschäftsvorfälle verstehen, insbesondere auf der Basis einer Funktionsanalyse, um (sofern nötig) das untersuchte Unternehmen, die jeweils am besten geeignete Verrechnungspreismethode und den zu prüfenden Finanzindikator (im Fall einer geschäftsvorfallbezogenen Gewinnmethode) auszuwählen sowie die signifikanten Vergleichbarkeitsfaktoren zu identifizieren, die berücksichtigt werden sollen.
4. Schritt	Überprüfung der internen Vergleichswerte, falls vorhanden.
5. Schritt	Bestimmung der verfügbaren Informationsquellen über externe Vergleichswerte, wo derartige Größen benötigt werden, unter Berücksichtigung ihrer relativen Zuverlässigkeit.
6. Schritt	Auswahl der am besten geeigneten Verrechnungspreismethode und, je nach Methode, Bestimmung des relevanten Finanzindikators (z.B. Bestimmung des relevanten Nettogewinnindikators im Fall einer geschäftsvorfallbezogenen Nettomargenmethode).
7. Schritt	Identifizierung potenzieller Vergleichswerte: Bestimmung der wichtigsten Merkmale, die von jedem Geschäftsvorfall zwischen unabhängigen Unternehmen erfüllt sein müssen, um als potenziell vergleichbar betrachtet zu werden, auf der Basis der im 3. Schritt identifizierten relevanten Faktoren und entsprechend den unter den Ziffern 1.38 bis 1.63 aufgeführten Vergleichbarkeitsfaktoren.

---

[14] Vgl. OECD (2015), Transfer Pricing Documentation and Country-by-Country Reporting, Action 13-2015, Final Report, Annex I to Chapter V.
[15] Vgl. OECD-RL; 2010, Tz. 3.4 ff.

8. Schritt	Bestimmung und Durchführung der Anpassungen zur Herstellung der Vergleichbarkeit, sofern angemessen.
9. Schritt	Interpretation und Verwendung der gesammelten Daten, Ermittlung der fremdüblichen Vergütung.

Tab. 1: Ablauf der Angemessenheitsanalyse

Erfahrungsgemäß sind insb. die o. g. Schritte 3 bis 7 häufig mehrfach zu durchlaufen, bis die Sachverhalte hinreichend ermittelt sind und die notwendigen internen und/oder externen Vergleichsdaten zusammengetragen sind.

6 Einführung des Country-by-Country-Reportings

6.1 OECD – Country-by-Country-Reporting

Weltweite Transparenz gefordert

Die OECD möchte mit dem **„Country-by-Country-Reporting"** („CbCR") eine Transparenz über die weltweite Verteilung der Umsätze, Gewinne, Anzahl Mitarbeiter und Steuern erreichen, die die Finanzverwaltungen bisher nicht hatten und sie möchte das CbCR als „high-level transfer pricing risk assessment" Werkzeug nutzen. Bevor die Mitgliedstaaten nun mit übergroßem Eifer versuchen, mit diesen Daten Konzerne anzugreifen, ergänzt die OECD sicherheitshalber, dass die CbCR Daten keinen Nachweis für unangemessene VP darstellen. Außerdem sollen die Finanzverwaltungen diese CbCR Daten nicht für „global formulary apportionment" (d.h. weltweite Aufteilung des Konzernergebnisses nach z.B. Umsätzen, Mitarbeitern, Anlagevermögen) nutzen. Die OECD geht nun wie folgt auf die Fragen ein, die sich mit dem mittlerweile vorliegenden deutschen Gesetzesentwurf[16] im Wesentlichen decken:

▪ Muss jeder Konzern das CbCR erstellen?

Nein. Die OECD und Deutschland fordern das CbCR für Konzerne mit einem Konzernumsatz von mehr als 750 Mio. EUR.[17]

▪ Ab welchem Wirtschaftsjahr muss das CbCR erstellt werden?

Für Wirtschaftsjahre, die am oder ab dem 1.1.2016 beginnen.

---

[16] Vgl. § 138a AO (Entwurfsfassung).
[17] Vgl. finaler Bericht zum Aktionspunkt 13 vom 5.10.2015 sowie § 138a Abs. 1 AO (Entwurfsfassung).

Bis wann muss das CbCR fertiggestellt sein?

Das CbCR ist innerhalb von 12 Monaten nach Wirtschaftsjahrende der Konzernobergesellschaft zu erstellen. Beispiel: Wirtschaftsjahr startet am 1.1.2016. CbCR – Frist = 31.12.2017.

Welche Inhalte sind im CbCR zu erfassen?

Das CbCR setzt sich aus den in Abb. 4, 5 und 6 dargestellten drei Tabellen zusammen.

Table 1. Overview of allocation of income, taxes and business activities by tax jurisdiction

Name of the MNE group:										
Fiscal year concerned:										
Currency:										
Tax Jurisdiction	Revenues			Profit (Loss) Before Income Tax	Income Tax Paid (on cash basis)	Income Tax Accrued – Current Year	Stated capital	Accumulated earnings	Number of Employees	Tangible Assets other than Cash and Cash Equivalents
	Unrelated Party	Related Party	Total							

Abb. 4: Inhalte des CbCR, Teil 1

Table 2. List of all the Constituent Entities of the MNE group included in each aggregation per tax jurisdiction

Name of the MNE group:															
Fiscal year concerned:															
			Main business activity(ies)												
Tax Jurisdiction	Constituent Entities resident in the Tax Jurisdiction	Tax Jurisdiction of organisation or incorporation if different from Tax Jurisdiction of Residence	Research and Development	Holding/managing intellectual property	Purchasing or Procurement	Manufacturing or Production	Sales, Marketing or Distribution	Administrative, Management or Support Services	Provision of services to unrelated parties	Internal Group Finance	Regulated Financial Services	Insurance	Holding shares or other equity instruments	Dormant	Other[2]

Abb. 5: Inhalte des CbCR, Teil 2

Table 3. Additional Information

Name of the MNE group:
Fiscal year concerned:
Please include any further brief information or explanation you consider necessary or that would facilitate the understanding of the compulsory information provided in the country-by-country report.

Abb. 6: Inhalte des CbCR, Teil 3

Die Daten der Tabelle 1 (s. Abb. 4) sind auf Landesebene zu **addieren** (nicht konsolidieren). Die Daten der Tabelle 2 (s. Abb. 5) sind dagegen auf Gesellschaftsebene zu erfassen. Um CbCR im Konzern erfolgreich umzusetzen, sind komplexe praxisrelevante Detailfragen zu klären, die jedoch im Rahmen dieses Artikels nur aufgelistet werden können:

- Welche Gesellschaften und Betriebsstätten sind einzubeziehen?
- Welches GAAP darf gewählt werden?
- Welche konkreten Konten sind bei den Kennzahlen der Tabelle 1 zu erfassen? Kann man die Konten zentral aus der Konsolidierungssoftware abgreifen oder muss man die Daten manuell einsammeln?
- Gelten Forderungen aus Lieferung und Leistung als „tangible asset"?
- Macht es Sinn Ergebnisabführungen und Dividenden im „Profit/Loss before tax" zu zeigen?
- Bei Personengesellschaften als Holding: welche Wirkung tritt ein, wenn hier nur die Gewerbesteuern gezeigt werden?
- In welchen Fällen macht es Sinn, bei den „number of employees" (= full time equivalents) auch noch die konzernfremden Leiharbeiter/Freelancer zu erfassen?
- Und unzählige Fragen mehr…

Welche Aussagekraft hat das CbCR?

- Da alle Daten der Tabelle 1 eines Konzerns auf Landesebene addiert werden, ergibt sich in der Praxis sehr oft ein unsinniger „Datenbrei", der nicht mehr interpretierbar ist: Z.B. wenn mehrere Gesellschaften in einem Land Transaktionen austauschen, dann doppeln sich die Umsätze, aber nicht die Gewinne; das Ergebnis sind unrealistisch geringe Umsatzrenditen. Je nach Komplexität und Diversifikation des Konzerns werden Daten total unterschiedlicher Teilkonzerne, Business Units, Divisionen, Banken, Produktionen, Vertrieb, Shared Service Center etc. zusammenaddiert. Außerdem können mit den Daten der Tabelle 1 keine üblichen Kennzahlen, wie z.B. EBIT-Marge, Effective Tax Rate, Kapitalverzinsung, gerechnet werden.
- Es steht somit unstrittig fest, dass das CbCR, in der aktuellen Fassung der OECD und des deutschen Gesetzgebers, kaum interpretationsfähig ist und somit auch kaum für ein tax risk assessment seitens der Finanzverwaltungen taugt. Dabei sinkt die Aussagekraft, je mehr Gesellschaften/Betriebsstätten in einem Land aktiv sind.
- Also, viel Lärm um nichts? Naja, einerseits ist die Erstellung des sanktionierten CbCR für Konzerne eine komplexe Aufgabe und sehr ressourcenintensiv. Zudem bestreiten einige Industrievertreter und Berater zurecht, dass die CbCR-Daten bei der Beurteilung der

Angemessenheit von VP helfen werden. Letztlich werden die Finanzverwaltungen der Staaten, in denen vergleichsweise personalintensive Gesellschaften agieren, versuchen, ein größeres Stück vom „Konzernsteuerkuchen" durchzusetzen, was wiederum in langwierige Betriebsprüfungen und letztlich in einer Vielzahl von Verständigungsverfahren münden wird. Andererseits dürften die CbCR Daten bei den meisten Konzernen, aufgrund der OECD-Vorgaben, so verzerrt sein, dass die Behörden keine zielführenden Schlüsse ziehen können.

Wie soll der Austausch des CbCR zwischen den Staaten erfolgen?

Es ist angedacht, dass die Konzernobergesellschaft das CbCR an deren oberste Finanzverwaltung elektronisch übermitteln soll (wohl XBRL-Schnittstelle). Interessiert sich ein anderer Staat für diese Daten, hat er an die oben genannte Behörde ein Informationsaustauschersuchen zu richten. Bislang haben 44 Staaten[18] das „Multilateral Competent Authority Agreement on Country by Country Reporting" zum Datenaustausch abgeschlossen. Allerdings haben bedeutende Staaten wie die USA, Russland und Brasilien noch nicht unterzeichnet.

Welche praktischen Umsetzungserfahrungen bestehen?

Nach Durchführung einiger CbCR-Projekte hat sich folgender Ablauf bewährt:

1. Definition der CbCR-Datenfelder (und zusätzlicher sinnvoller Felder).
2. Definition und Dokumentation der Konten (Mapping).
3. Analyse, ob und in wie weit die Daten über eine ERP-Schnittstelle extrahiert werden können. Häufig sind zumindest die Bilanz- und GuV-Konten-Daten aus dem Konsolidierungssystem ableitbar. Ebenso häufig stellt sich heraus, dass nicht alle CbCR-Daten systemisch abgegriffen werden können, wie folgende Beispiele zeigen: Daten der Betriebsstätten und der nicht konsolidierten Gesellschaften, Einkommensteuerzahlung, FTE, Daten der Tabelle 2 etc. D. h. der Konzern müsste einen zusätzlichen (Software unterstützten) Workflow aufsetzen, um die fehlenden Daten manuell weltweit einzusammeln.
4. Zusammenführung aller Daten der Tabellen 1 und 2. Erläuterungen in Tabelle 3 über getroffene Annahmen.

---

[18] Stand 30.6.2016: Argentina, Australia, Austria, Belgium, Bermuda, Canada, Chile, Costa Rica, Curaçao, Czech Republic, Denmark, Estonia, Finland, France, Georgia, Germany, Greece, Iceland, India, Ireland, Israel, Italy, Japan, Korea, Liechtenstein, Luxembourg, Malaysia, Mexico, Netherlands, New Zealand, Nigeria, Norway, People's Republic of China, Poland, Portugal, Senegal, Slovak Republic, Slovenia, South Africa, Spain, Sweden, Switzerland, United Kingdom, Uruguay.

5. (Softwareunterstützte) Analyse der CbCR-Daten: Bildung von sinnvollen Verhältnisgrößen, um zu erkennen, welches Bild sich für die Finanzbehörden ergeben könnte. Überprüfung der Länder, die „auffallen" (d.h. Definition von KPIs und Filtergrößen nötig) und Analyse sowie Dokumentation der Gründe für die Auffälligkeiten.
6. Erstellung des CbCR als Teil der konzernweiten VP-Dokumentation.

6.2 EU – Public Country-by-Country-Reporting

Das o.g. CbCR soll ja von der Konzernobergesellschaft erstellt und dann an die oberste Finanzbehörde dieses Landes geschickt werden. Danach können die Finanzbehörden die Daten untereinander austauschen.

Der signifikante Unterschied zu dem EU Public CbCR ist, dass die Unternehmen das **CbCR für 5 Jahre auf deren Internetseiten** und in noch zu benennenden Unternehmensregistern veröffentlichen sollen. Diese Initiative ist zwar noch nicht beschlossen, nach heutigem Stand ist jedoch davon auszugehen, dass es eine einfache Mehrheit der EU-Mitgliedstaaten gibt, die dafür stimmen wird.

Die Reaktionen der Unternehmen hierauf sind sehr unterschiedlich. Der weitaus größere Teil der Unternehmen befürchtet einen erheblichen Druck der Kunden und Lieferanten, weil durch das CbCR z.B. (höhere) Umsatzrenditen in bestimmten Ländern transparent werden. Ein kleinerer Teil der Unternehmen geht davon aus, dass der Druck, transparenter zu werden und zu zeigen, dass man ein „guter Steuerzahler" ist, ohnehin früher oder später vor allem von den Investoren und NGOs kommen wird, so dass freiwillig ein Tax-Reporting veröffentlichen würde. Insbesondere in der Konsumgüterindustrie will man das vermeiden.

7 Steuerliche Verrechnungspreise für Zwecke der Unternehmenssteuerung?

Verrechnungspreise aus Steuerungssicht

Die Frage stellt sich, ob man die steuerlichen VP in einer Nach-BEPS-Welt noch für Steuerungszwecke verwenden kann. Die kurze Antwort ist: Es kommt darauf an.

In der Praxis stellt man fest, dass die Frage, ob die konzerninterne Verrechnung von Lieferungen und Leistungen zu einem Preis erfolgen kann, der sowohl aus steuerlicher, als auch aus Controlling-Sicht sinnvoll ist, nicht pauschal beantwortet werden kann. Es bedarf einer differenzierenden, einzelfallbezogenen Betrachtung, die insbesondere von folgenden Kriterien bzw. Umständen abhängig sein kann:

- Art der Transaktion
- Wahl der VP-Methode
- Wahl des Unternehmenssteuerungskonzepts
- 1-Preis-System, 2-Preis-Systeme, Legal vs. Management Books, konsolidierte Ergebnisrechnung
- Art und Weise der Incentivierung des Managements lokaler Gesellschaften
- Homogenität/Heterogenität der globalen ERP-Landschaft, der Kontenrahmen, Kostenstellen, Stammdaten
- Existenz und Qualität der bestehenden Reportingsysteme

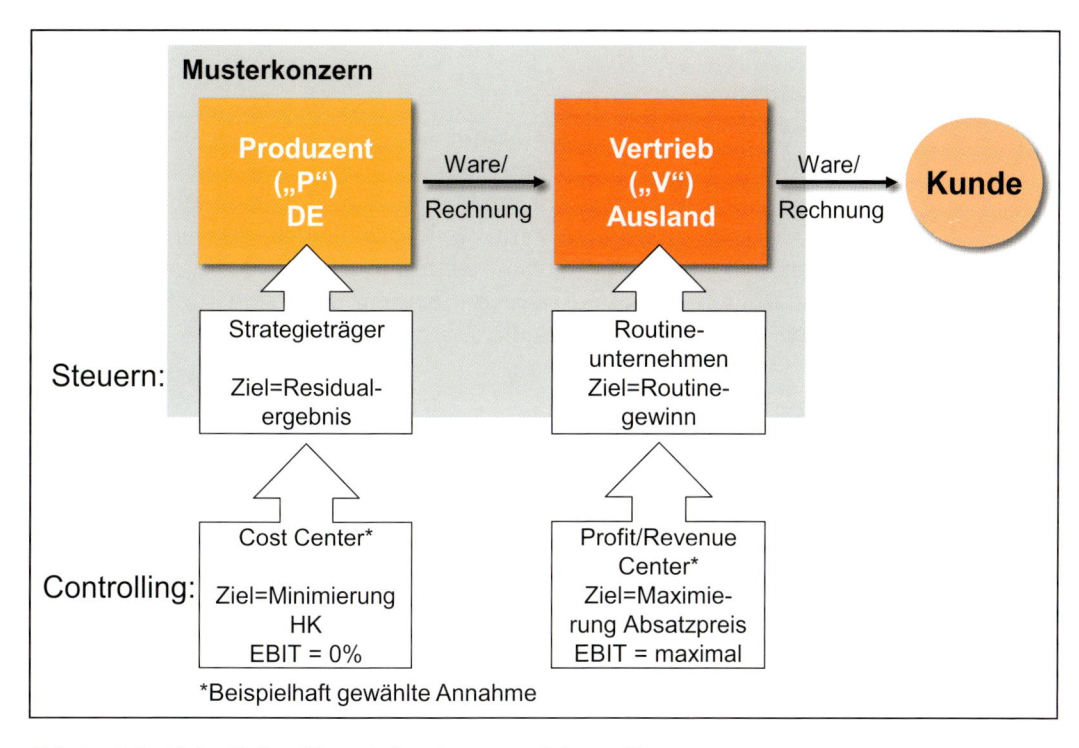

Abb. 7: Beispiel für Zielkonflikt zwischen Steuern und Controlling

Als übergeordneter Grundsatz sollte stets gelten, dass bei einer Optimierung bzw. Veränderung von Wertschöpfungsketten sowohl betriebswirtschaftliche als auch steuerliche Effekte (z.B. Verrechnungspreise, Umsatzsteuer, Zoll) berücksichtigt werden sollten. Die betriebswirtschaftliche Zielsetzung ist die Maximierung des Konzerndeckungsbeitrags. Die steuerliche Fokussierung besteht in der Reduzierung bzw. Vermeidung von steuerlichen Risiken (Cashflow und Compliance) durch die Sicherstellung einer wertschöpfungsadäquaten Verteilung des Konzernergebnisses sowie der Optimierung der Nachsteuerrendite. Ein klassischer Zielkonflikt soll an dem Beispiel (Annahme: 1-Preissystem) in Abb. 7 veranschaulicht werden.

Steuerliche Sicht:

Nach Durchführung einer Funktions- und Risikoanalyse kommt man zum Ergebnis, dass der Produzent P als Strategieträger und die Vertriebsgesellschaft V als Routineunternehmen zu qualifizieren ist. Daraus folgt zwingend, dass V ein relativ geringer und konstanter Routine-Gewinn und P das Residualergebnis aus der Transaktion zusteht. Diesen Effekt kann man mit Anwendung der Wiederverkaufspreis- („Resale Minus") oder der Nettomargenmethode („TNMM") erreichen.

Controlling-Sicht:

Auf Basis des Center-Typen-Konzepts wird der Produzent P i.d.R. als Cost Center und die Vertriebsgesellschaft V als Profit/Revenue Center betrachtet. Daraus folgt, dass die Marge aus der Transaktion letztlich bei V gezeigt und überwacht wird, weil V (und nicht P) seinen Gewinn maximieren soll. Dies erreicht man in der Praxis oft, wenn P zu (Standardgrenz-) Kosten oder zu „Kosten" zzgl. Gewinnzuschlag fakturiert (steuerlich „C+ Methode").

Beurteilung:

Im Ergebnis zeigt sich eine diametral gegensätzliche Ergebnisallokation. Aus Controlling-Sicht zeigt V die Residualmarge, P zeigt keine oder nur eine geringe Marge aus dem kostenbasierten Gewinnzuschlag. Da diese Verteilung i.d.R. nicht mit der Verteilung der Wertschöpfungsanteile[19] deckungsgleich ist, kommt es zu steuerlichen Hinzurechnungen bei P.

Um nun die eingangs gestellte Frage zu beantworten: **In solchen Liefer-Transaktionen war der steuerliche VP noch nie oder sehr selten ohne weiteres geeignet, um damit gleichzeitig eine optimale Unternehmenssteuerung zu erreichen.** Da BEPS sehr stark auf die tatsächlich ausgeübte Transaktion abstellt und daher noch mehr als früher einfordert, dass Konzernergebnisse wertschöpfungsadäquat konzernintern zu allokieren sind, steigt der Druck auf steuerlich angemessene VP noch weiter. D. h. für Steuerungskonzepte sollten andere Kennzahlen/Werte als die steuerlichen VP verwendet werden.

---

[19] Die Vergütung muss dem Ausmaß der ausgeübten Funktionen (Entscheidungsträger), der zu tragenden Risiken und der eingesetzten – vor allem immateriellen – Wirtschaftsgütern folgen. Oft zeigt sich in der Praxis, dass die Vertriebsgesellschaften die weniger komplexen, funktions- und risikobehafteten Einheiten sind.

Da Konzerne letztlich (tax) compliant sein müssen, wird man nicht umhin kommen, steuerlich angemessene VP zu fakturieren. D. h. um trotzdem optimal betriebswirtschaftlich steuern zu können, wird man Lösungen im Accounting und/oder Reporting entwickeln müssen. Hier gibt es verschiedene Ansätze, die in der Literatur[20] diskutiert werden; z.B. folgende Auswahl:

- 1-Preis-System mit steuerlichen VP. Steuerung/Incentivierung/Bonus der Führungskräfte erfolgt auf Basis von Kennzahlen der Legaleinheit, die nicht VP-beeinflusst sind (z.B. Kostenabweichungen, Umsatzsteigerungen etc.).
- 1-Preis-System mit steuerlichen VP und z.B. konsolidierte Ergebnisrechnung für die Steuerung/Incentivierung/Bonus der Führungskräfte.
- 2-Preis-System: Parallel werden ein steuerlicher VP und ein Controlling-VP gebucht.

8 Zusammenfassung und Ausblick

Krisenbedingt und aufgrund der OECD BEPS Veröffentlichungen wird der Druck auf steuerlich angemessene VP weiter steigen. Die Streitigkeiten zwischen den Unternehmen und den Finanzbehörden sowie zwischen den Letztgenannten werden mit sehr großer Wahrscheinlichkeit in ihrer Anzahl und in der Dauer der Verfahren stark zunehmen. Bedauerlicherweise werden, wie so oft bei der Einführung von „Anti-Missbrauchsregelungen", nicht die einzelnen schwarzen Schafe, sondern die ganze Herde bestraft. Dies ist umso kläglicher, weil letztlich die verursachenden „schwarzen Schafe" allen Beteiligten bekannt sind. Es handelt sich hierbei nicht etwa um einzelne Unternehmen, sondern **es müssten diejenigen Staaten am Pranger stehen, die aus Steuerwettbewerbs- bzw. Standortsicherungsgründen begünstigende Steuerregime beschließen**, die Unternehmen dann anwenden.

Ein Blick in die Zukunft

Es ist eine **hohe Kunst und mit großen Anstrengungen** verbunden, konzernweit dafür zu sorgen, dass die konzerninternen VP **steuerlich** angemessen gebildet werden, sodass das Konzernergebnis möglichst wertschöpfungsadäquat auf die involvierten Konzerngesellschaften verteilt wird. Absolut wichtig ist hierbei das Verständnis, dass VP keine exakte Wissenschaft sind und dass daher die Finanzverwaltungen bzw. die Betriebsprüfungen keine überzogenen Ansprüche an die „Richtigkeit" von VP und die „Verwertbarkeit" von VP-Dokumentation stellen sollten.

---

[20] Vgl. Teil D „Verrechnungspreiszyklus" in Hanken/Kleinhietpaß/Lagarden, 2016.

Zudem ist aus **Controlling-Sicht** zu gewährleisten, dass VP gebildet werden bzw. Systeme vorhanden sind, die es erlauben, durch zielführende Anreizsysteme den Konzerndeckungsbeitrag zu maximieren.

Insgesamt zeigt sich, dass die Erreichung sowohl der steuerlichen als auch der Controlling-Ziele zwar äußerst herausfordernd, aber durch die Entwicklung von ausgeklügelten Lösungen sowohl bei 2-Preis- wie auch bei 1-Preis-Systemen möglich ist.

Abschließend bleibt festzuhalten, dass mittlerweile auch **Software-Lösungen** existieren, die den gesamten VP-Prozess end-to-end unterstützen. Und zwar von der Datenextraktion aus z.B. SAP, über die Analyse der Transaktionen auf Belegebene, die automatisierte Segmentierung der GuVs, die ex-ante VP-Kalkulation auf Basis von steuerlich vorgegebenen Zielmargen und automatisiertem Forecasting bis hin zum Überschreiben der alten durch die neuen VP auf Artikelebene im z.B. SAP. Außerdem existieren Software-Lösungen zur Unterstützung bei der Erstellung von weltweiten VP-Dokumentationen, CbC-Reporting, Dienstleistungsverrechnung, Tax Risk Management Reporting (Workflow) etc.

9 Literaturhinweise

Hanken/Kleinhietpaß/Lagarden, Verrechnungspreise: Praxisleitfaden für Controller und Steuerexperten, 2. Aufl. 2016.

OECD, OECD/G20 Projekt Gewinnverkürzung und Gewinnverlagerung – Erläuterung – Abschlussberichte 2015, S. 4–5.

OECD, Transfer Pricing Documentation and Country-by-Country Reporting, Action 13-2015, Final Report, Annex I to Chapter V, 2015.

OECD-RL, 2010, Tz. 3.4 ff.

OECD, Aktionspunkte 8-10, Kapitel I, Tz. 1.33 bis 1.35, 2015.

Piltz, Base Erosion and Profit Shifting (BEPS): Die ganze Wahrheit?, IStR, 18/2013, S. 681–682.

PwC, Transfer Pricing Perspective Deutschland, Sonderausgabe Oktober 2015.

Controllingorganisation im Mittelstand: Praxisbeispiel zur Neuausrichtung in der Kistler Group

- Der mittelständische Weltmarktführer für Messtechnik und Sensoren wurde von einem regional organisierten Unternehmen zu einer divisionalen Organisation mit funktionalen Querschnittsfunktionen umgegliedert. Im Rahmen dieses strategischen Wechsels hat das Executive Committee von Kistler entschieden, die Controlling-Funktion in Bezug auf ihre Ausrichtung auf die Langfriststrategie zu überprüfen.
- Für das Controlling wurden drei miteinander verwobene Schlüsselthemen identifiziert:
  - Ausrichtung der Controllingorganisation auf Divisionen und Querschnittsfunktionen, um eine aktivere und zielgerichtetere kaufmännische Unterstützung bieten zu können.
  - Verbesserung der Unternehmenssteuerung durch vorwärts gerichtete und werttreiberbasierte Steuerungsunterstützung.
  - Einführung einer durchgängigen und globalen SAP-Basis für die operativen Prozesse und damit einhergehend die Nutzung von innovativen Reporting- und Forecasting-Tools.
- Der Beitrag erläutert die erste Phase der konzeptionellen Ausgestaltung der neuen Controllingorganisation bei Kistler und beschreibt, wie neue Rollen und Verantwortlichkeiten erarbeitet und in der Organisation verankert wurden.

Inhalt		Seite
1	Ausgangslage	125
2	Ziele und Rahmenbedingungen	126
3	Neuausrichtung der Controllingorganisation bei Kistler	127
3.1	Komponenten eines Target Operating Models	127
3.2	Vision und Leitplanken zur neuen Controlling-Organisation	128
3.2.1	Entwicklung der Vision	128
3.2.2	Erstellung einer Strategy Map	128
3.2.3	Definition von Leitplanken	130
3.3	Rollenmodell und Organisationsstruktur	130
3.3.1	Rollenmodell der Controllingorganisation	130
3.3.2	Erarbeitung des personalisierten Rollenbilds	132
3.3.3	Verankerung der Rollen in der Organisation	134
3.3.4	Ausgestaltung organisatorischer Beziehungen und Definition der Berichtswege	137

4	Kritische Würdigung und Ausblick	138
5	Literaturhinweise	139

■ **Die Autoren**

Kai Grönke, Partner im Competence Center CFO Strategy & Organization bei Horváth & Partners Management Consultants und Leiter des Büros in Düsseldorf. Er ist Autor mehrerer Veröffentlichungen zum Aufbau und zur Umsetzung von CFO-Strategien, Finance Transformation-Programmen sowie zur Konzeption und Umsetzung von Steuerungslogiken. Kai Grönke ist Partner bei Horváth & Partners Management Consultants und Leiter des Büros in Düsseldorf.

Esther Bachofen, Managing Consultant im Competence Center CFO Strategy & Organization bei Horváth & Partners Management Consultants in Zürich.

Roger Willi, CFO der Kistler Group in Winterthur und verantwortet die Bereiche Controlling, Finanzen und ICT. Er hat die finanzielle Steuerung der Kistler Group über die letzten Jahre maßgeblich beeinflusst und hat sich insbesondere stark für die Implementierung und Umsetzung des rollierenden Forecast, sowie der Finanzsoftwaretools eingesetzt.

Timo Gutbub, Head of Controlling und Verantwortlicher für das Group- und Divisionscontrolling der Kistler Group in Winterthur. Er hat das Standardreporting bei Kistler strukturiert und erfolgreich implementiert.

1 Ausgangslage

Die Kistler Gruppe ist Weltmarktführer im Bereich der dynamischen Messung von Druck, Kraft, Drehmoment und Beschleunigung. Als erfahrener Entwicklungspartner ermöglicht Kistler seinen Kunden in Industrie, Forschung und Entwicklung, ihre Produkte und Prozesse zu optimieren und nachhaltige Wettbewerbsvorteile zu erzielen. So prägt das inhabergeführte schweizerische Unternehmen die Automobilentwicklung und Industrieautomation sowie zahlreiche aufstrebende Branchen mit innovativer Sensortechnologie. Mit einem breiten Anwendungswissen und der absoluten Verpflichtung zu Qualität treibt Kistler Innovationen in Leichtbau, Fahrzeugsicherheit, Emissionsreduktion und Industrie 4.0 voran. Seit der Gründung 1959 wächst die Kistler Gruppe gemeinsam mit ihren Kunden. Mit der fortschreitenden technischen Entwicklung expandierte Kistler auch ins Ausland, zunächst in den 60er Jahren mit der Gründung von Tochtergesellschaften in Deutschland und Großbritannien, denen ab Mitte der 1980er Jahre etliche weitere Gesellschaften folgten. Heute ist Kistler mit rund 1.500 Mitarbeitern an 56 Standorten weltweit tätig und erzielte 2015 einen Umsatz von 329 Mio. CHF.

Ausrichtung der Controllingorganisation auf die Unternehmensstrategie

Im Rahmen der Strategie „Kistler Next" erfolgte der Übergang von einer stark regional organisierten Gruppe zu einer divisionalen Organisation mit den funktionalen Querschnittsfunktionen Technologie, Produktion und Support und einer entsprechenden Centerorganisation in drei Regionen, drei Divisionen und drei Funktionen. Damit ist nun auch der Finanzbereich gefordert, die anspruchsvolle Langfriststrategie zu unterstützen, um so die Herausforderungen zu meistern und die Zukunftschancen zu nutzen. Das Executive Committee war sich schnell einig darüber, dass alle Organisations-Dimensionen im Controlling eine integrative Einheit bilden müssten. Für das Controlling wurden drei miteinander verwobene Schlüsselthemen identifiziert:

Transformation der Controllingorganisation

- Verbesserung der Unternehmenssteuerung: Weg von einer rückblickenden Entscheidungsunterstützung hin zu einer vorwärts gerichteten und werttreiberbasierten Steuerungsunterstützung mit rollierenden Forecasts auf Basis einer durchgängigen globalen Deckungsbeitragsrechnung.
- Controlling als Business Partner: Ausrichtung der Controlling-Kompetenzen auf Divisionen und Querschnittsfunktionen, um eine aktivere und zielgerichtetere kaufmännische Unterstützung bieten zu können.
- Digitalisierung und Harmonisierung der Prozesse: Einführung einer durchgängigen und globalen SAP-Basis für die operativen Prozesse

und damit einhergehend die Nutzung von innovativen Reporting und Forecasting-Tools wie Tagetik/XLCubed.

Im Auftrag des CFOs wurde ein Projekt gestartet, um eine neue Controllingorganisation zu erarbeiten. Alle Beteiligten waren sich einig, dass man Strukturen und Prozesse der Unternehmenssteuerung im Hinblick auf ihre Zukunftsfähigkeit überprüfen musste.

2 Ziele und Rahmenbedingungen

Operationalisierung der Strategie

Aufbauend auf der Strategie „Kistler Next" stellte sich die Frage, wie die neue Strategie im Controllingbereich zu operationalisieren sei. Als unmittelbare Maßnahmen wurden die folgenden fünf Themen fokussiert:

- **Klärung der übergeordneten Ziele und Rahmenbedingungen** für die Controllingorganisation;
- **Entwicklung eines kundenorientierten Leistungsportfolios** für das Controlling inklusive der Definition der Schnittstelle zur Linie zur Beantwortung der Frage „Wer macht im Controlling zukünftig was?";
- **Einführung eines neuen Rollenmodells** in der Organisation und damit einhergehend die Klärung der Frage „Wo werden die Leistungen im Controlling erbracht?";
- **Verstärkung der globalen Zusammenarbeit** in der Finance/Controlling Community;
- **Erarbeitung eines Transformationsplans** zur Überführung der heutigen Controllingorganisation in die Zielorganisation.

Entlastung der dezentralen Organisation bei gleichzeitiger Verbesserung der Steuerung

Als vorteilhaft hat sich erwiesen, dass viele Leistungen im Controlling bereits heute vom zentralen Team auf der Basis von standardisierten Kosten- und Ergebnisrechnungen, Planungs- und Forecast-Prozessen und einem einheitlichen Toolset (ERP und BI) als Entscheidungsunterstützung für das Management bereitgestellt werden. Die größte Herausforderung der Controllingorganisation ist es, das von Technikern dominierte Unternehmen und das damit häufig einhergehende dezentral schwach ausgeprägte kaufmännische Wissen für eine vorwärts gerichtete und werttreiberbasierte Steuerungsunterstützung zu begeistern. Im Projekt mussten somit Lösungen gefunden werden, die zum einen die dezentrale Organisation von kaufmännischen Aufgaben entlasten, aber gleichzeitig auch die Qualität der Steuerung verbessern.

3 Neuausrichtung der Controllingorganisation bei Kistler

3.1 Komponenten eines Target Operating Models

Um ein umfassendes und schlüssiges Controlling Target Operating Model zu konzipieren, sind verschiedene Aspekte zu berücksichtigen, die sich in den folgenden fünf Modulen zusammenfassen lassen:

Erarbeitung des Target Operating Models anhand von 5 Modulen

Modul 1: Übergreifende Vision & Leitplanken

Anhand der Unternehmensziele ist ein konkretes Leitbild für das Controlling zu definieren, welches als Leitgedanke für die Ausgestaltung der Organisation zu verwenden ist. Die formulierten Leitplanken sind mit Hilfe des Abgleichs von Eigenanspruch der Controller und Anforderungen der internen Kunden der Controllingorganisation zu validieren. Eine kontinuierliche Überprüfung der Leitplanken im Laufe der Projektarbeit stellt die Ausrichtung auf die Unternehmensstrategie sicher.

Modul 2: Klare Rollen und Verantwortlichkeiten

Im Rahmen der Leitplanken und auf der Basis eines klaren Rollenmodells sind die Aufgaben des Controlling-Bereichs festzulegen. Damit Verantwortlichkeiten klar geregelt sind, müssen die Interaktionen der verschiedenen Controllingbereiche sowie die Abgrenzung der Aufgaben und die Zusammenarbeit mit der Fachseite festgelegt werden.

Modul 3: Schlanke Organisationsstruktur

Die Organisationsstruktur und deren Strukturmerkmale, wie bspw. die geographische Ausprägung der Standorte zur Verankerung der Aufgaben, regeln die organisatorischen Beziehungen zwischen den Einheiten sowie die Berichtslinien und deren Führungsprinzipien.

Modul 4: Effiziente und effektive Prozesse

Die Prozesse sind je Organisationseinheit zu beschreiben. Kernprozesse sind dabei zu standardisieren und möglichst zu automatisieren. Durch die Klärung der Verantwortlichkeiten und die Festlegung der In- und Outputs werden die Schnittstellen zwischen den Organisationseinheiten definiert.

Modul 5: Mitarbeiter und Skills

In diesem Modul wird die Größe der zukünftigen Controllingorganisation bestimmt. Die notwendigen Kompetenzen der Mitarbeitenden zur

Abbildung der neuen Rollen und Aufgaben werden beschrieben. Ebenso werden die Anforderungen an das Talent- und Change Management im Controlling definiert.

Das im Folgenden beschriebene Vorgehen zeigt die Ausgestaltung des Target Operating Models und umfasst die Definition der Vision und Leitplanken sowie die Ausarbeitung der Rollen und Verantwortlichkeiten und der Organisationsstruktur (Module 1–3). Auf die Module 4 und 5 wird in diesem Beitrag nicht näher eingegangen.

3.2 Vision und Leitplanken zur neuen Controlling-Organisation

Die Erarbeitung der Vision und Leitplanen der neuen Controllingorganisation folgte einer klaren Struktur. Kapitel 3.2.1 beschreibt die Entwicklung der Vision. Die damit verbundenen strategischen Ziele (s. Kapitel 3.2.2) und Leitplanken (s. Kapitel 3.2.3) wurden darauf aufbauen in zwei weiteren Schritten abgeleitet.

3.2.1 Entwicklung der Vision

Das Zielbild entsteht aus dem Abgleich von Eigenbild und Fremdbild

Startpunkt für die Entwicklung der Vision der neuen Controllingorganisation waren die Einschätzung des Status Quo und die Identifikation der Anforderungen an die zukünftige Organisation und der damit verbundenen Herausforderungen. Entscheidend bei der Ausarbeitung des vom Management gestützten Zielbilds war, dass es nicht nur aus dem Selbstbild der Controllingorganisation besteht, sondern auch die Sichtweise und Anforderungen der internen Kunden wie z.B. des Executive Boards oder der verantwortlichen Linienmanager einbezieht. Die abgeleiteten und in Abschnitt 2 aufgeführten Ziele sind somit das Resultat der ersten Projektaktivitäten und der Aufsatzpunkt für die Konzeption der neuen Controllingorganisation. Diese Ziele wurden zum einen in das zukünftige Controlling-Leitbild überführt und zum anderen in einer Strategy Map weiter detailliert.

Das Controlling-Leitbild beschreibt das Selbstverständnis und die angestrebte Positionierung und Wahrnehmung der Controllingorganisation in der Kistler Gruppe. Es dient somit sowohl als Orientierungs- als auch als Positionierungshilfe. Es ist der Maßstab, an welchem sich das Controlling selbst misst und an dem es durch die Stakeholder gemessen wird.

3.2.2 Erstellung einer Strategy Map

Verbindung von Zielen und Maßnahmen

Mit der Erstellung der Strategy Map wurden die zentralen Controllingziele beschrieben und die Ursache-Wirkungszusammenhänge in Anlehnung an die Ebenen Finanzen, Kunden, Prozesse/Organisation und Potenziale[1] für vier Kistler-spezifische Zielkategorien

- „support to achieve profitable growth",
- „provide decision support",
- „execute steering processes" und
- „develop, motivate and retain people"

analysiert und dokumentiert. Geklärt wurde auch, mit welchen Maßnahmen die Ziele in diesen Kategorien erreicht werden können. So wird z. B. das Ziel des profitablen Wachstums durch ein effizientes und effektives Corporate Performance Management und die bessere Unterstützung der Entscheidungsfindung durch eine stärkere Business Partner Orientierung der Controllingorganisation erreicht.

Hierfür werden jedoch u. a. Controller benötigt, die dieser Aufgabe gerecht werden, d. h. sowohl über die Akzeptanz, aber auch die Ressourcen und die Fähigkeiten verfügen, um diese Rolle wahrzunehmen. Für Kistler bedeutet das, dass die Business Partner auf mehreren Ebenen und in mehreren (Steuerungs-)Dimensionen in der Organisation zu verankern sind, da aufgrund des Steuerungsmodells eine Entscheidungsunterstützung auf Gruppenebene allein nicht ausreicht. Diese Support-Leistung ist insbesondere für die Divisionen und Funktionen erforderlich und – gemäß den Anforderungen der jeweils verantwortlichen Manager – auch so gewünscht. Zudem müssen prozessual die Voraussetzungen geschaffen werden, damit eine solche Unterstützung stattfinden kann.

Das beinhaltet den Ausbau der Analysetätigkeiten sowie der Kommentierungsanforderungen und -möglichkeiten, aber auch gleichzeitig eine Entlastung der Business Partner von transaktionalen Tätigkeiten, wie z. B. der Informationsgenerierung und Datenvalidierung, damit mehr Zeit für die eigentliche Tätigkeit der Entscheidungsunterstützung zur Verfügung steht. Der Controller kann dieser Business Partner-Rolle aber nur gerecht werden, wenn er über die notwendige Expertise verfügt. Es ist also entscheidend, dass eine fachliche, methodische, soziale und persönliche Befähigung der Controllingmitarbeiter für diese Rolle vorangetrieben wird.[2]

Befähigung der Controllingmitarbeiter

Die Ziele und Maßnahmen der Strategy Map wurden im weiteren Projektverlauf priorisiert. Maßnahmen mit größtem Wirkungsgrad und höchster Handlungsnotwendigkeit sollen als Erstes umgesetzt werden. Dazu gehören bei Kistler in erster Linie die Stärkung der Business

---

[1] Vgl. Meier/Stephan, 2015, S. 46.
[2] Vgl. Grönke/Heimel, 2014, S. 289 ff.

Partner-Rolle, deren zentrale und dezentrale Verankerung sowie die damit verbundene Optimierung der Analyse und Kommentierung im Reportingprozess.

3.2.3 Definition von Leitplanken

Leitplanken richten die Organisation auf die Strategie aus

Anhand der Ziele und Rahmenbedingungen wurden in einem nächsten Schritt die Leitplanken für die Organisationsentwicklung definiert. Diese Leitplanken oder Designprinzipien stellten im weiteren Projektverlauf sicher, dass die übergeordneten Ziele nicht aus den Augen verloren wurden. Sie wurden sowohl Start- als auch Endpunkt jedes Entwicklungsschritts der Organisation und dienten dazu, die Ausrichtung der erarbeiteten Ergebnisse auf die gesetzten Ziele und Vorgaben zu überprüfen.

Die im Rahmen des Projekts festgelegten Leitplanken beziehen sich nebst der Verbesserung der werttreiberbasierten Steuerung des Unternehmens und der Entwicklung einer zielorientierten Finance Community vor allem auf das integrierte Zusammenspiel der drei Steuerungsdimensionen

- Division (inkl. R&D, Produktmanagement und Sales),
- Funktion (Production, Technology, Support und Service) sowie
- den Regionen EMEA, AMER und APAC.

Dienstleistungen, wie bspw. die Kosten- und Ergebnisrechnung, das Reporting oder die Pflege und Verteilung von Stammdaten, sollen zudem als Querfunktionen auf Gruppen- und regionaler Ebene verankert werden. Die identifizierten Auswirkungen dieser gesetzten Leitplanken auf die Controllingorganisation bildeten den Kern der weiteren Diskussionen zur Entwicklung des Controlling Target Operating Models.

3.3 Rollenmodell und Organisationsstruktur

Der Aufbau der Controllingorganisation folgte einem klaren Bebauungsplan. Hierzu wurden Rollen und Verantwortlichkeiten der Controllingorganisation (s. Kapitel 3.3.1) erarbeiten. Darauf aufbauend wurden die Aufgaben für die einzelnen Bereiche abgeleitet (s. Kapitel 3.3.2) und diese in der Organisation verankert (s. Kapitel 3.3.3).

3.3.1 Rollenmodell der Controllingorganisation

Klassischerweise lässt sich das Rollenmodell im Controlling in drei Rollen gliedern.

- Die Rolle „Governance & Leadership" beinhaltet die Definition der gruppenweiten Steuerungsmethodik und -prozesse und stellt deren Konsistenz und Einhaltung der Methoden und Richtlinien sicher.

- Mit der Rolle „Consulting & Business Partner" wird dem Management ein Sparring-Partner zur Seite gestellt, der strategisch, zukunfts- und aktionsorientiert agiert. In dieser Rolle bereitet er Entscheidungen aus einer finanzwirtschaftlichen Perspektive vor. Anderseits erkennt er proaktiv Verbesserungspotenziale im Unternehmen, stößt eigenverantwortlich die entsprechenden Veränderungsprozesse im Unternehmen an und überwacht deren Umsetzung.[3]
- Die Rolle „Design & Execution" wiederum agiert als Service-Funktion und führt transaktionale Finanztätigkeiten bzw. Prozesse zur Generierung und Sammlung der Daten zur Berichtserzeugung aus. Sie fokussiert damit die Datensammlung, die Erzeugung und Verteilung der Berichte zu definierten Zeitpunkten.

Durch diese Aufgabenteilung gelingt es auf der einen Seite durch die Standardisierung – geregelt über die Governance und Automatisierung der Prozesse – die Kosten z. B. für die Berichtserstellung zu senken und gleichzeitig den Service der Organisation durch die Stärkung der Business Partner Aufgaben zu verbessern (s. Abb. 1).

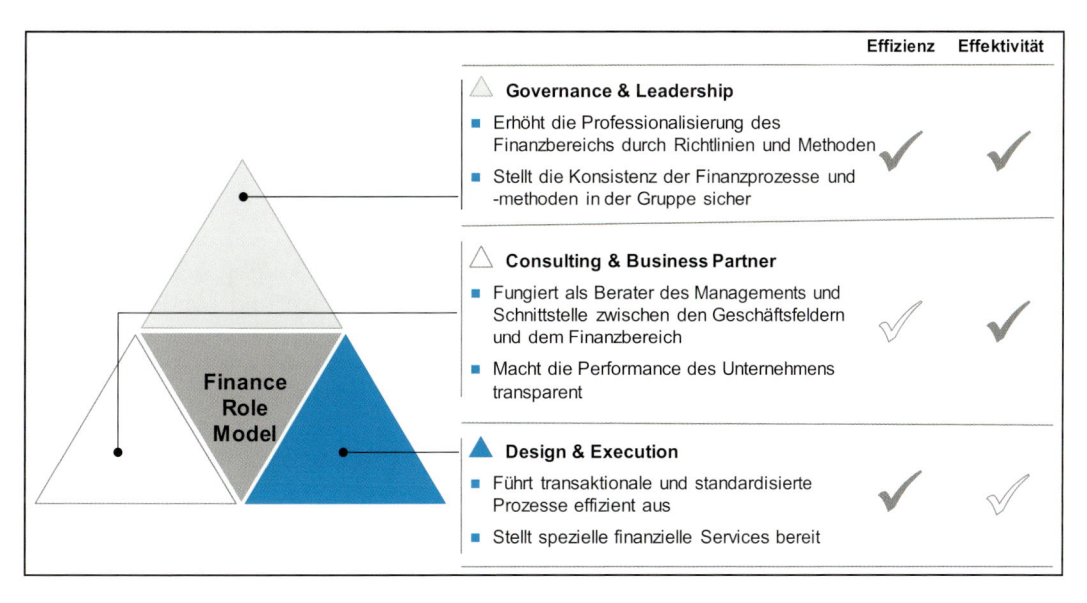

Abb. 1: Rollenmodell einer effizienten und effektiven Controlling-Organisation

Dieses allgemeine Rollenmodell dient als Ausgangspunkt für die Personalisierung der erforderlichen Rollen im jeweiligen Unternehmen. Es ist durchaus möglich und gängig, dass weitere Rollen aufgrund zusätzlicher Anforderungen an den Finanzbereich oder für eine präzisere Abgrenzung

---

[3] Vgl. Gleich/Göttling/Lauber/Overesch, 2013, S. 39–54.

der Bereiche berücksichtigt werden müssen. Zentral jedoch ist, dass die Rollen dabei losgelöst von bestehenden Hierarchien und Personen betrachtet werden, damit sich die zukünftige Organisation an den gesetzten Zielen und nicht an den gegenwärtigen Strukturen ausrichtet.

Die Controllingorganisation von Kistler wurde analog zum vorgestellten Ansatz anhand der drei Rollen „Governance & Leadership", „Business Partner" und „Design & Execution" untersucht.

3.3.2 Erarbeitung des personalisierten Rollenbilds

Effiziente und effektive Ausgestaltung des Finanzbereichs durch klare Aufgabenteilung

Im nächsten Schritt stand die Verteilung der aktuellen Ressourcen auf die drei Rollen und die unterschiedlichen Organisationseinheiten im Fokus. Es wurde analysiert, wie viele FTEs auf Gruppen-, Divisions-/Funktions-, regionaler und lokaler Ebene Governance-, Business Partner- und Design & Execution-Aufgaben wahrnehmen. Das Resultat ergab, dass mehr als 75 % der heutigen Controlling-Ressourcen durch transaktionale Tätigkeiten gebunden sind, wobei ca. 60 % davon auf lokaler Ebene verankert sind. Zur Entwicklung des optimierten Zielmodells wurde die gleiche Organisationsmatrix für die Zuordnung der zukünftigen Aufgaben verwendet. Maßgeblich für die Ausgestaltung der zukünftigen Aufgaben und deren Verteilung waren dabei die gesetzten Ziele sowie die definierten Leitplanken, die zu folgenden Veränderungen führten (s. Abb. 2):

- Die Rollen „Governance & Leadership" und „Business Partner" werden auf Gruppenebene durch zusätzliche Aufgaben und Ressourcen gestärkt.
- Auf lokaler und regionaler Ebene finden zukünftig keine „Business Partner"-Aufgaben mehr statt, da die Regionen und Länder bereits in großen Teilen divisionalisiert wurden und damit in der übergeordneten, divisionalen Führungsstruktur abgebildet sind. Die Ressourcen werden damit für den Ausbau der Business Partner-Rolle auf Divisions- und Funktionsebene eingesetzt.
- Transaktionale Aufgaben, die heute noch im Rahmen des Business Partnering ausgeführt werden, werden zukünftig der „Design & Execution"-Rolle zugeordnet.
- Im Bereich „Design & Execution" findet durch die Eliminierung controllingfremder Aufgaben eine Fokussierung auf Controllingservices statt. Transaktionale Aufgaben der lokalen Gesellschaften z.B. im Monatsabschluss oder im Rahmen der Budgetierung werden zukünftig auf regionaler Ebene gebündelt und dort als Service für die lokalen Gesellschaften erbracht.

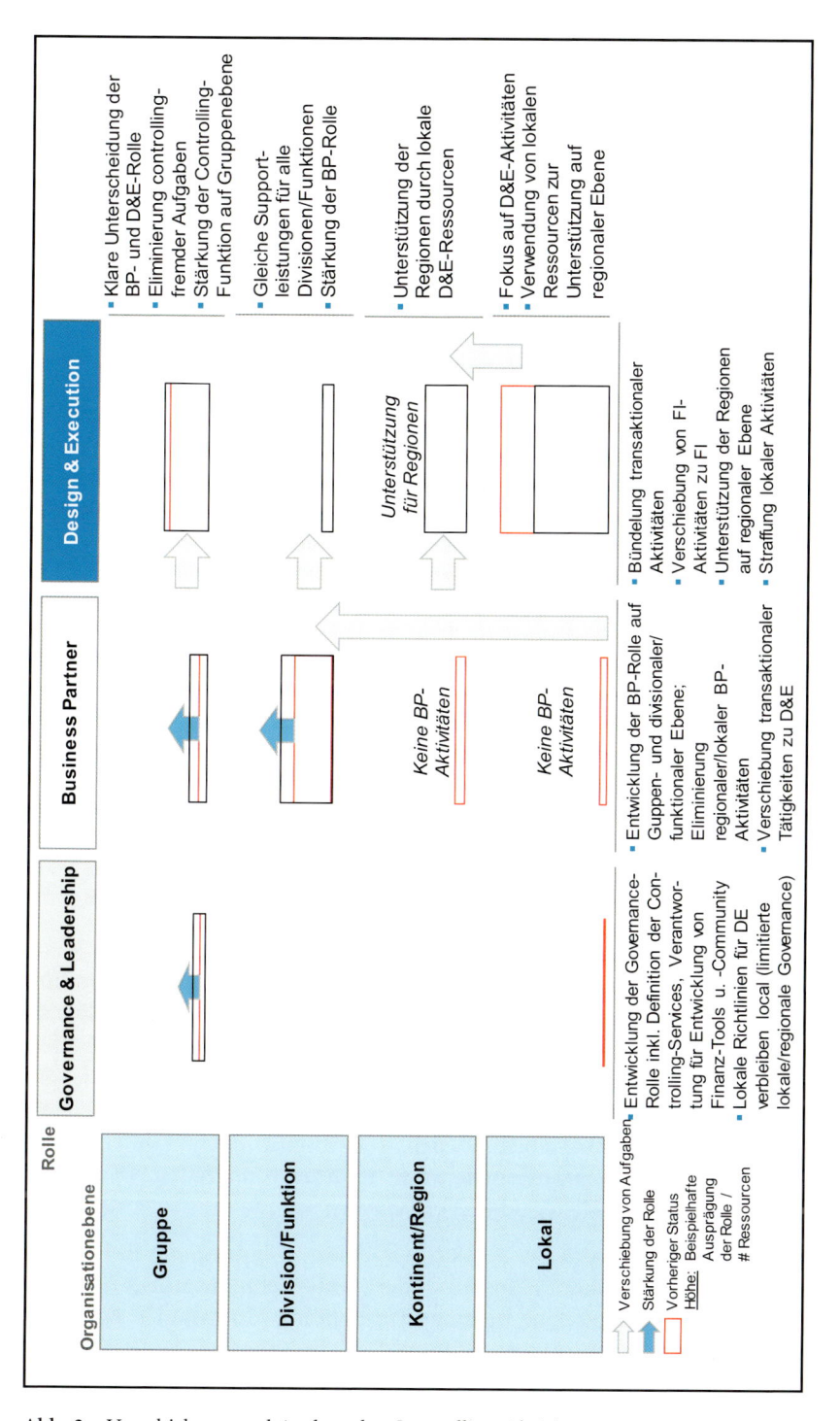

Abb. 2: Verschiebung und Ausbau der Controlling-Aktivitäten

Durch die Stärkung der Business Partner-Rolle auf divisionaler/funktionaler und Gruppenebene werden die Voraussetzungen für eine verstärkte Unterstützung des Managements geschaffen. Auf divisionaler und funktionaler Ebene bedeutet dies, dass die Controlling-Leistungen für die einzelnen Divisionen und Funktionen deutlich effektiver ausgestaltet werden können. Der vorausschauende Blick, kritische Analyse, Benchmarking und Maßnahmenorientierung gehören zukünftig zu den Standardwerkzeugen der Business Partner. Gleichzeitig wird durch die Überarbeitung der Tätigkeiten pro Rolle eine klare Zuordnung der Aufgaben erreicht.

3.3.3 Verankerung der Rollen in der Organisation

Bildung organisatorischer Einheiten

Als Nächstes gilt es, die geschaffenen Rollen in der Organisation zu verankern, d.h. die Rollen und die Organisationsebenen zu kombinieren und zu spezifizieren. Dazu werden die Rollen und Verantwortlichkeiten anhand ihrer organisatorischen Ausprägung untersucht und in sinnvolle Bausteine gegliedert.

So wurde z.B. die Rolle „Governance & Leadership", die bei Kistler zentral auf Gruppenebene gebündelt werden soll, in den Organisationsbaustein „Controlling Governance & Expertise" überführt. Die Business Partner-Rolle hingegen wird sowohl auf Gruppenebene als auch auf Divisions- und Funktionsebene abgebildet und umfasst damit auf den Ebenen ähnliche, aber nicht vollumfänglich identische Aktivitäten, d.h. sie beinhaltet unterschiedliche Profile. Entsprechend entstehen drei Ausprägungen:

1. Business Partner auf Gruppenebene
2. Business Partner der Divisionen
3. Business Partner der Funktionen

„Design & Execution"-Aufgaben werden zukünftig als „Global Controlling Services", getrennt von den Aufgaben auf lokaler Ebene, gebündelt. Die so gebildeten Bausteine wurden in die organisatorische Struktur eingebettet. Hierzu wurde evaluiert, welche Bausteine sich ggf. kombinieren lassen oder z.B. aufgrund geographischer Gegebenheiten separat zu gruppieren sind und wie die so entstandenen organisatorischen Einheiten zu benennen sind. Das daraus entstehende Bild zeigt ein erstes generisches Target Operating Model (s. Abb. 3).

Auf Gruppenebene sind bei Kistler, wie zuvor erläutert, alle Rollen des Rollenmodells verankert. Aufgrund der Unternehmensgröße und des Umfangs der Aufgaben im Bereich „Controlling Governance & Excellence" ist es zum heutigen Zeitpunkt nicht sinnvoll, eine separate organisatorische Einheit zu bilden. Jedoch kann dies bei dem geplanten Wachstum zu einem späteren Zeitpunkt erfolgen. Bis dahin werden die

Aufgaben der Rolle „Controlling Governance & Excellence" mit der „Business Partner"-Rolle auf Gruppenebene kombiniert. Die Zusammenführung der beiden Rollen ist deshalb opportun, weil die Aufgaben der Governance-Rolle vom inhaltlichen Charakter her näher bei den Business Partner-Aufgaben liegen als bei den transaktionalen Aufgaben der „Global Controlling Services".

Die „Global Controlling Services" wiederum sind auf der Gruppenebene in der organisatorischen Einheit „Management Accounting" und in der Region als „Management Accounting Services" vertreten. Dieser Aufbau ermöglicht die Erbringung kundenorientierter Services-Leistungen auf der Gruppenebene sowie für jede Region, in denen die verbleibenden Controllingaufgaben der lokalen Ebene verankert bleiben.

Nachdem nun die Rollen organisatorisch eingeordnet sind, sind die Aufgaben, die im ursprünglichen Rollenbild festgelegt wurden, den entstandenen organisatorischen Einheiten zuzuordnen und zu präzisieren. Dazu wurde jeder Rolle ein Aufgabenportfolio hinterlegt, welches die Unterschiede der einzelnen Rollen und Organisationseinheiten klar aufzeigt und gleichzeitig die Verantwortlichkeiten jeder Organisationseinheit beschreibt.

Im letzten Schritt galt es, die Schnittstellen für das Target Operating Model im Sinne der organisatorischen Beziehungen und Berichtswege innerhalb der Organisation zu definieren.

Umsetzung & Praxis

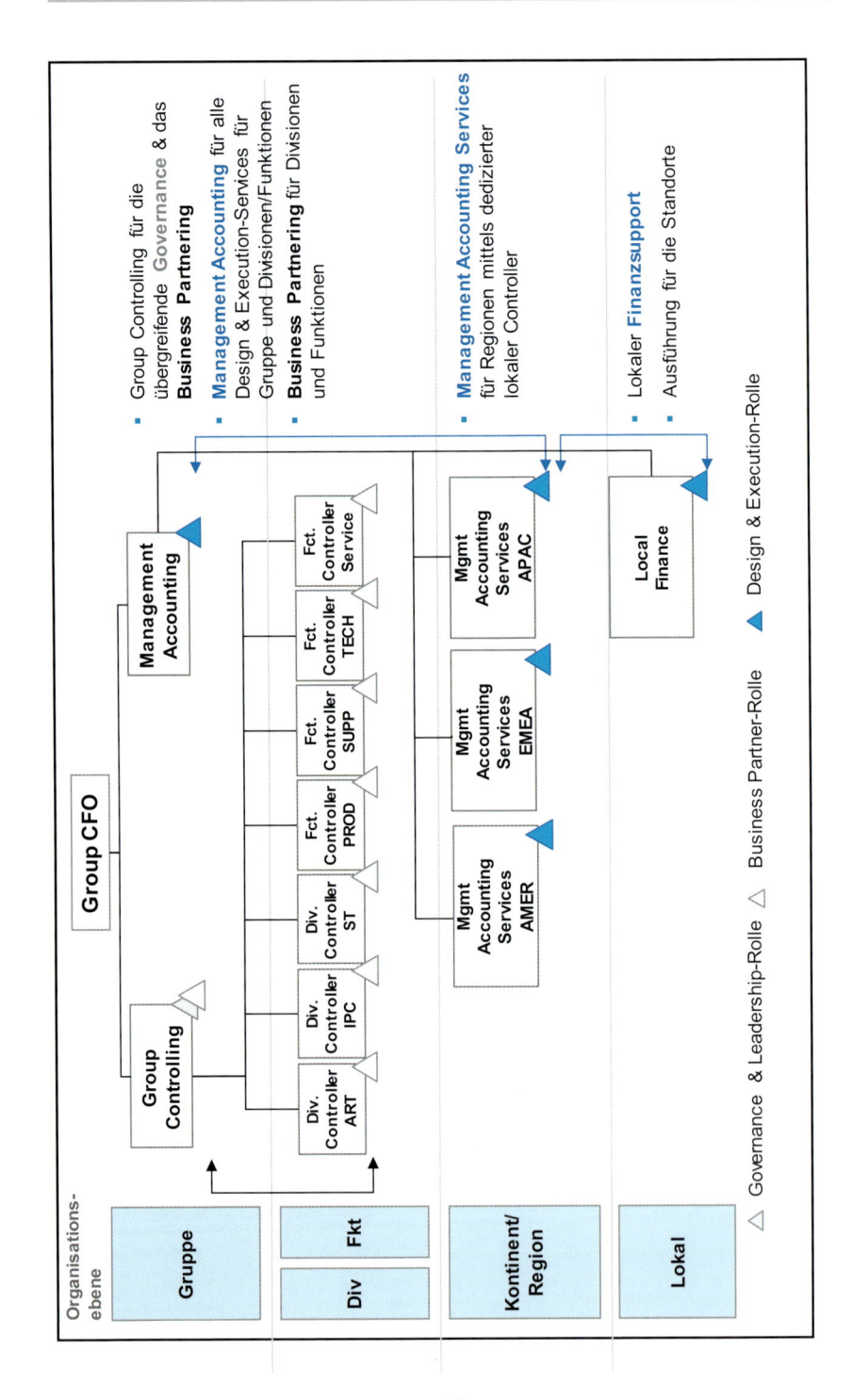

Abb. 3: Generisches Target Operating Model

3.3.4 Ausgestaltung organisatorischer Beziehungen und Definition der Berichtswege

Zur Ausgestaltung der organisatorischen Beziehungen und der entsprechenden Berichtswege musste die Frage beantwortet werden, wie zentral bzw. dezentral die Controllingorganisation aufgestellt werden soll, also welche Führungslinien zwischen den organisatorischen Einheiten zu ziehen sind.

- Wird das Controlling zentral organisiert, unterstehen die dezentralen Controller der Controllinginstanz auf oberster Managementebene und sind dieser sowohl disziplinarisch als auch fachlich unterstellt.
- Bei einer dezentralen Aufstellung liegt die fachliche und disziplinarische Weisungsbefugnis bei den Geschäftsbereichen.
- Denkbar ist aufgrund der Vor- und Nachteile, die sich aus den beiden Organisationsformen ergeben, auch die Anwendung einer Mischform, d.h. eine Trennung von disziplinarischer und fachlicher Führung durch Einführung einer Dotted-line-Organisation, mit dem Ziel, die Vorteile beider Organisationsformen zu verbinden.

Bei der Ausarbeitung ist dabei darauf zu achten, dass die Controllingorganisation gut in die Gesamtunternehmensorganisation eingebettet ist.[4]

Unter Berücksichtigung der bei Kistler erfolgten Umstellung von einer stark regional organisierten Gruppe zu einer divisionalen Organisation sowie der Zielsetzung, die globale Zusammenarbeit im Controlling zu stärken und einheitliche Controllingservices, unterstützt durch Standards und Vorlagen, zu erbringen, bildet im Rahmen der Ausgestaltung der Berichtlinien innerhalb der Controllingorganisation die fachliche Führung aus dem Controlling eine Minimalanforderung. Das Group Controlling und das Management Accounting sollen also die Controllingmitarbeiter auf den tieferen Unternehmensebenen fachlich führen.

Mit einer Dotted-line-Organisation wird das Controlling den Managementanforderungen gerecht

Um als unabhängige Berater auftreten zu können, wurden die Business Partner der Divisionen und Funktionen sowohl fachlich als auch disziplinarisch dem Group Controlling unterstellt. Die Zielvereinbarungen der Controller werden jedoch zusammen mit den jeweiligen Divisions- und Funktionsleitern ausgearbeitet.

Für diejenigen Ressourcen, die Service-Leistungen für die Regionen erbringen (Management Accounting Services), ist sowohl eine disziplinarische Führung durch das Management Accounting als auch durch das lokale Management denkbar, da bei der Erbringung von Service-Leistungen lokale Gegebenheiten vermehrt im Fokus stehen und die neu geschaffenen regionalen Service-Hubs aus ursprünglich lokal angesiedelten Controllern bestehen. Unter Berücksichtigung dieser Aspekte sowie

---

[4] Vgl. Müller/Schmidt, 2006, S. 715 ff.

der Unternehmensgröße bzw. der antizipierten Anzahl FTEs in den regionalen Service-Hubs wurde entschieden, die disziplinarische Führung lokal zu verankern. Die fachliche Führung indessen erfolgt zentral durch das Management Accounting. Mit zunehmendem Wachstum des Unternehmens und folglich auch wachsenden regionalen Service-Hubs relativieren sich allerdings die Vorteile einer lokalen disziplinarischen Führung und eine zentrale Führung durch das Management Accounting ist erneut abzuwägen.

4 Kritische Würdigung und Ausblick

Schaffung einer wachstumsfähigen Organisation

Entscheidend in der Ausarbeitung des neuen Controlling Target Operating Models war, dass eine nachhaltige und skalierbare Controllingorganisation entsteht. Dies wurde erreicht durch:

- die kritische Prüfung der Organisationsalternativen anhand der definierten Leitplanken,
- ein Rollenmodell, das unabhängig von bestehenden Hierarchien und Personen im Controlling definiert wurde,
- eine klare Aufgabenteilung durch die Zuteilung der heutigen und zukünftigen Aufgaben zu den einzelnen Rollen und damit einhergehend die Eliminierung von Überschneidungen im Aufgabenprofil und einer klaren Spezialisierung der Organisationseinheiten entsprechend der Rollen „Governance & Leadership", „Business Partner" und „Design & Execution",
- die Bildung von organisatorischen Einheiten, die auf die Steuerungssichten der Gruppe ausgerichtet, in der Gesamtunternehmensorganisation verankert sind sowie
- die Möglichkeit, Rollen in separate oder kombinierte Stellenprofile zu überführen, sodass das Controlling zusammen mit dem Gesamtunternehmen wachsen kann.

Das Konzept zur Neuausrichtung der Controllingorganisation wurde durch den CFO und das zentrale Controllingteam unter Einbezug des Executive Committee und mit Unterstützung von Horváth & Partners Management Consultants erarbeitet.

In einer weiteren Projektphase wurde das Prozessmodell untersucht und ein neues Soll-Prozessmodell für den Controllingbereich erarbeitet. So wurden die Verantwortlichkeiten der einzelnen organisatorischen Einheiten entlang der Controllingprozesse festgelegt und Schnittstellen sowie In- und Output-Objekte beschrieben. Folglich wurde abschließend die in der ersten Projektphase erarbeitete Organisationsstruktur nochmals überprüft und einzelne Aufgaben der Organisationseinheiten aus prozessualer

Sicht ergänzt. Mit der Bestimmung der Dimensionierung der neuen Organisation sowie der Erstellung eines Migrationsplans zur Überführung der alten Organisation in die neuen Strukturen wird das Konzept zur neuen Controllingorganisation abgeschlossen.

5 Literaturhinweise

Gleich/Göttling/Lauber/Overesch, Erfolgskritische Kompetenzen von Controllern, in: Gleich (Hrsg.), Controllingprozesse optimieren, 2013, S. 39–54.

Grönke/Heimel, Zukunftsgerichtete Kompetenzen für Controller – Kompetenzanforderungen an die Rollenbilder erfolgreicher Controller, in: Horváth/Michel (Hrsg.), Controller Agenda 2017, 2014, S. 289–298.

Meier/Stephan, Strategietransformation: Entscheidende Projektphase zwischen Strategieformulierung und -umsetzung, in: Klein/Kunz-Brenner/Stephan (Hrsg.), Enterprise Performance Management – Schritt für Schritt zu einem nachhaltig höheren Leistungsniveau, 2015, S. 35–52.

Müller/Schmidt, Controlling-Organisation: Best-Practice und Lösungsansätze, in: Gleich/Henke/Rast/Schentler (Hrsg.), Der Controlling-Berater – Beschaffungs-Controlling, 2006, S. 711–730.

Umsetzung & Praxis

Digitale Transformation und Controlling: Herausforderungen und Implikationen dargestellt am Beispiel der BASF

- Die immer stärkere Digitalisierung aller Lebensbereiche hat massive Auswirkungen auf Produkte, Wertketten und Geschäftsmodelle der Unternehmen.
- Das Controlling ist von dieser Entwicklung aufgrund der dramatischen Veränderungen im Bereich „Business" als auch im Bereich „Daten/Analytik" in besonderer Weise betroffen.
- Dies impliziert für die Zukunft sowohl ein neues Zielbild wie auch Rollenverständnis des Controllings.
- Vor diesem Hintergrund ergeben sich neue Anforderungen an die Methodenkompetenz des Controllings.

Inhalt		Seite
1	Digitale Transformation als Herausforderung für das Controlling	143
1.1	Veränderungen im Bereich Business	143
1.1.1	Treiber und ökonomische Wirkungen der digitalen Transformation	143
1.1.2	Reifegrade einer informationsbasierten Unternehmensführung	146
1.2	Veränderungen im Bereich Daten/Analytik	148
1.2.1	Neue Herausforderungen für das Management von Information	148
1.2.2	Auswirkungen auf Rollen und Zuständigkeiten	150
2	Auswirkungen auf Aufgaben, Rollen und Methodenkompetenzen des Controllings – dargestellt am Beispiel der BASF	152
2.1	Target Picture „Controlling 2025" der BASF	152
2.2	Meilensteine für das „Controlling 2025" der BASF	153
2.3	Die vier Rollen innerhalb des Controllings der BASF	156
2.3.1	Business Partner	156
2.3.2	Service Expert	157
2.3.3	Guardian	157
2.3.4	Pathfinder	157
3	Implikationen für die Methodenkompetenz des Controllings	159

4	Fazit	161
5	Literaturhinweise	162

■ Die Autoren

Prof. Dr. Andreas Seufert, Direktor des Instituts für Business Intelligence an der Steinbeis Hochschule Berlin sowie Leiter des Fachkreises BI/Big Data und Controlling des Internationalen Controller Vereins (ICV).

Dr. Kai Kruk, Senior Specialist im Corporate Controlling der BASF SE in Ludwigshafen.

1 Digitale Transformation als Herausforderung für das Controlling

Die immer stärkere Digitalisierung aller Lebensbereiche führt zu einer stetig ansteigenden, gigantischen Datenflut. Information ist zu einer strategischen Ressource geworden.[1] Die Fähigkeit, diese Daten nutzbar zu machen und in Wettbewerbsvorteile umzusetzen, ist zunehmend wettbewerbskritisch.[2]

Digitale Transformation als Herausforderung für die Methodenkompetenz

Die Entwicklungen rund um die Themen BI/Big Data und digitale Transformation der Unternehmen stellen das Controlling jedoch vor völlig neue Herausforderungen. Das Controlling ist hierbei in doppelter Hinsicht betroffen: Einerseits verändert die Digitalisierung massiv Geschäftsmodelle, Geschäftsprozesse, Strukturen und Produkte und damit die erforderliche Methodenkompetenz in seiner Rolle als Partner der Fachbereiche („Veränderungen im Bereich Business"). Andererseits verändern sich aber im Zuge der zunehmenden Digitalisierung die Möglichkeiten des Umgangs mit Informationen. Es entstehen völlig neue Technologien, neue Datengrundlagen und neue Analysemethoden („Veränderungen im Bereich Daten/Analytik"), die Rolle und Methodenkompetenz des Controllings dramatisch beeinflussen.

Ausgehend von einer Darstellung der Herausforderungen der digitalen Transformation beschreibt der Beitrag anhand des Beispiels der BASF die Implikationen für Aufgaben, Rollen und Methodenkompetenzen des Controllings.

1.1 Veränderungen im Bereich Business

1.1.1 Treiber und ökonomische Wirkungen der digitalen Transformation

Wesentlicher Treiber der Datenflut sind technologische Innovationen hinsichtlich der Generierung und Vernetzung neuer digitalen Daten. Hierbei können verschiedene Phasen unterschieden werden.[3]

Treiber der digitalen Transformation

Phase 1 – Internet der Menschen: Technologien im Umfeld Social Networking führen, z.B. basierend auf neuen (mobilen) Devices, zu einem massiven Anschwellen der Datenvolumina durch Generierung und Vernetzung des sog. „User Generated Content". Dies kann direkt erfolgen, z.B. durch aktive Nutzung von Chat-, Foto- oder Videofunktionen. In immer stärkerem Maße erfolgt dies aber auch indirekt, durch

---

[1] Vgl. Ghasemkhani et al., 2014; Soule et al., 2014.
[2] Vgl. Brynjolfsson et al., 2011; Seufert/Sexl, 2011.
[3] Vgl. Seufert et al., 2014.

automatische Aufzeichnungen von Position und Umgebungsbedingungen. Beispielsweise im Rahmen von Navigationsprofilen oder Biotracking/Quantified Self mit Hilfe der eingebauten Sensorik (z. B. Bewegungen, Temperaturen, Puls etc.).

Phase 2 – Internet der Dinge (Internet of Things/IoT): Wesentlich umfangreichere Datenmengen werden allerdings zusätzlich durch die gerade erst am Anfang stehenden Entwicklungen im Bereich der Erfassung und Vernetzung von Maschinendaten erwartet. Diese sog. Machine-to-Machine Kommunikation soll es ermöglichen, Maschinendaten in Echtzeit zu vernetzen und in Wertschöpfungsprozesse zu integrieren. Schlagworte in diesem Kontext sind z. B. Industrie 4.0 i.e.S. (Smart Factory), vernetztes Zuhause (Smart Home), vernetzte Energieerzeugung und Verteilung (Smart Grids), oder vernetztes Automobil/Fahren.

Ökonomische Wirkungen der digitalen Transformation

Die Auswirkungen dieser zunehmenden Digitalisierung haben erhebliche ökonomische Auswirkungen. Zum einen auf die Produkte und Dienstleistungen von Unternehmen, zum anderen aber auch auf die Wertketten und Geschäftsmodelle.

Steigende Informationsintensität in den Produkten/Services: Einerseits steigt in den eigentlichen Produkten bzw. Dienstleistungen die Informationsintensität. Traditionelle physische Produkte werden zunehmend durch Technologien wie z. B. Sensorik angereichert und vernetzt. Diese sog. smarten Produkte wie (z. B. Smartphone, Smart-TV aber auch Connected Car Dienste) können Information generieren und verarbeiten. Häufig sind sie jedoch auch nur eine Zwischenstufe zu vollständig digitalen Produkten, die ehemals physische oder smarte Produkte substituieren. Zu beobachten ist dabei, dass die Umwandlung ehemals physischer Produkte in digitale Produkte und Dienstleistungen immer schneller neue Bereiche erfasst (z. B. Musik, Filme, Bücher, Vermittlungsdienste, digitale Assistenten etc.). Treiber dieser Entwicklung sind komparative Vorteile digitaler Produkte im Vergleich zu physischen Produkten.[4]

Steigende Informationsintensität in der Wertkette: Darüber hinaus ist eine immer stärkere Digitalisierung der Wertketten bzw. einzelner Wertschöpfungsstufen zu beobachten. Dies führt in einer ersten Stufe zu einer immer stärkeren Verlagerung von Kundenkontakten, Distribution und Vertrieb in die Informationssphäre. Zudem werden die Arbeitsteilung und Vernetzung massiv vorangetrieben. Dies führt zu einer Neuorganisation von Wertschöpfungsstufen. Teilweise fallen einzelne Stufen der Wertschöpfung komplett weg, z. B. da Hersteller den direkten Kontakt zu den Endkunden suchen, andererseits kommen neue Marktteilnehmer hinzu, die sich mit digitalen Services/Produkten gezielt in bestimmte

---

[4] Vgl. Seufert et al., 2014.

Bereiche von Wertketten drängen (z. B. Uber, Airbnb). Insgesamt wird die Leistungserstellung im Rahmen von Wertschöpfungsnetzwerken immer unabhängiger von bestehenden Unternehmensgrenzen in flexibler Weise und unter Einbeziehung von Partnern bzw. ganzer Eco-Systemen organisiert. Dabei gilt es, die Wechselwirkungen zwischen Digitalisierung der Produkte/Services und Digitalisierung der Wertketten zu beachten. Die Substitution ehemals physischer Güter durch digitale Güter kann dramatische Auswirkungen auf die Wertketten nach sich ziehen. Wenn ein physisches Produkt (z.B. Schlüssel, Geld) erst einmal in ein digitales Produkt (z.B. ein Stück Software oder eine App auf dem Smartphone) umgewandelt wurde, bedeutet das nicht nur, dass das physische Produkt nicht mehr benötigt wird, sondern die ganze dahinterliegende Wertkette (Maschinen, Rohstoffe etc.).

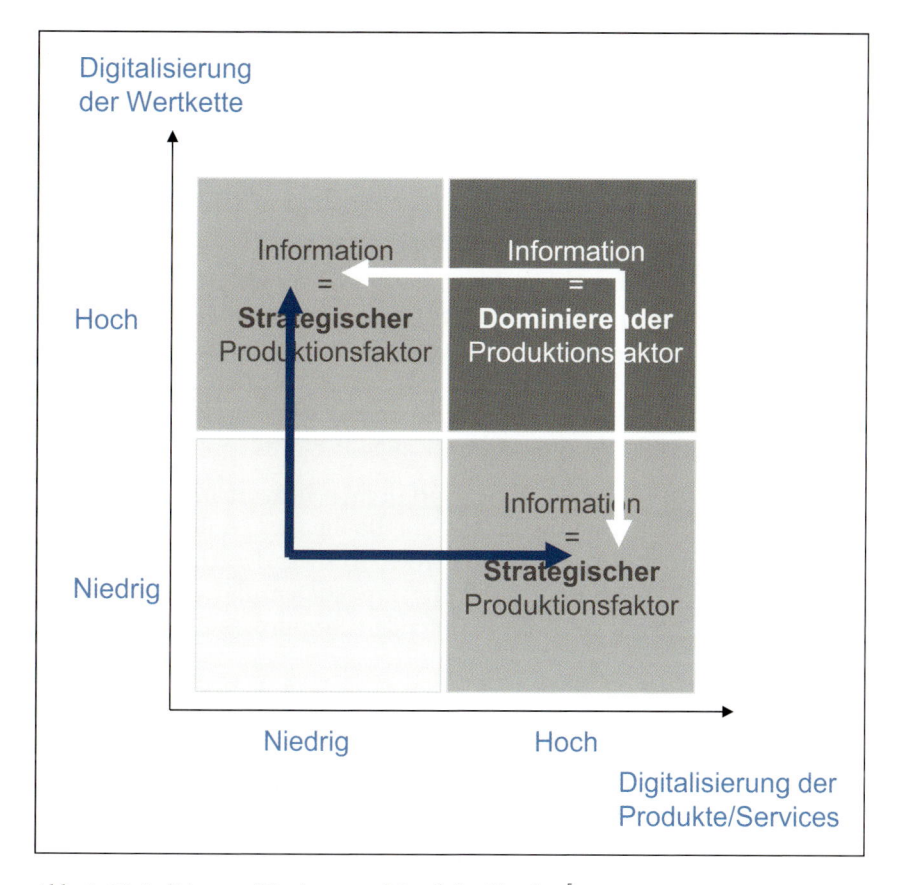

Abb. 1: Digitalisierung Wertkette und Produkte/Services[5]

---

[5] In Anlehnung an Seufert, 2016a.

Veränderungen des Wettbewerbsumfeldes

Im Kontext der steigenden Informationsintensität in Produkten/Services und Wertketten ist eine massive Veränderung des Wettbewerbsumfelds beobachtbar. Während Unternehmen aus traditionellen Branchen versuchen, ihre digitale Kompetenz entlang der Wertkette und der Produkte/Service aufzubauen, weiten sog. Digitale Champions wie z.B. Google/Alphabet oder Amazon ihr Betätigungsfeld auf neue Branchen und Wertketten/-teile aus.

Gewinnung und Nutzung von Informationen als Kernkompetenz

Vor diesem Hintergrund besteht eine zentrale Herausforderung für Unternehmen darin, die Gewinnung und Nutzung von Informationen als Kernkompetenz zu begreifen, um sich im Wettbewerb zu behaupten bzw. Wettbewerbsvorteile zu erzielen. Die zunehmende Digitalisierung der Unternehmen setzt entsprechende Kompetenzen im Umgang mit (digitalen) Informationen voraus.[6]

1.1.2 Reifegrade einer informationsbasierten Unternehmensführung

Integrierter Gesamtansatz informationsbasierter Unternehmensführung

Business Intelligence (BI)/Big Data und Analytics stehen in diesem Kontext für einen integrierten Gesamtansatz, moderner, informationsbasierter Unternehmensführung.[7] Dabei haben sich Umfang und Reichweite in den letzten Jahren deutlich weiterentwickelt. Empirisch lassen sich unterschiedliche BI/Big Data Reifegrade beobachten.[8]

BI/Big Data Reifegrade

Stufe 1 – Unternehmensbereiche: Traditionell wurde Business Intelligence häufig isoliert in ausgewählten betrieblichen Funktionalbereichen eingesetzt. Typische Hauptanwendungsgebiete waren lange Zeit die Bereiche Finanzen/Controlling und Marketing/Vertrieb. Verstärkt zu beobachten ist eine Ausweitung der einbezogenen Funktionen z.B. auf die Bereiche Logistik, Produktion oder auch Personal.

Stufe 2 – Interne Prozesse: Eine empirisch beobachtbare Erweiterung besteht im prozessorientierten Einsatz von BI/Big Data. Auffällig ist dabei, dass viele Unternehmen zunächst in den Ausbau der Unterstützungsprozesse (z.B. Finanzen/Konsolidierung) investieren und erst allmählich beginnen, die eigentlichen wertschöpfenden Kernprozesse analytisch zu durchdringen.

Stufe 3 – Interne und externe Prozesse: Eine weitere Reifegradstufe besteht in der zunehmenden Ausweitung auf unternehmensübergreifende Unterstützungs- und Wertschöpfungsprozesse, beispielsweise für die Liquiditätssteuerung im Verbund oder die unternehmensübergreifende Steuerung der Supply Chain in Echtzeit.

---

[6] Vgl. Soule et al., 2014; Soule et al., 2016.
[7] Vgl. Kemper et al., 2004.
[8] Vgl. Seufert, 2016a.

Stufe 4/Stufe 5 – Branchentransformation und neue Geschäftsmodelle sowie Management umfassender Wertschöpfungsnetzwerke: Die Nutzung der Ressource Information zur Etablierung neuer Geschäftsmodelle bzw. zur Etablierung ganzer Eco-Systeme befindet sich bei „traditionellen" Unternehmen bislang vielfach erst am Anfang. Ganz anders stellt sich die Situation in Industrien dar, in denen Information schon heute der dominierende Produktionsfaktor ist. Das Zusammenspiel interner und externer Informationsstrukturen, z. B. auf Basis von Cloud-Diensten spielt hierbei eine zentrale Rolle.[9] Hierbei werden systematisch neue Datengrundlagen erschlossen, vernetzt und mittels Advanced Analytik intensiv für die Etablierung neuer disruptiver Geschäftsmodelle, die Transformation ganzer Branchen sowie die Steuerung umfassender Eco-Systeme eingesetzt (z. B. Apple, Amazon, Facebook, Google/Alphabet). Diese „digitalen Champions" weiten ihre Tätigkeitsfelder kontinuierlich aus und konkurrieren ganz oder in Teilen von Wertketten zunehmend mit Unternehmen aus „traditionellen" Branchen.

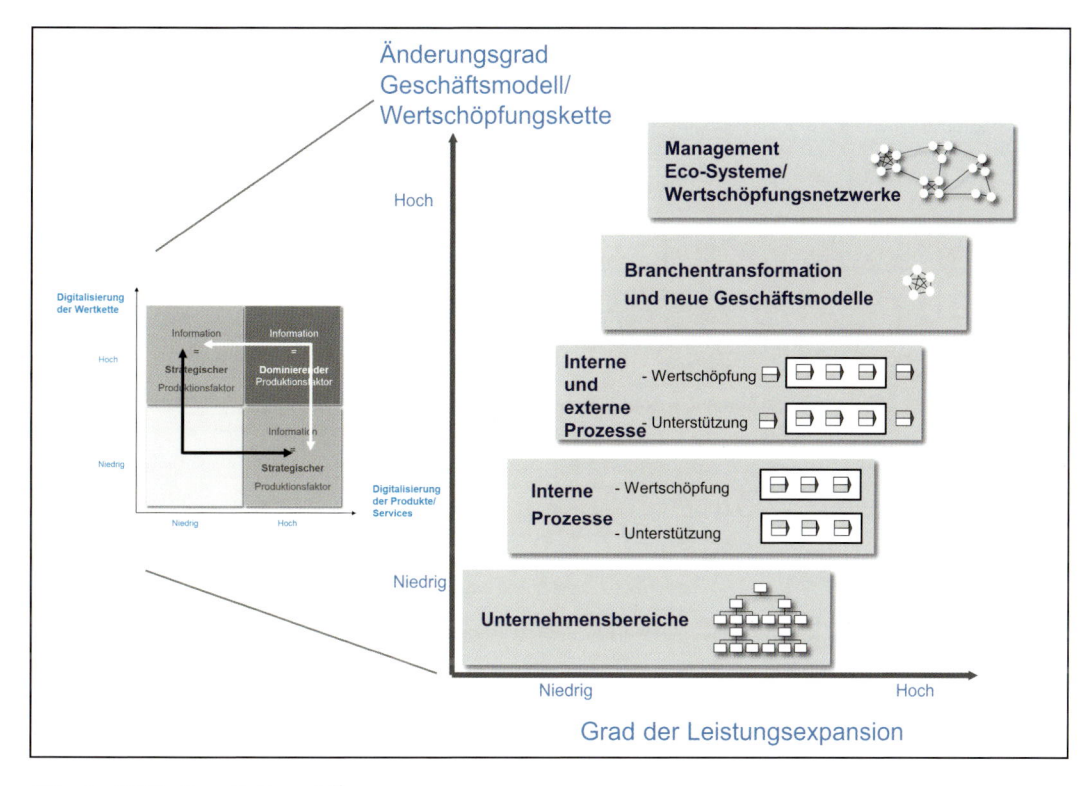

Abb. 2: BI/Big Data Reifegrade[10]

---

[9] Vgl. Seufert/Bernhardt, 2011.
[10] In Anlehnung an Seufert, 2016a.

Umsetzung & Praxis

Nachfolgende Abbildung skizziert überblicksartig den Zusammenhang zwischen Digitalisierung der Wertketten und Produkte/Services sowie dem Reifegrad von BI/Big Data im Umfeld der Digitalisierung.

Information als strategische Ressource

Festzuhalten ist daher: Die Erschließung und Nutzung von Information ist zu einem zentralen Wettbewerbsfaktor geworden. Durch die Digitalisierung wird diese Bedeutung weiter zunehmen. Ziel ist es, nicht mehr nur Informationen als Grundlage für aktuelle Entscheidungen im angestammten Geschäftsumfeld zu nutzen. Informationen sind vielmehr selbst Bestandteil von Innovationen, welche Geschäftsmodelle grundlegend verändern können.

1.2 Veränderungen im Bereich Daten/Analytik

1.2.1 Neue Herausforderungen für das Management von Information

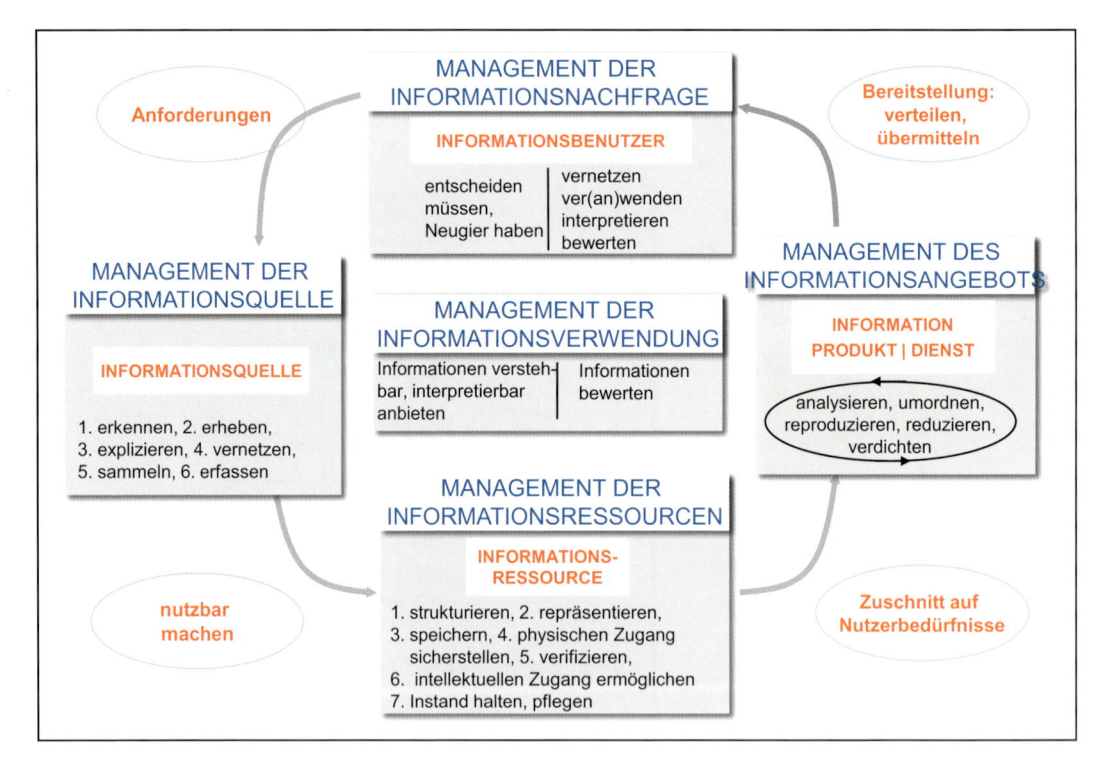

Abb. 3: Lebenszyklusmodell des Managements von Informationen[11]

Der richtige Umgang und Einsatz von Informationen ist zunehmend entscheidender dafür, ob es gelingt, sich im Wettbewerb zu behaupten.

---

[11] In Anlehnung an Seufert/Oehler, 2016; Krcmar, 2010.

In diesem Kontext können – wie nachfolgend skizziert – verschiedene Phasen identifiziert werden.

Das **Management der Informationsquellen** umfasst das Erschließen, d. h. die Identifikation, den Zugriff, die Vernetzung und das Zusammenführen unternehmensrelevanter Quellen. Bislang haben die Unternehmen primär auf interne operative Systeme, wie z. B. SAP oder analytische Systeme wie Data Warehouses zurückgegriffen. Durch die massive Digitalisierung nahezu aller Lebensbereiche kommen jedoch völlig neue Informationsquellen hinzu. Diese neuen Quellen, wie z. B. Sensordaten, Social Web Daten stellen die Unternehmen angesichts der Datenvolumina aber auch hinsichtlich ihrer Struktur vor erhebliche Herausforderungen.[12] Die strategische Nutzung diese Informationsquellen steht bei vielen Unternehmen aktuell erst am Anfang. Gleichwohl wird aber die Attraktivität dieses bislang ungenutzten Potentials als sehr hoch eingeschätzt.[13]

Management der Informationsquellen

Das **Management der Informationsressourcen** adressiert die Nutzbarmachung der erschlossenen Informationen. Zu diesem Zweck müssen Informationen häufig neu strukturiert, in einer anderen Form repräsentiert oder in andere Speicherformen, wie z. B. Big Data Storages, Cloud basierte Data-Plattformen überführt werden. Im Rahmen des Managements des Informationsangebotes werden diese Informationen in entscheidungsrelevante Formen überführt. Zu diesem Zweck werden analytische Verfahren beispielsweise für Ursache-Wirkungsanalysen (Kausalanalytik) oder Vorhersagen (Prognoseanalytik) eingesetzt. Während sich in den Unternehmen die Nutzung mehrdimensionaler Entscheidungsmodelle (OLAP) zwischenzeitlich gut etabliert hat, stellt die Nutzung dieser sog. Advanced Analytik die Unternehmen aufgrund fehlenden Know-hows vor erhebliche Herausforderungen.[14] Unabhängig davon wird der Nutzung dieser Verfahren ein sehr hohes Potential zugesprochen.[15]

Management der Informationsressourcen

Neben der Erweiterung um neue Datenquellen ist die Aufbereitung und Nutzbarmachung der Daten, d. h. das **Management des Informationsangebotes**, von zentraler Bedeutung. Hierbei spielt insbesondere die Nutzung moderner, fortschrittlicher Analyseverfahren eine wichtige Rolle. Dies umfasst sowohl die Auswahl geeigneter Analyseverfahren als auch die betriebswirtschaftliche Konzeption relevanter KPI's sowie Steuerungs- und Entscheidungsmodelle. Um beurteilen zu können, welche Datengrundlagen für welche Anwendungszwecke sinnvoll sind und hierfür Entscheidungsmodelle konzipieren zu können, ist allerdings einerseits ein sehr tiefes Verständnis des Geschäftsmodells sowie der Treiber/Einflussgrößen

Management des Informationsangebotes

---

[12] Vgl. Seufert, 2014a.
[13] Vgl. Seufert/Oehler, 2016.
[14] Vgl. Seufert, 2014b.
[15] Vgl. Seufert/Oehler, 2016.

Umsetzung & Praxis

des jeweiligen Einsatzbereiches (z.B. Logistik, Vertrieb) erforderlich. Hinzu kommt, dass die Potentiale fortschrittlicher Analyseverfahren für diese Einsatzbereiche nur genutzt werden können, wenn ein grundlegendes Verständnis über die Einsatz- und Nutzungsmöglichkeiten fortschrittlicher Analyseverfahren (mathematisch-statistischer bzw. Mining Verfahren) vorhanden ist. Auch in diesem Bereich gibt es in vielen Unternehmen einen erheblichen Nachholbedarf.[16] Eine Vielzahl von Unternehmen nutzt aktuell v.a. einfache, traditionelle Analyseverfahren. Dies zeigt sich empirisch sowohl in der Nutzung der Werkzeugklassen als auch in der Nutzungsintensität fortschrittlicher Verfahren. Gleichwohl werden auch hier die Potentiale für völlig neue Wertbeiträge dieser Analyseverfahren erkannt.[17]

1.2.2 Auswirkungen auf Rollen und Zuständigkeiten

Agilität in der Informationsversorgung als Treiber

Für die Informationsversorgung der Entscheidungsträger in Unternehmen hat sich über die Jahre eine Reihe von Mechanismen etabliert. Beispielsweise werden für fest definierte Frequenzen Standardberichte mit fest definiertem Inhalt generiert. Darüber hinaus erlauben Management-Cockpits oder Dashboards häufig einen flexibilisierten Abruf vordefinierter Inhalte für Analysezwecke (z.B. Änderung des Zeitraumes, der Region oder der betrachteten Kennzahl).

Im klassischen BI Ansatz ist die Flexibilität der Fachanwender allerdings stark eingeschränkt. Dashboards bzw. Managementcockpits werden häufig durch die IT erstellt und mit den relevanten Informationen befüllt. Der Self-Service Ansatz ermöglicht es im Gegensatz dazu, dass Mitarbeiter aus Fachabteilungen die Aufgaben der Berichterstellung, -modifikation und -visualisierung zunehmend unabhängig von der zentralen IT durchführen können.

Die wesentlichen Treiber des Self-Service BI/Big Data Ansatzes resultieren stark aus den Veränderungen des Wettbewerbsumfeldes. In einer vom TDWI durchgeführten Studie sahen 65 % der Befragten die Veränderungsgeschwindigkeit des Geschäftsumfeldes als wesentlichen Grund für Self-Service-Ansätze.[18] Eine zentrale, vollständig durch die IT realisierte Informationsversorgung sahen die Befragten als nicht geeignet an, um die rasch wechselnden Anforderungen der Fachbereiche abdecken zu können. Hinzu kommt, dass die zentrale IT durch ständig neue technologische Entwicklungen ihrerseits hinsichtlich der eigenen Ressourcen anderweitig stark beansprucht ist.

---

[16] Vgl. Seufert, 2014a.
[17] Vgl. Seufert, 2016b.
[18] Vgl. Imhoff/White, 2011, S. 9f.

Die gestiegene Komplexität im Wettbewerbsumfeld macht es zu dem erforderlich, dass der Bedarf an immer mehr und verschiedenartiger Analytik im Unternehmen dramatisch ansteigt. Diese zusätzliche Nachfrage ist durch die zentrale IT immer schwieriger abbildbar. Daher versuchen Unternehmen immer stärker die analytische Kompetenz unternehmensweit auf- und auszubauen. 54 % der Befragten der TDWI Studie sehen das Ziel einer „analytics-driven organization" als wesentliches Ziel von Self-Service-Ansätzen.[19]

Ein weiterer wesentlicher Treiber für Self-Service BI/Big Data ist der zunehmende Engpass bezüglich Know-how im Unternehmen und die Verfügbarkeit neuer geeigneter Mitarbeiter auf dem Markt.[20] Empirisch lässt sich dies sowohl für den Bereich der Erschließung von Datengrundlagen als auch den Bereich der Analytik feststellen.[21]

MANAGEMENT DER INFORMATIONSQUELLE	MANAGEMENT DER INFORMATIONSRESSOURCEN	MANAGEMENT DES INFORMATIONSANGEBOTS	MANAGEMENT DER INFORMATIONSNACHFRAGE
BI/ Big Data Developer	BI/ Big Data Developer	BI/ Big Data Developer	Information Collaborators
Information Producers	Information Producers	Information Producers	Information Consumers
1. erkennen, 2. erheben, 3. explizieren, 4. vernetzen, 5. sammeln, 6. erfassen	1. strukturieren, 2. repräsentieren, 3. speichern, 4. physischen Zugang sicherstellen, 5. verifizieren, 6. intellektuellen Zugang ermöglichen	analysieren, umordnen, reproduzieren, reduzieren, verdichten	entscheiden müssen, Neugier haben / vernetzen ver(an)wenden interpretieren bewerten
	7. Instand halten, pflegen		

Interne Datenquellen
• Interne Daten aus operativen Systemen (z.B. SAP ERP)
• Interne Daten aus analytischen Systemen (z.B. Data Warehouse)
• Interne Daten aus Content/ Knowledge Management Systemen
• Interne Daten aus Web 2.0 Anwendungen (z.B. Wikis, Soziale Netze)
• Interne Maschinen Daten (z.B. Sensorik/ RFID)
• ...
	Informations-ressourcen
	• Data Warehouse
	• Analytische Datenbanken
	• Big Data Storages
	• Cloud Data Plattformen
	• ...
		Informations-produkte/ Dienste
		• Multidimensionale entscheidungsmodelle (OLAP)
		• Advanced Analytik Modelle
		  - Kausalanalytik
		  - Prognoseanalytik
		  - Simulation-autonome Modelle
			Informations-benutzer
			• Management-Cockpits/ Dashboards
			• Reports (Standard/ Ad-Hoc)

Externe Datenquellen • Externe Daten von Kooperationspartnern (z.B. Bestellungen, Qualität) • Externe Daten von Datenprovidern (z.B. Soziodemografische Daten) • Externe Daten von Websites (z.B. elektronische Marktplätze) • Externe Daten aus dem Social Web (z.B. Soziale Netzwerke, Blogs) • ...			

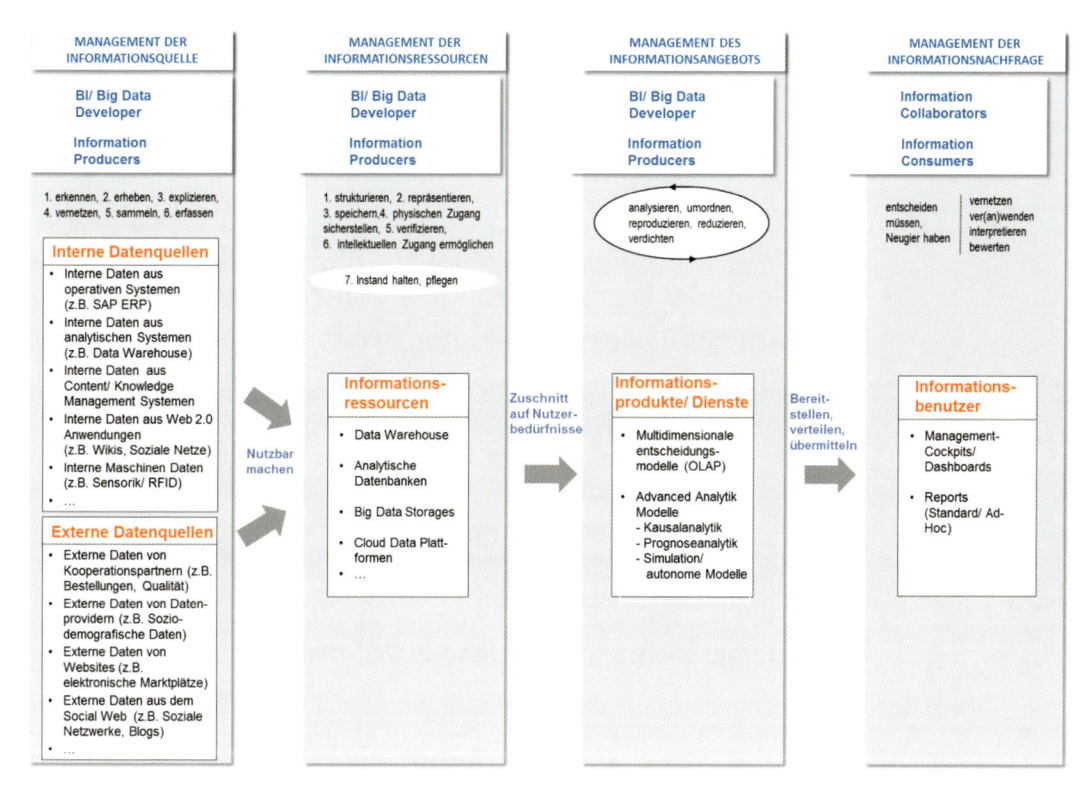

Abb. 4: Information Supply Chain und Rollen im Kontext von Self-Service BI/Big Data[22]

---
[19] Vgl. Imhoff/White, 2011, S. 9 f.
[20] Vgl. Zillmann, 2014, S. 15.
[21] Vgl. Seufert, 2014b.
[22] Seufert, 2016b.

Self-Service-Konzepte verändern die Rollen

Die umfassende Einführung eines Self-Service BI/Big Data-Ansatzes führt zu einer deutlichen Verschiebung der traditionellen Rollen innerhalb der Informationswirtschaft. Sie bedingt – wie Abb. 4 veranschaulicht – insbesondere eine deutliche Ausweitung und Aufwertung der Rolle des Information Producers.

In klassischen BI/Big Data Ansätzen übernahm die zentrale IT weite Teile der Information Supply Chain – von der Auswahl der Informationsquellen, über die Bereitstellung der Informationsressourcen bis hin zur Erstellung von z. B. multidimensionalen Entscheidungsmodellen.

Im Rahmen von Self-Service BI/Big Data sollen Informationsproduzenten wie Business Analysten, technologieaffine Fachanwender oder eben auch das Controlling in die Lage versetzt werden, große Teile dieser Aufgaben zu übernehmen. Neben entsprechenden Governance Regelungen und dem Einsatz entsprechender Werkzeuge sind hierfür v. a. eine entsprechende Zusammenarbeit der IT mit den Informationsproduzenten (z. B. Bereitstellung von Business Sicht auf die Daten) sowie eine umfassende Entwicklung der informationellen Skills seitens der Informationsproduzenten erfolgskritisch.

2   Auswirkungen auf Aufgaben, Rollen und Methodenkompetenzen des Controllings – dargestellt am Beispiel der BASF

Die digitale Transformation beeinflusst auch Geschäftsmodell, Strukturen und Prozesse der BASF Gruppe. Vor diesem Hintergrund und einer Reihe weiterer Entwicklungen hat das Unternehmen ein Konzept entwickelt, welches die Herausforderungen für BASF aufgreift und in ein neues Zielbild des Controllings überleitet. Auf dieser Basis wurden Meilensteine für die Umsetzung sowie ein neues Rollenkonzept etabliert.

2.1   Target Picture „Controlling 2025" der BASF

Rolle des Corporate Controllings bei BASF

Das Corporate Controlling der BASF SE führt funktional die Controlling Community der BASF Gruppe, steuert die Konzernberichterstattung und -budgetierung und verantwortet die Weiterentwicklung und Pflege gruppenweiter Berichterstattungs- und Steuerungsapplikationen. Ein weiterer Schwerpunkt des Corporate Controllings liegt darin, Innovationen nutzbar zu machen und Konzepte ein- und Projekte durchzuführen, die das Controlling und die Geschäftssteuerung der BASF weiterentwickeln. Zudem ist die globale Shared Service Organisation des Controllings („Controlling Services") unter dem Dach des Corporate Controllings gebündelt, so dass neben der Rolle als Governance und Stabseinheit auch eine Rolle als interner Dienstleister besteht.

Die Vielfalt des Controllings spiegelt sich in der Vielfalt der Tätigkeiten und Herausforderungen der Controlling Community wider. Die Controller der BASF finden sich in allen Einheiten einer komplexen Matrixorganisation wieder: In operativen Geschäftsbereichen, funktionalen Einheiten, Verbundstandorten, Regionaleinheiten, Landesgesellschaften, Forschungsbereichen sowie im operativen und strategischen Konzerncontrolling. Hinzu kommen ein sich stetig wandelndes volatiles Marktumfeld und eine voranschreitende Digitalisierung. Die zunehmende Verfügbarkeit von Massendaten (Big Data) bietet enorme Potenziale und verlangt nach einer Positionierung des Controllings. Unabhängig davon, ob man das Controlling als passiven Zeugen oder als aktiven Treiber dieser Entwicklung ansieht, ist eine Positionierung erforderlich, um die Zuständigkeit für dieses wichtige Thema zu klären. Der Aufbau einer globalen Shared Service Organisation für das Controlling stellt eine weitere große Veränderung für das Controlling der BASF dar, das die Arbeitsteilung und mithin Spezialisierung des Controllings vorantreibt.

Hintergrund des Target Picture

Die Heterogenität der Aufgaben einerseits und die internen und externen Chancen und Herausforderungen andererseits veranlassten das Corporate Controlling dazu zu hinterfragen, ob das Controlling der BASF hinreichend auf die zukünftigen Änderungen und Anforderungen vorbereitet war. In einem strukturierten Prozess entstand ein ausgereiftes Konzept, das Leitplanken für das Controlling der BASF bis zum Jahr 2025 setzt. Vorangetrieben wurde das Projekt durch das Corporate Controlling der BASF unter enger Einbindung aller Controller und anderer interner Stakeholder.

Der Dialog mit Wissenschaftlern und externen Unternehmensberatern bestätigte die hohe Relevanz und das Ambitionsniveau des entstandenen Target Picture „Controlling 2025". Dieses umfasst nicht nur Meilensteine für die Jahre 2020 und 2025 sowie eine detaillierte Roadmap bis zum Jahr 2020, sondern auch ein revidiertes Rollenkonzept und eine an das aktuelle und zukünftige Umfeld angepasste Controller Mission. Im Rahmen zahlreicher Kommunikationsmaßnahmen wird das Target Picture in die Organisation getragen und für alle Controlling-Mitarbeiter greifbar gemacht.

2.2 Meilensteine für das „Controlling 2025" der BASF

Eine der Zielsetzungen des Target Picture „Controlling 2025" ist es zu definieren, was das Controlling der BASF bis zum Jahr 2025 erreichen möchte. Diese Ziele wurden in der Form von Meilensteinen für die Jahre

Zielsetzung

2020 und 2025 definiert und in einer detaillierteren Roadmap bis zum Jahr 2020 heruntergebrochen. Die kurzfristigen Ziele des jeweiligen nächsten Jahres werden in einem Vorschlags- und Abstimmungsverfahren gemeinsam mit der dezentralen Controller Community festgelegt und orientieren sich stark an den übergeordneten Meilensteinen. Ausgehend vom Status Quo („Achievements 2015") beschreiben die Meilensteine die Evolution von Kernprozessen des Controllings (u.a. Berichterstattung, Steuerung, Planung), der Organisation des Controllings und der Personalentwicklung.

„Controlling 4.0 in place"

Die Meilensteine für das Jahr 2020 tragen den Untertitel „Controlling 4.0 in place" und veranschaulichen somit die Bedeutung der Digitalisierung für das Controlling. Das Controlling wird einerseits stärker von der Technologie beeinflusst, andererseits soll das Controlling die Potenziale des technischen Fortschritts nutzen um den Geschäftserfolg der BASF zu sichern. Dieses Rollenverständnis des Controllings für die Zukunft findet seinen Niederschlag in den Meilensteinen für 2020.

- Die technischen Veränderungen umfassen nicht alleine die allgegenwärtige Digitalisierung und Vernetzung, sondern auch die Verfügbarkeit von Daten und deren intelligente Nutzbarmachung für die Organisation. Als Funktion mit Schnittstellen zu zahlreichen anderen Funktionen, ausgeprägter analytischer Orientierung, Zahlenaffinität und kaufmännischer Erfahrung sind Controller prädestiniert dafür, die Chancen von Big Data für BASF nutzbar zu machen.

- Bis 2020 soll die Weiterentwicklung der internen IT-Struktur hin zu einem integrierten Reporting-System vollzogen sein, das dank des Zugriffs auf funktionsübergreifende Daten, einer ansprechenden Nutzeroberfläche und grafischer Auswertungsmöglichkeiten eine effiziente und effektive Nutzung der Daten ermöglicht. Die Nutzung des heutigen globalen Business Warehouse wird durch die Trennung der Daten in unterschiedliche Applikationen sowie wenig nutzerfreundliche Oberflächen erschwert.

- Eine Zusammenführung mehrerer Konsolidierungssichten soll in Zukunft eine erhebliche Komplexitätsreduktion herbeiführen. Gegenwärtig werden im Rahmen eines Co-Innovationsprojekts mit anderen globalen Konzernen die Weichen hierfür gestellt.

- Die Zusammenarbeit einer zunehmend arbeitsteiligen Controlling Community soll auf hohem Niveau weiterentwickelt werden. Dies beinhaltet auch eine Etablierung der vier Controller-Rollen (siehe nächster Abschnitt) in allen Bereichen der Organisation sowie moderne Formate des Austauschs und der Vernetzung von dezentralen und zentralen Controllingeinheiten.

- Die Personalentwicklung über die funktionalen Grenzen des Controllings hinaus soll verstärkt werden. Während die Personalentwicklung innerhalb des Controllings und zu „Nachbarfunktionen" wie dem Finanzbereich bereits sehr gut funktioniert, werden die Werkzeuge für Wechsel in andere Funktionen bis zum Jahr 2020 stetig weiterentwickelt.

Die Meilensteine für das Jahr 2025 tragen den Untertitel „Controlling driving Agility" und unterstreichen den Anspruch an das Controlling, als Trendverstärker und Katalysator für Ideen innerhalb der BASF-Organisation zu fungieren (s. Abb. 5). Unter anderem mit Hilfe einer dynamischen Controlling Community können Unternehmen schnell auf externe Veränderungen reagieren und Marktchancen nutzen. Die Meilensteine für das Jahr 2025 sind bewusst abstrakt gehalten und erfordern eine Konkretisierung im Zeitverlauf.

„Controlling driving Agility"

- Analysen auf Basis von Big Data werden im Jahr 2025 zum Standardwerkzeug von (u.a.) Controllern gehören. Die Verbreitung des zugehörigen Wissens und die Bereitstellung technischer Werkzeuge wird ein Hauptaugenmerk des Controllings sein. Der Aufbau entsprechender Mitarbeiter und deren Vernetzung werden in den nächsten Jahren systematisch forciert.
- Anwendungsgebiete von Big Data sind entsprechend weitgehend automatisierte Planungs- und Forecasting-Prozesse, die auf statistischen Prognosemodellen („predictive analytics") basieren. Die Planung wird auf Treibermodellen aufbauen, die flexibel auf die Veränderung externer Parameter reagieren.
- Die Controlling Community der BASF wird Innovationen innerhalb und außerhalb des Controllings noch stärker vorantreiben. Dies wird die Wettbewerbsfähigkeit der Prozesse und der Organisation des Controllings sicherstellen. Zudem sollen vom Controlling verstärkt Anstöße für die Weiterentwicklung von Geschäftsmodellen der BASF ausgehen.
- Die Personalentwicklung innerhalb und außerhalb der Rollen des Controllings wird in der Organisation stark verankert sein und eine Vielzahl von Entwicklungspfaden ermöglichen und fördern.

Target Picture "Controlling 2025"
Milestones 2020 and 2025

Achievements 2015
Direction defined

- Implementation of "Reporting & Analytics Strategy" and "Future Consolidation" initiated
- Market-oriented business steering and target setting enabled
- Operational Planning and SBU strategies aligned
- Business Partnering established in Controlling
- Controlling Services set up
- Comprehensive personnel development in Controlling Community in place

Milestones 2020
Controlling 4.0 in place

- "Big Data" usage rolled out and change management in full swing
- Users excited about fully integrated cross-functional reporting and business analysis
- Operational and market view consolidation combined
- Target setting supported by driver-based scenario planning
- Controlling Community collaborating across well-defined roles in business, governance and services
- Effective cross-functional personnel development implemented

Milestones 2025
Controlling driving agility

- Use of "Big Data" concepts, information and technology is standard in Controlling, and beyond…
- Driver-based planning and forecasting based on predictive analytics
- Controlling Community pushing permanent process and business model innovation, maximizing value impact for BASF Group
- All career development patterns in different Controlling roles highly appreciated

Abb. 5: Target Picture „Controlling 2025" der BASF – Meilensteine

2.3 Die vier Rollen innerhalb des Controllings der BASF

2.3.1 Business Partner

Das Business Partnering-Paradigma wird ergänzt

Bislang war das Leitbild des Business Partners vorherrschend in der Controlling Community der BASF. Der Business Partner übernimmt die Rolle des Sparringspartners und „ökonomischen Gewissens" des Topmanagements und ist als Empfehlungsgeber in vielfältige Entscheidungsprozesse involviert.

Um der Heterogenität innerhalb des Controllings Rechnung zu tragen und um die ambitionierten Ziele für die Jahre 2020 bzw. 2025 zu erreichen forderte die Organisation, den Business Partner um alternative Rollen zu ergänzen. Jede Rolle besteht aus einem spezifischen Anforderungsprofil aus Kompetenzen und Fachwissen, das auf ein bestimmtes Tätigkeitsfeld innerhalb des Controllings ausgerichtet ist. Das bislang vorherrschende Paradigma des Business Partners wird somit nicht abgelöst sondern ergänzt um weitere Rollen, die andere Tätigkeitsschwerpunkte als der Business Partner aufweisen und gleichwertig neben den Business Partner treten. Die Rollen haben nicht den Anspruch exakt trennscharf zu sein. Häufig vereinen Stellen Elemente verschiedener Rollen. Ein differenziertes Rollenkonzept ist dennoch notwendig, um einerseits die Wertschätzung für alle Tätigkeiten innerhalb des Controllings auszudrücken sowie andererseits Entwicklungsmöglichkeiten zu definieren und zu etablieren.

2.3.2 Service Expert

Wie erwähnt, hat die BASF in den letzten 2 Jahren eine globale Shared Service Organisation aufgebaut. Diese hat die Zielsetzung, Controllingdienstleistungen zu bündeln und operative Controllingeinheiten von repetitiven Aufgaben zu entlasten. Auf der anderen Seite können innerhalb der Shared Service Center durch eine hohe Spezialisierung und zunehmende Standardisierung Effizienzgewinne realisiert werden. Mitarbeiter von Shared Service Centern benötigen eine hohe technische Expertise in der Berichterstattung und im Umgang mit IT-Applikationen, eine Affinität zu Prozessinnovationen sowie eine ausgeprägte Kundenorientierung. Dieses Anforderungsprofil wird in der Rolle des Service Experts zusammengefasst. Der Service Expert ist grundsätzlich nicht nur in Shared Service Centern zu finden. Auch in anderen Controllingeinheiten gibt es wiederkehrende Tätigkeiten, die einen ausgeprägten Dienstleistungscharakter haben und Spezialwissen erfordern.

Service-Orientierung im Vordergrund

2.3.3 Guardian

Mit einer Ausdifferenzierung der Controllerrollen und einer zunehmenden Verlagerung von transaktionalen Tätigkeiten in Shared Service Center geht eine Notwendigkeit verstärkter Governance einher. Governance umschreibt ein Regulierungsmandat, das in der Regel in Form von Richtlinien oder Prozessvorschriften niedergelegt ist und das einheitliche Standards, gesetzliche Vorgaben oder eine notwendige Prozessabfolge definiert. Der Guardian ist der Hüter dieser Regulierungswerke, kann aber auch der jeweils dezentrale Verantwortliche für ein bestimmtes Governancethema sein. Unter Governancethemen fallen beispielsweise Rechnungslegungsrichtlinien, Audits, Financial Reporting Compliance Themen, Transferpreis-Aspekte sowie Risikomanagement für die BASF-Gruppe oder einzelne Einheiten innerhalb der BASF. Guardians sind daher nicht nur in zentralen Controllingeinheiten zu finden, sondern beispielsweise auch im zentralen Controlling operativer Geschäftsbereiche.

Stärkung der Governance-Rolle

2.3.4 Pathfinder

Die Chancen technischer Veränderungen sind vielfältig, und das Target Picture „Controlling 2025" drückt aus, dass die BASF das Controlling in einer führenden Rolle sieht, um diese Potenziale im kaufmännischen Bereich zu heben. Die hierfür notwendige ausgeprägte Innovations-

Innovation als Hauptaufgabe

orientierung, technisches Verständnis und statistische Kenntnisse sind nicht automatisch Teil der DNA eines jeden Controllers. Aus diesem Grund wurde der Pathfinder als neue Rolle innerhalb des Controllings etabliert. Pathfinder übernehmen neben klassischen Controllingthemen das Scouting nach relevanten Innovationen, Techniken und Methoden und treiben entsprechende Analysen voran, die sowohl Managemententscheidungen als auch Entscheidungen anderer Funktionen (z.B. Marketing, Vertrieb) unterstützen. Die Rolle des Pathfinders ist hierbei nicht mit dem Data Scientist zu verwechseln, dem Statistikexperten, der die eigentlichen Analysen durchführt. Der Pathfinder ist vielmehr das Bindeglied zwischen kaufmännischen Entscheidungsträgern und den spezialisierten Analysten, die bei BASF in einem eigenen Center of Expertise (im Bereich Information Services & Supply Chain) organisatorisch angesiedelt sind. Die Pathfinder-Rolle ist diejenige Rolle, die die höchsten Investitionen und konzeptionellen Überlegungen erfordert, da das Anforderungsprofil erheblich vom traditionellen Controller abweicht. Die Rolle des Pathfinders ist nur ein Beispiel dafür, dass die Themen Qualifizierung und Gewinnung von Talenten auch in Zukunft eine zentrale Herausforderung für das Controlling Management darstellen.

Target Picture "Controlling 2025"
Four Controller roles of Controlling in BASF

Business Partner
- Acting entrepreneurially
- Giving financial business advice
- Supporting and driving change

Pathfinder
- Scouting trends and technologies
- Bridging business with data scientists
- Driving Controlling transformation

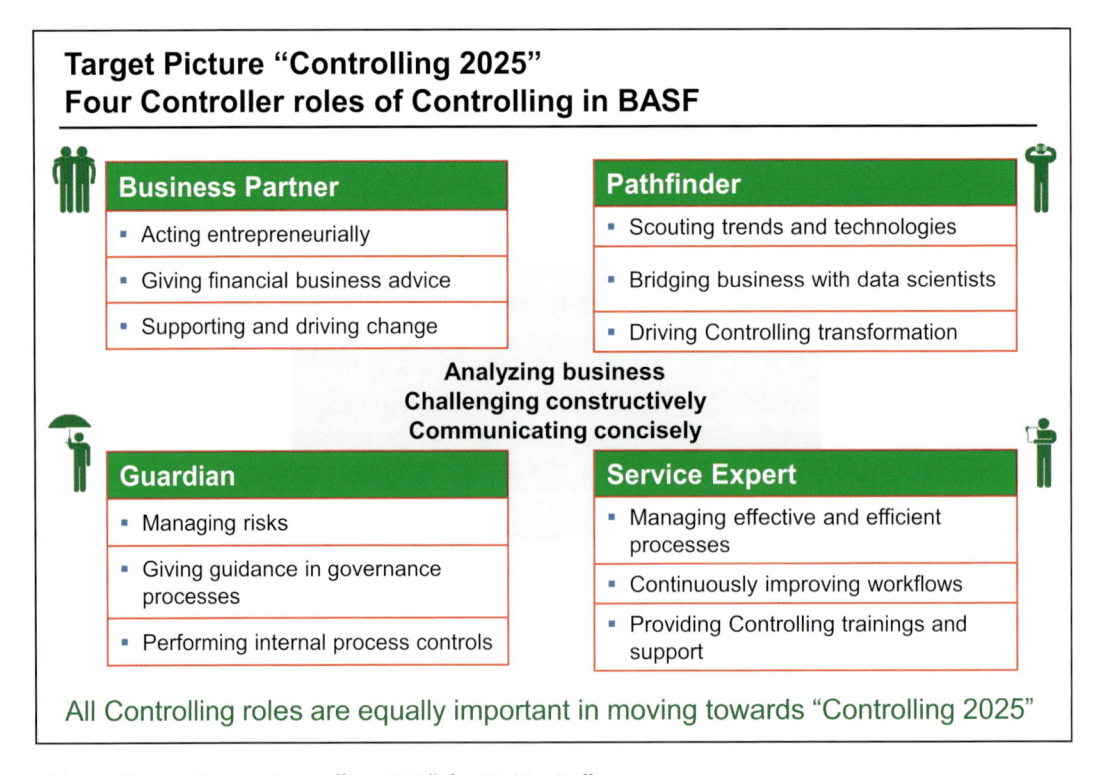

Analyzing business
Challenging constructively
Communicating concisely

Guardian
- Managing risks
- Giving guidance in governance processes
- Performing internal process controls

Service Expert
- Managing effective and efficient processes
- Continuously improving workflows
- Providing Controlling trainings and support

All Controlling roles are equally important in moving towards "Controlling 2025"

Abb. 6: Target Picture „Controlling 2025" der BASF – Rollen

Gemeinsamkeiten aller vier Rollen sind die Analyse des Geschäfts der BASF, eine kritisch-konstruktive Geisteshaltung sowie sehr hohe Anforderungen an das Kommunikationsvermögen. Ein Wissensaustausch zwischen den Rolleninhabern über Einheitsgrenzen hinweg wird über entsprechende Communities gefördert. Darüber hinaus wird derzeit an Qualifizierungspfaden gearbeitet, die für jede Rolle eine Reihe spezifischer Ausbildungsmaßnahmen vorsehen. Eine Verbindung zwischen Rollen und Entgeltgruppen (Job Grades) ist nicht vorgesehen, da jede Rolle grundsätzlich die ganze Bandbreite an Erfahrungsstufen ausschöpfen sollte. Sowohl die Kommunikation und Umsetzung der Meilensteine, als auch die Verankerung der Rollen in der Organisation erfordern ein umfangreiches Change Management und eine breite und kontinuierliche Kommunikation.

Herausforderungen für alle Rollen

3 Implikationen für die Methodenkompetenz des Controllings

Das Beispiel des Target Picture „Controlling 2025" der BASF zeigt, wie sich das Verständnis und Rollenbild des Controllings in den letzten Jahren deutlich gewandelt haben. Obwohl der Umgang mit Informationen traditionell als Schwerpunkt des Controllings gesehen wird, stellen sich vor dem Hintergrund der Digitalisierung Transformation von Unternehmen völlig neue Herausforderungen an die Methodenkompetenz hinsichtlich des Managements von Informationen.

Digitale Methodenkompetenz als Herausforderung

Eine grundlegende Voraussetzung für die Nutzung der neuen Möglichkeiten von BI & Big Data liegt in der Möglichkeit, neue Informationsquellen zu erschließen, die gewonnenen Daten zu vernetzen und diese für Verbesserung der Unternehmensleistung nutzbar zu machen.[23]

Big Data Management und Trendscouting

Zwar ist es auch in Zukunft nicht originäre Aufgabe des Controllings derartige Datenquellen technisch zugänglich zu machen, es sollten aber die betriebswirtschaftlichen Potentiale der jeweiligen Datenquellen erkannt und erschlossen werden. Aus Sensordaten von Maschinen lassen sich beispielsweise Nutzungsintensitäten und damit vorausschauende Wartung ableiten. Sie könnten aber z. B. auch für die Optimierung der Supply Chain eingesetzt werden. Kooperationspartner verfügen u. U. über Detailinformationen aus Kundenbestellungen, welche die eigene Absatzplanung verbessern. Interne Informationen über Kunden lassen sich ggf. durch gezielte Anreicherung von Informationen von Datenprovidern oder aus sozialen Netzwerken veredeln.

---

[23] Vgl. Pospiech/Felden, 2013.

Umsetzung & Praxis

Information als Ressource
Verständnis betriebswirtschaftlicher Eigenschaften der Ressource Information

Analysemethodik
Nutzung fortschrittlicher Verfahren der Kausal-, Prognose- und Entscheidungsanalytik

Methodenkompetenz

Trendscouting
Verständnis neuer Technologien hinsichtlich betriebswirtschaftlicher Potentiale

(Big) Data Management
Betriebswirtschaftliche Erschließung und Vernetzung von Datenquellen

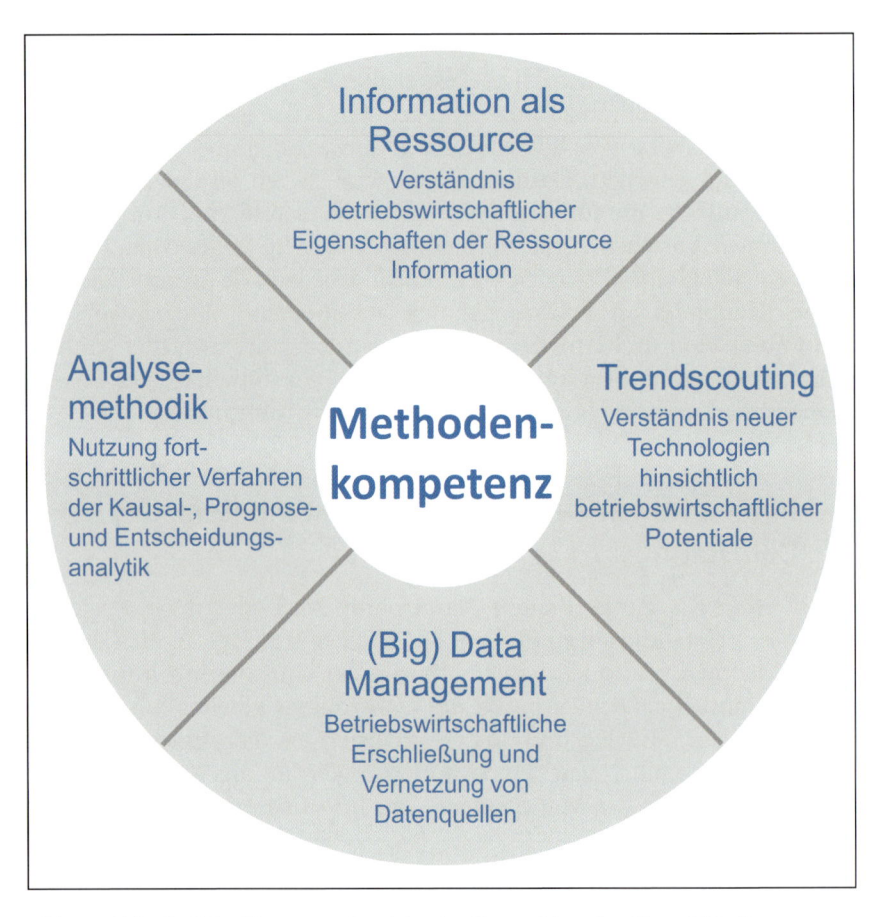

Abb. 7: Erforderliche Kompetenzbereiche des Controllings für BI und Big Data

Erforderlich ist daher die Fähigkeit, den betriebswirtschaftlichen Nutzen neuer Informationsquellen beurteilen zu können. Hinzu kommt das Verständnis dafür, wie diese sinnvoll mit anderen Informationen vernetzt werden können, um Mehrwerte für die Unternehmen zu schaffen. Hierfür sind zum einen ein umfassendes Verständnis des jeweiligen betriebswirtschaftlichen Anwendungsbereiches/Geschäftsfeldes notwendig, zum anderen sind vertiefte Kenntnisse über den Umgang und die Vernetzungsmöglichkeiten von Daten erforderlich.

Analysemethodik Dieses Vorwissen dient als Voraussetzung für den Aufbau und die Evaluation entsprechender Analysemodelle. Ziel ist es dabei auf Basis der neuen Informationsquellen neues Wissen für die Umsetzung betriebswirtschaftlicher Potentiale generieren zu können. Neben der Erweiterung der Entscheidungsbasis durch neue Informationsquellen spielt daher die Anwendung fortschrittlicher Analyseverfahren eine wichtige Rolle.

Grundvoraussetzung hierfür ist einerseits ein tiefes Verständnis des jeweiligen Business Bereiches (für die Konzeption von Entscheidungsmodellen und die dafür erforderlichen Datengrundlagen), sowie andererseits ein grundlegendes Verständnis über die Einsatz- und Nutzungsmöglichkeiten fortschrittlicher Analyseverfahren (mathematisch-statistischer bzw. Mining Verfahren). Um dies leisten zu können, sind neben dem Wissen über Analyseziele und -kategorien insbesondere auch Kenntnisse (z. B. Wirkungsweise, Vor-/Nachteile, Einsatzvoraussetzungen, Gütekriterien) über entsprechende Verfahren erforderlich.

Hinzu kommt das bereits skizzierte Verständnis von Daten und Informationen. Da sie als Variablen für die Analytik dienen, haben Veränderungen der Daten einen erheblichen Einfluss auf die Analyse. Auf diese Weise lassen sich u. U. durch neue, andersartige Datengrundlagen neue Wirkungszusammenhänge aufzeigen. So können beispielsweise neu gewonnene Daten aus der Sensorik Aufschluss über den Verschleiß liefern, diese Informationen können wiederum in die Prognose von Wartungsintervallen einfließen. Andererseits ist auch das permanente Monitoring bestehender Datenstrukturen wertvoll. Beispielsweise ließe sich so eine Veränderung der Ursachen für Kaufentscheidungen bei bestimmten Kundenschichten im Zeitablauf identifizieren.

Information als strategische Ressource

4 Fazit

Die massiven Veränderungen im Umfeld digitaler Informationen bieten für das Controlling erhebliche Potentiale für die Gestaltung der eigenen zukünftigen Rolle. Das Target Picture „Controlling 2025" der BASF zeigt beispielhaft die erforderliche aktive Auseinandersetzung des Controllings mit diesen Potenzialen und Herausforderungen. Nur eine Verankerung in der Zukunftsvision, eine klare Positionierung sowie die Definition und Etablierung entsprechender Rollen ermöglichen die Hebung dieser Potenziale. Der von der BASF beschrittene Weg kann hierbei als exemplarisch angesehen werden, da er die traditionelle Controller Rolle des Business Partners erweitert und explizit eine aktive Auseinandersetzung mit den Möglichkeiten von BI/Big Data fordert. Allerdings steht das Controlling in starker Konkurrenz. Externe Berater und zunehmend auch die Fachabteilungen selbst haben BI/Big Data als attraktives Betätigungsfeld erkannt. Hinzu kommen neue Berufsfelder, wie z. B. der sog. Data Scientist, die in das neue Tätigkeitsfeld BI/Big Data drängen.[24]

Um die Potentiale von BI/Big Data aus Sicht des Controllings nutzen zu können, erscheinen daher erhebliche Anstrengungen im Bereich der

---

[24] Vgl. Wrobel et al., 2014, S. 8.

Weiterentwicklung der Methodenkompetenz im Kontext von BI/Big Data und Advanced Analytics erforderlich. Zentrale Aspekte sind dabei insbesondere das Verständnis über die Erschließung, Vernetzung und analytische Nutzung der Ressource Information und deren Umsetzung in betriebswirtschaftliche Potentiale.

5 Literaturhinweise

Brynjolfsson/Hitt/Kim, Strength in Numbers: How Does Data-Driven Decisionmaking Affect Firm Performance?, Working Paper, Massachusetts Institute of Technology (MIT), 2011.

Ghasemkhani/Soule/Westerman, Competitive Advantage in a Digital World: Toward An Information-Based View of the Firm, Working Paper, Massachusetts Institute of Technology (MIT), 2014.

Imhoff/White, Self-service Business Intelligence – Empowering Users to Generate Insights. TDWI Best Practice Report, 2011.

Kemper/Mehanna/Unger, Business Intelligence. Grundlagen und praktische Anwendungen. Eine Einführung in die IT-basierte Managementunterstützung, 2004.

Krcmar, Informationsmanagement, 5. Aufl., 2010.

Pospiech/Felden, Big Data – Stand der wissenschaftlichen Betrachtung – Zu viele Daten, zu wenig Wissen, in: BI Spektrum, 2013, S. 7–13.

Seufert/Heinen/Muth, Information Rules: Die neue Anatomie der Entscheidung, in: Controlling & Management Review, 7/2014, S. 16–25.

Seufert, Competing on Analytics – Herausforderungen – Potentiale und Wertbeiträge von Business Intelligence und Big Data, Stuttgart, Ergebnisdarstellung für Studienteilnehmer, 2014a.

Seufert, Entwicklungsstand, Potentiale und zukünftige Herausforderungen von Big Data – Ergebnisse einer empirischen Studie, in: HMD-Handbuch der modernen Datenverarbeitung, Schwerpunktheft Big Data, 4/2014b, S. 412–423.

Seufert, Die Digitalisierung als Herausforderung für Unternehmen: Status Quo, Chancen und Herausforderungen im Umfeld BI & Big Data, in: Fasel/Meier (Hrsg.), Big Data – Grundlagen, Systeme und Nutzungspotenziale, 2016, S. 39–57.

Seufert, Der Einfluss aktueller IT-Trends auf das Berichtswesen, in: Schäffer/Weber (Hrsg.), Entwicklungen im Berichtswesen – Best Practice, Herausforderungen und Zukunftsaussichten, Schriftenreihe Advanced Controlling Band 93, 2016.

Seufert/Bernhardt, BI as a Service – Cloud Computing: Facetten eines neuen Trends, in: BI-Spektrum, 2/2011, S. 23–27.

Seufert/Oehler, Controlling und Big Data: Anforderungen an die Methodenkompetenz, in: Controlling & Management Review, 1/2016, S. 74–81.

Seufert/Sexl, Competing on Analytics – Wettbewerbsvorsprung durch Business Intelligence, in: Gleich/Gänßlen/Losbichler (Hrsg.), Challenge Controlling 2015 – Trends und Tendenzen, 2011, S. 201–218.

Soule/Carrier/Bonnet/Westerman, Organizing for a Digital Future: Opportunities and Challenges, Working Paper, Massachusetts Institute of Technology (MIT), 2014.

Soule/Puram/Westerman/Bonnet, Becoming a Digital Organization: The Journey to Digital Dexterity, Working Paper, Massachusetts Institute of Technology (MIT), 2016.

Wrobel/Voss/Köhler/Beyer/Auer, Big Data, Big Opportunities. Anwendungssituation und Forschungsbedarf des Themas Big Data in Deutschland, in: Informatik-Spektrum, 2014, S. 1–9.

Zillmann, Business-Intelligence-Unabhängigkeit für die Fachbereiche. Self-Service-BI mit Intuition, in: BI-Spektrum, 4/2014, S. 13–15.

Umsetzung & Praxis

Integrierte Unternehmenssteuerung mit Balanced Scorecard und Strategy Map

- Die reine Ausrichtung an wertorientierten Maßstäben genügt nicht mehr, um komplexe Organisationen ausreichend abzubilden. Aus diesem Grund gewinnt der Ansatz der Balanced Scorecard wieder stärker an Bedeutung.
- Der Beitrag schildert am Beispiel einer der größten Pensionskassen und Finanzdienstleister Deutschlands, wie durch die Transformation der strategischen Steuerung langfristig die wirtschaftliche Leistungsfähigkeit sichergestellt wird.
- Die stark gewachsene Bedeutung von Informationen als strategisches Asset erfordert neue Steuerungsansätze. Eine Steuerung auf Grundlage der Balanced Scorecard erweist sich in diesem Zusammenhang als geeigneter, integrierter Anknüpfungspunkt für ein fachlich geprägtes und umfassendes Informationsmanagement.
- In vielen Unternehmen fristet die BSC seit ihrer Glanzzeit Anfang der 2000er Jahre ein formales Nischendasein auf Managementebene, ohne tatsächlich noch zur Steuerung verwendet zu werden. Dies ändert sich, wie im Falle von SOKA-BAU, wenn das Unternehmen sich immer schneller auf neue oder geänderte Rahmenbedingungen einstellen muss und die damit sich stellenden externen Herausforderungen immer vielfältiger und dynamischer werden und das Unternehmen sich schneller auf neue Marktsituationen einstellen muss.

Inhalt		Seite
1	Renaissance der Balanced Scorecard	167
2	Neue Anforderungen an die Unternehmenssteuerung	168
2.1	Instrument der Stabilität angesichts komplizierter Fragestellungen	168
2.2	Schritte zur umfassenden Unternehmenssteuerung	169
2.3	Umfassendes Informationsmanagement als Voraussetzung	170
3	Umsetzung der Balanced Scorecard bei SOKA-BAU	172
3.1	Das Unternehmen	172
3.2	Wiederbelebung vorhandener Steuerungskonzepte	172
3.3	Analyse von Disruptionen anhand der Strategy Map	175
3.4	Anspruch eines übergreifenden Steuerungsansatzes	177
4	Schlussfolgerungen	179
5	Literaturhinweise	180

Die Autoren

Dirk Knauer, Strategieberater und Interimsmanager mit den Schwerpunkten Informationsmanagement und Unternehmenssteuerung und Autor des Buches „Act Big – Neue Ansätze für das Informationsmanagement".

Stefan Stark, Leiter des zentralen Controllings bei SOKA-BAU in Wiesbaden, u. a. verantwortlich für die Bereiche Risikomanagement, Unternehmensentwicklung, Asset- und Portfoliomanagement, Projektcontrolling.

Stephan Jansen, Leiter des operativen Controlling bei SOKA-BAU in Wiesbaden und zuvor als Vorstandsassistent in einem DAX-Konzern tätig.

Norbert Schleicher, Referent bei SOKA-BAU in Wiesbaden, u. a. verantwortlich für die Bereiche Business Cases, Vertriebs- und Projektcontrolling sowie das Budget Management.

1 Renaissance der Balanced Scorecard

Nachdem die Balanced Scorecard (BSC) als strategisches Steuerungsinstrument in den 1990er Jahren einen ersten Hype erfuhr und auch in vielen deutschen Unternehmen eingeführt wurde, hat die anfängliche Euphorie in der Folge deutlich nachgelassen. Viele der Versuche, die BSC als Steuerungsinstrument einzuführen, gelten heute als gescheitert und der Begriff BSC gilt in vielen Unternehmen als verbrannt.

Nachhaltiger Erfolgsfaktor

Die BSC wird häufig unternehmensintern als ein Instrument des Top-Managements begriffen, in dem Unternehmensziele und Steuerungskennzahlen hochaggregiert dargestellt werden, die aber von einer durchgängigen Umsetzung über alle Hierarchieebenen des Unternehmens, also dem von Kaplan und Norton vorgestellten Management-Ansatz, entkoppelt sind.[1] Stattdessen dominiert in wirtschaftlich anspruchsvollen Zeiten, wie sie insbesondere Anfang und gegen Ende der 2000er Jahre zu erleben waren, schnell die Perspektive der (externen) Finanzkennzahlen, über die das Unternehmen kurzfristig mit dem Markt kommuniziert.

Es erfordert zwar einen erheblichen initialen Aufwand, die BSC in einer Art und Weise zu formen, dass sie sich als echtes, durchgängiges und umfassendes Steuerungsinstrument etabliert. Insbesondere müssen funktionierende, transparente Kommunikationsprozesse und standardisierte Informationsflüsse geschaffen werden, die eine reibungsarme, umfassende Verfolgung der Umsetzung der Unternehmensziele über die Hierarchieebenen des Unternehmens hinweg gewährleisten.[2] Im Falle der erfolgreichen Verwendung als strategisches Management-Instrument ist die BSC jedoch ein nachhaltiger Werttreiber und Erfolgsfaktor.[3]

Im Gegensatz zur BSC erfährt der Ansatz der wertorientierten Steuerung (Value Based Management) einen kontinuierlichen, weitgehend unangetasteten Zuspruch. Dieser Steuerungsansatz besitzt in der Praxis von vornherein einen deutlichen Fokus auf Finanzkennzahlen im Sinne der bekannten Gewinnmaximierungsstrategien wie dem Shareholder Value.[4] Diese Reduzierung der Informationsversorgung auf eine enge Auswahl von Informationen profitiert nicht zuletzt von der resoluten und verlässlichen Informationsversorgung durch das Accounting, das eine hohe Datenqualität und Verfügbarkeit der rechnungslegungsrelevanten Informationen auf der Grundlage der gesetzlichen Rahmenbedingungen sowie der Anforderungen der primären Stakeholder wie Kreditgeber und Investoren gewährleistet.

Verbreitete Dominanz der wertorientierten Steuerung

---

[1] Vgl. Kaplan/Norton, 1996, S. 271 ff.
[2] Vgl. Knauer, 2015, S. 99 ff.
[3] Vgl. Speckbacher, 2003, S. 8.
[4] Vgl. Weißenberger, 2010, S. 9 ff.

Andere Bereiche des Unternehmens, wie z. B. der Vertrieb oder die Produktion, die nicht zwingend an regulatorische Anforderungen gebunden sind, unterliegen dieser starken Governance zunächst nicht. Initiativen zur Verbesserung von Informationsverfügbarkeit oder Informationsqualität scheitern entsprechend an der schwachen Relevanz in Bezug auf die beschriebenen akuten, strategischen Fragestellungen.

Zwar verfolgt der wertorientierte Ansatz zur Unternehmenssteuerung das Ziel einer langfristigen Wertsteigerung des Eigenkapitals, andererseits werden durch die Konzentration des Berichtswesens auf die finanzielle Perspektive wichtige Grundlagen für ein erfolgreiches Wirtschaften außer Acht gelassen, wie z. B. die Weiterentwicklung der Unternehmensinfrastruktur oder die Antizipation künftiger, sich verändernder Rahmenbedingungen, wie die Digitalisierung von Unternehmen und Gesellschaft. Die Reduktion des Steuerungsgedankens auf die Finanzperspektive verstärkt dementsprechend das Risiko, zukunftssichernde Investitionen zu vermeiden und somit die Anpassungsfähigkeit des Unternehmens langfristig zu gefährden.

2 Neue Anforderungen an die Unternehmenssteuerung

2.1 Instrument der Stabilität angesichts komplizierter Fragestellungen

Wie dringend notwendig es ist, bestehende Konzepte im Hinblick auf Ihre Eignung zur umfassenden und durchgängigen Unternehmenssteuerung zu überprüfen, zeigen makroökonomische Disruptionen, die sich gleichzeitig auf alle Ebenen des Unternehmens auswirken:

- Die im Jahr 2016 andauernde Niedrigzinsphase stellt hohe Anforderungen an Unternehmen, deren Wertschöpfung maßgeblich durch den Kapitalmarkt beeinflusst ist. Hierunter fallen insbesondere auch Versicherungen und Pensionskassen. Im Falle der im Folgenden dargestellten SOKA-BAU führt dies u. a. zu einem konsequenten Umbau der Wertschöpfungsprozesse und Sensitivität bzgl. der Verwaltungskosten.
- Dynamische Konjunkturveränderungen, wie z. B. rezessive Einzelereignisse (Brexit oder Euro-Krise) führen zur Destabilisierung von multilateralen Handelsbeziehungen und realem Investitionsverhalten.
- Die Beschleunigung des substitutiven Wettbewerbs[5] – wie bspw. alternativer Geschäftsmodelle im Bereich der FinTech-Unternehmen – führen zu einer Fragmentierung des bis vor kurzem stabilen Marktes und zu einer Gefährdung bestehender Marktanteile.

---

[5] Vgl. Porter, 1980, S. 23.

- Der zunehmende Wettbewerb zwischen großen Versicherungsunternehmen aufgrund unterschiedlicher Kostenstrukturen im Bereich der Prozessautomatisierung und Digitalisierung, wie sie im Versicherungsumfeld eine signifikante Rolle spielen, offenbart oftmals einen Investitionsstau in die bestehende Informationsinfrastruktur, der sich nun unmittelbar in wirtschaftlichen Nachteilen realisiert.
- Damit verbunden sind kürzere Produktlebenszyklen und ein höherer Innovationsdruck, somit höhere Kosten im Bereich der Produktentwicklung. Ebenso steigt der Wettbewerb im Bereich der Unternehmensakquise, z.B. in der Umwerbung kleiner, innovationsstarker Unternehmen (Start-ups).
- Die Revolution der Informationsversorgung und -verarbeitung im Zuge der Digitalisierung von Unternehmen und Gesellschaft löst den reinen Informationszugang als Restriktor ab, macht aber Innovationen und Investitionen im Hinblick auf die Integration und Qualitätssicherung von nun verfügbaren Informationen in die Geschäftsmodelle und Prozesse notwendig.

Hierbei stellt die sog. Digitale Transformation von Gesellschaft und Unternehmen und die damit verbundenen, notwendigen Investitionsentscheidungen eine besonders signifikante Veränderung dar.[6] Diese Art von Veränderungen macht es erforderlich, den Wandel kompletter Geschäftsmodelle dynamischer als in der Vergangenheit zu gestalten. Dabei ist ein ganzheitlicher Ansatz zu verfolgen. Die Steuerung über Finanzkennzahlen allein greift zu kurz. Die Wertschöpfungskette über die vollständige Prozesslandschaft des Unternehmens tritt nun wieder in den Vordergrund.

2.2 Schritte zur umfassenden Unternehmenssteuerung

Aus Sicht der Autoren ist es notwendig,

- eine durchgehende Gesamtsicht auf das Unternehmen zu schaffen,
- übergreifende Steuerungsprinzipien zu etablieren und
- alle strategisch relevanten Steuerungsinformationen in die strategische Steuerung einzubeziehen.

Eine besondere Herausforderung liegt darin, eine breite, qualitativ belastbare sowie homogene Informationsbasis verfügbar zu machen und so eine einfache und agile Umsetzung und Anpassung von Strategien, Geschäftsmodellen und Steuerungsprinzipien über alle fachlichen Bereiche zu ermöglichen.

Überwindung von Informationssilos

---

[6] Vgl. Knauer/Olbrich, 2014, S. 2 ff.

Diese Herausforderung haben viele Unternehmen bisher nicht bestanden und leiden deshalb an dezentral gewachsenen Informationssilos und uneinheitlichen, diffusen Definitionen von Begriffen und Kennzahlen. In vielen Unternehmen sind Organisation und Prozesse stark heterogen geprägt, bedingt z. B. durch gewachsene Strukturen oder dezentrale Organisation. In der Folge besitzen Unternehmensbereiche, Produkte und Prozesse keine gemeinsame definitorische Grundlage und es entstehen immer mehr disjunkt strukturierte Informationssilos, die im Nachhinein nur schwer wieder auf eine gemeinsame inhaltliche Basis gebracht werden können.[7]

2.3 Umfassendes Informationsmanagement als Voraussetzung

Je mehr jedoch Informationen und Informationsflüsse selbst als strategisches Asset des Unternehmens erkannt werden, desto mehr treten Konzepte zur umfassenden Steuerung von Unternehmen wieder in den Vordergrund. Zur Schaffung eines umfassenden strategischen Zielsystems als zentrale Schnittstelle zur Übersetzung und Abbildung interner und externer Abhängigkeiten bietet sich die BSC an, wie sie von Kaplan und Norton um das Jahr 2000 vorgestellt wurde.[8] Die zwingend übergreifende Sicht, wie sie durch die (nicht zwingend nur vier) unterschiedlichen Dimensionen der BSC vorgegeben sind, lässt eine isolierte Sicht auf nur eine einzelne Dimension nicht zu. Aus diesem Grund sind die BSC, im Verbund mit dem Instrument der Strategy Map, eine ausgezeichnete Grundlage für ein umfassendes Informationsmanagement, das für die integrierte Steuerung eine konsistente Informationsversorgung und die notwendige Daten- und Informationsqualität schafft.

Kontinuierliche Evolution der Unternehmensstrategie

Auf dieser Grundlage lassen sich drei zentrale Aktivitäten formulieren, welche die Anpassungsfähigkeit an sich schnell wandelnde Rahmenbedingungen verbessern und somit die Überlebensfähigkeit des Unternehmens verbessern.

1. **Etablierung eines kontinuierlichen Strategieprozesses:** Die Entwicklung und Überprüfung der Unternehmensstrategie ist kein singuläres Ereignis mehr, sondern wird zum kontinuierlichen Taktgeber für das Unternehmen. Der Elfenbeinturm des Strategy Office weicht hierbei einem umfassenden und kontinuierlichen Strategieprozess, der unterschiedliche Unternehmensbereiche aktiv mit in die strategischen Überlegungen einbezieht und sich bestenfalls als Innovationsmotor entpuppt.

---

[7] Vgl. Knauer, 2015, S. 145 f.
[8] Vgl. Kaplan/Norton, 2004, S. 24–35.

2. **Verknüpfung von Strategieprozess und Geschäftsmodellentwicklung:** Der Strategieprozess bildet den zentralen Kern aller Veränderungsprozesse im Sinne eines systemisch-evolutionären Managements.[9] Anders als noch vor wenigen Jahren ist der Strategieprozess jedoch nicht mehr singulär und quasi abgehoben, sondern immer stärker mit der kontinuierlichen Weiterentwicklung und Neuformulierung des Geschäftsmodells[10] verknüpft. Die bisher weit verbreitete Trennung des Strategieprozesses und deren tatsächlicher Operationalisierung muss sich zugunsten eines integrierten, transparenten Ansatzes zur fortschreitenden Evolution des Geschäftsmodells verändern. Dabei gewinnt der Prozess der Strategieentwicklung weiter an Bedeutung, da er die Umsetzung strategischer Maßnahmen umso mehr einkalkulieren muss, je kürzer die Zyklen wirtschaftlicher Disruption und Erneuerung der strategischen Planung werden.

3. **Schaffung eines expliziten, strategischen Informationsmanagements:** Die nunmehr enge Verknüpfung von Strategieprozess und Geschäftsmodellentwicklung erfordert auch ein umfassendes Management der für diese Entwicklung relevanten Informationen, um strategische Potenziale schnell in operative Prozesse umsetzen zu können und so die Position im Markt zu verbessern. Wie auch im wirklichen Leben müssen Informationen mit Verantwortung verbunden sein. Konzepte wie die der „Information Ownership" oder „Data Ownership", die noch aus den Ursprungszeiten der Informationstechnologie stammen, müssen grundsätzlich zugunsten einer Informationsverantwortung, die im Unternehmen zentral koordiniert wird, neu konzipiert werden.[11] Hierzu zählen die Ansätze des Central Information Office oder des Chief Data Officer, wie sie in vielen Industrien, besonders im Finanzsektor, bereits maßgeblich umgesetzt werden.

Das nachfolgend dargestellte Beispiel zeigt anhand der strategischen Unternehmenssteuerung von SOKA-BAU, wie die Anwendung der Balanced Scorecard im Verbund mit dem Instrument der Strategy Map eine agilere und integrativere Unternehmenssteuerung ermöglicht. Ebenso deutlich wird dabei die Entwicklung hin zu einem prozessorientierten Unternehmen, das sich nicht mehr alleine auf die Finanzperspektive bezieht, sondern durch eine umfassende Sicht auf alle Unternehmensbereiche und Unternehmensebenen sowie eine Neuordnung eines dedizierten Informationsmanagements seine wirtschaftlichen Potenziale und seine Erneuerungskraft entscheidend stärkt.

---

[9] Vgl. Malik, 2003, S. 44.
[10] Vgl. Horváth & Partners, 2014, S. 4 ff.
[11] Vgl. Logan, 2010, S. 1 ff.

3 Umsetzung der Balanced Scorecard bei SOKA-BAU

3.1 Das Unternehmen

Paradigmenwechsel in der betrieblichen Altersvorsorge

Unter dem Namen SOKA-BAU sind die Zusatzversorgungskasse des Baugewerbes AG (ZVK) sowie die Urlaubs- und Lohnausgleichskasse der Bauwirtschaft (ULAK) in der Rechtsform eines wirtschaftlichen Vereins nach § 22 BGB tätig. Die von diesen zwei Institutionen durchgeführten Sozialkassenverfahren basieren traditionell auf kollektiven Umlageverfahren. Seit Anfang der 2000er Jahre werden aber in der ZVK auch individual-kapitalgedeckte Versicherungsprodukte der betrieblichen Altersversorgung administriert. Sowohl die umlagekonzipierten als auch die individual-kapitalgedeckten Sozialkassenverfahren haben mehr oder weniger prozesstechnische Parallelen zu Sach- oder Lebensversicherungsprodukten oder anderen Finanzdienstleistungen.. Zu den Kunden von SOKA-BAU zählen rund 80.000 in- und ausländische Unternehmen der Bauwirtschaft mit etwa 740.000 Beschäftigten und 380.000 Arbeitnehmern im Ruhestand. SOKA-BAU ist mit einer wachsenden gemeinsamen Bilanzsumme von derzeit ca. 7 Mrd. EUR und insgesamt über 1.000 Mitarbeitern ein großer deutscher Finanzdienstleister.

Konkret steht SOKA-BAU vor der historischen Herausforderung, die schwerpunktmäßig kollektiv angelegte Umlagekonzeptionierung der betrieblichen Altersvorsorge bei der ZVK bis zum Jahresende 2016 durch ein individual-kapitalgedecktes System abzulösen. Die umlagekonzeptionierten Sozialkassenverfahren der ULAK bleiben hierbei bestehen. Diese Zielsetzung stellt eine komplette Neustrukturierung des bisherigen, schwerpunktmäßig gewichteten, umlagekonzeptionierten Geschäftsmodells dar und verlangt eine neue Ausrichtung der Unternehmenssteuerung im Hinblick auf die Effizienz und Effektivität von Unternehmensprozessen mit erheblichen Auswirkungen auf die vorhandenen Geschäftsprozesse und die Innovationsfähigkeit (Change Management) sowie die Qualifikationen der Mitarbeiter im Allgemeinen und der Kundenbetreuung im Besonderen.

Am Ende dieses Transformationsprozesses entsteht zwangsläufig eine erhöhte geschäftsprozessuale Vergleichbarkeit mit Unternehmen aus der klassischen Versicherungswirtschaft.

3.2 Wiederbelebung vorhandener Steuerungskonzepte

▪ Aufbau der Strategy Map

Revitalisierung

Vor dem Hintergrund der Neustrukturierung und den damit verbundenen vielschichtigen Herausforderungen für das Unternehmen wurde ein stringenter Managementansatz gesucht, der sowohl die Transformation in ihrer inhaltlichen Breite als auch eine kontinuierliche Berichterstattung und kurzfristige Analyse der Unternehmensperformance, im Hinblick auf die vereinbarten Unternehmensziele, ermöglicht (s. Abb. 1).

Perspektive	Strategische Ziele
Stakeholder	Zusammenarbeit mit den Stakeholdern (u.a. Anteilseigner, Bundesfinanzaufsicht)
Finanzen	Langfr. Sicherstellung der Dienstleistungsverpflichtung – Asset Liability Mgmt. Strategische Unterziele u.a. in den Themenfeldern Verwaltungskosten, Kapitalerträge, Risikomanagement, Bilanzanalyse und Ertragssteigerung
Kunden / Markt	Kundenakzeptanz erhöhen und Marktdurchdringung steigern Strategische Unterziele u.a. in den Themenfeldern Produktentwicklung, Qualität im Kundenservice und Absatzentwicklung
Prozesse	Entwicklung hin zu einem geschäftsprozessorientierten Unternehmen strategische Projekte + Transformationsprozesse erfolgreich umsetzen / Prozesseffizienzen erhöhen / Innovationsmanagement
Mitarbeiter / Ressourcen	Erhöhung der Leistungsfähigkeit/ Steigerung der Attraktivität als Arbeitgeber Strategische Unterziele u.a. in den Themenfeldern Change-Management, Personalentwicklung, Beruf + Familie

Abb. 1: Strategische Landkarte SOKA-BAU auf 5 Dimensionen

Erweiterte Perspektive

Zu diesem Zweck wurde die bereits im Unternehmen verwendete Strategy Map revitalisiert und die Unternehmensstrategie vollständig in den jährlichen Budgetierungsprozess integriert. So wird sichergestellt, dass identifizierte strategische Ziele mit entsprechenden Investitionen hinterlegt werden können. Strategische Ziele werden für einen mittelfristigen Zeitraum (3-5 Jahre) definiert und kontinuierlich angepasst. Als Infrastrukturplattform eines ganzen Wirtschaftszweiges agiert SOKA-BAU in einem politisch anspruchsvollen Umfeld und bewegt sich zudem in einem durch die Bundesanstalt für Finanzdienstleistungsaufsicht (BaFin) streng regulierten Marktumfeld. Hieraus hat sich die Notwendigkeit ergeben, eine ergänzende fünfte – zu den standardmäßig vier angenommenen – strategische Perspektive zum Thema Stakeholdermanagement in die Unternehmensstrategie aufzunehmen.

Das zentrale Kernstück der BSC in der revitalisierten Form ist die Fokussierung auf die Unternehmensprozesse. Mithilfe dieses Schwerpunktes wird eine bessere Vergleichbarkeit insbesondere mit Sach- und Lebensversicherungsunternehmen hinsichtlich der Kernprozesse möglich. Im Quadranten für Prozesse finden die wesentlichen, werttreibenden strategischen Maßnahmen der nächsten Jahre ihren Ursprung. Die Umstellung der bAV-Produkte auf individual-kapitaldeckungsbasierten Vertragsadministration sowie die damit verbundene Verlagerung der Schwerpunkte in der Prozessadministration stellt besondere Herausforderungen an die IT-Prozess-Landschaften. Wichtige Zukunftsthemen wie Digitalisierung und Automatisierung – jeweils mit großen wirtschaftlichen Stellhebeln für das Unternehmen – sind ebenfalls dort verortet.

Anwendung der Strategy Map

Die Entwicklung einer unternehmensspezifischen strategischen Landkarte ist ein zentraler Bestandteil im Rahmen der erfolgreichen Revitalisierung der BSC. Die lose Aneinanderreihung einzelner Ziele, Unterziele, Kennzahlen und Maßnahmen wird dem Anspruch einer komplexen und miteinander vernetzten strategischen Unternehmensentwicklung nicht gerecht. Entscheidend für die erfolgreiche Anwendung und Steuerung in der Praxis ist es, die strategischen Ziele und Unterziele nicht getrennt voneinander zu betrachten, sondern Sie in einer Strategy-Map mithilfe von Ursache- und Wirkungsbeziehungen eng miteinander zu verknüpfen. Die komplexen Auswirkungen von disruptiven Ereignissen auf die einzelnen Perspektiven und deren Abhängigkeiten und Wechselwirkungen zueinander werden für das Management transparenter und liefern einen Entscheidungsraum für die Einleitung von strategischen Maßnahmen und deren strukturierte operative Umsetzung.[12]

Im Falle der mittelfristigen Ausrichtung bei SOKA-BAU muss jede potenzielle Maßnahme ihren strategischen Wertbeitrag über die übergeordneten Zieldimensionen hinweg manifestieren. Der Beitrag zur Zielerreichung ist zwingend auszuweisen.

Disruptives Ereignis im Geschäftsmodell

SOKA-BAU steht vor der historischen Herausforderung, die Schwerpunkte des Geschäftsmodells im Bereich der betrieblichen Altersversorgung fundamental umzubauen und dabei die Belange des Gesamtunternehmens zu berücksichtigen. Disruptive Elemente sind einerseits die externe zeitliche und inhaltliche Steuerung durch die Shareholder (fünfte Perspektive Strategy Map) und zum anderen die für eine Versicherung untypisch kurze Zeitspanne von Produktentwicklung hin zur Produkteinführung. Im System der Umlagefinanzierung erhält der Leistungsempfänger eher pauschal bemessene Leistungen, während im System der Kapitaldeckung die individuelle Leistungsfähigkeit des Beitragszahlers Eingang findet und die Geschäftsbeziehungen damit auch spezifischer ausgestaltet sind. Damit

---

[12] Vgl. Kaplan/Norton, 2004, S. 63.

einhergehen grundlegende Änderungen in den betriebswirtschaftlichen Abläufen des Unternehmens. Im Ergebnis besteht für SOKA-BAU die historische Aufgabe, ein tradiertes Produkt den Markterwartungen entsprechend anzupassen.

3.3 Analyse von Disruptionen anhand der Strategy Map

Die Auswirkungen aus der Umstellung des Altersvorsorgeproduktes sind vielschichtig und untereinander stark wechselwirkend. Eine Gliederung der Wirkungsweise nach der Strategy Map ist die Basis eines differenzierten Lösungsansatzes:

- Finanzen
  - Herausforderung: attraktive Verzinsung des Kapitaleinsatzes im Niedrigzinsumfeld.
  - Lösungsansatz: Aufbau neuer Kernkompetenzen in den Bereichen Versicherungsmathematik, Risikomanagement und Kapitalanlagemanagement.
- Prozess
  - Herausforderung: bestehende, heterogene IT-Infrastruktur lässt nur bedingt eine Prozessorientierung auf neuer Produktebene zu; Adaption bestehender IT-Lösungsansätze kritisch.
  - Lösungsansatz: Aufbau einer integrativen, prozessorientierten IT-Infrastruktur – Pilotcharakter für Versicherungsbranche.
- Mitarbeiter
  - Herausforderung: kurzfristiger Zukauf und Entwicklung von Spezialisten (enges Marktgefüge), Replizieren von Kernkompetenzen.
  - Lösungsansatz: Talentmanagement in Tiefe und Breite, Etablierung neuer Berufsbilder.
- Kunde
  - Herausforderung: extrinsisch gesteuerte Erweiterung oder Begrenzung des Kundenkreises (Modifikation rechtlicher Rahmenbedingungen – hier: Gestaltung des Geltungsbereichs der Tarifverträge durch die Tarifvertragsparteien und die Politik).
  - Lösungsansatz: zunehmende Automatisierung und Digitalisierung des Kundenkontaktes und der Dienstleistung.

Konkret wirkt sich so ein erreichtes Ziel stets in der strategischen Landkarte auf ein anderes Ziel aus. Mitarbeiter/Ressourcen wirken durch optimierte resp. veränderte Fähig- und Fertigkeiten auf die Prozessperspektive ein, die wiederum die Kunden/Marktsicht besser abdeckt. Am Ende der Ursache- und Wirkungskette stehen dann finanzielle Effekte z.B.

Vielschichtiger Wirkungsmechanismus bei Anwendung der Strategy Map durch reduzierte Verwaltungskosten, nachhaltige Beitragseinnahmen und ein verbessertes Kapitalanlageergebnis. Die Vernetzung der einzelnen Quadranten lässt sich am konkreten Beispiel der Weiterentwicklung von Digitalisierung und Automatisierung verdeutlichen. Für die Einführung eines innovativen Self-Service basierten Online Kundenportals werden gut ausgebildete Mitarbeiter benötigt. Die technische Entwicklung und Einführung erfolgt dann auf Prozessebene, im „Maschinenraum" des Unternehmens. Ein online-basiertes Kundenportal führt zu zufriedeneren Kunden und weniger Arbeit in der Telefonie und im Schriftverkehr mit dem Kunden. Aufgrund eines geringeren Personalbedarfs sinken somit die Verwaltungskosten.

Hinweis: Feste Verankerung in der Organisation unverzichtbar
Unsere Erfahrung im Umgang mit der BSC zeigt, dass das Instrumentarium und deren Ziele, Unterziele und Maßnahmen fest in der Organisation verankert sein müssen. Die strategische Landkarte hat sich als nützliches Kommunikationstool erwiesen und wird regelmäßig in unterschiedlichen Medien kommuniziert und erläutert. Zudem dient sie als Grundlage für jährliche Mitarbeiterfeedbackgespräche.

Disruptives Ereignis: Prozessorientierung

Als weitere disruptive Entwicklung im Versicherungswesen findet ein Paradigmenwechsel einer tradierten Produktsicht hin zu prozessorientierter Wertschöpfung Eingang. Das Auseinanderfallen der Sparten und Produkte macht bei allen Versicherungen eine aggregierte strategische Sicht auf Metaebene schwer – so auch bei SOKA-BAU. Als übergreifendes Beispiel seien hier Versicherer mit breitem Produktportfolio benannt, bei denen einzelne Versicherungsprodukte allein schon aus ihrer Fristigkeit oder Schadensperspektive strategisch auseinanderfallen: Ausfallerwartung einer KFZ-Versicherung gegenüber dem Anlagehorizont einer Lebens- oder Rentenversicherung.

Im Kern verfolgt SOKA-BAU aufgrund teils komplementärer Produkteigenschaften – bspw. hinsichtlich zeitlichem Anlagehorizont – unterschiedliche Produktstrategien. So prägt sich die verproduktete Urlaubsentschädigung über eine Umschlagzeit von 18 Monaten aus, demgegenüber sich ein Rentenprodukt mit einer Lebensdauer von mehreren Dekaden anspart. Eine gesamthafte strategische Ausrichtung allein über die Produktsicht ist mithin nicht möglich.

Als Lösung erfolgt die Harmonisierung der integrativen Sicht auf Sparten und Produkte durch eine Metaebene über Prozesse: Trotz unterschiedlicher Produkteigenschaften existieren kongruente Vorgänge und Arbeitsabläufe, die unter der Prämisse von End-to-End Prozessen designt und vergleichbar sind, z. B. die Prozesse der Stammdatenverwaltung und der Leistungserbringung im Schadenfall, welche sich produktunabhängig in jeder Sparte wiederfinden.

Der Blick auf die operativen Schichten wird dabei nicht korrumpiert: hier bleibt nach Sparte, Reglementierung oder Produkt eine individualisierte Prozess- und Kennzahlenorientierung gewährleistet. Die Implementierung einer integrativen Sicht erfolgt im harten Schnitt erst auf der Gesamtunternehmensebene über alle Sparten hinweg.

3.4 Anspruch eines übergreifenden Steuerungsansatzes

Um Auswirkungen von Maßnahmen gleichermaßen Rechnung zu tragen, muss auch das Reporting diesem Anforderungskatalog genügen und eine Integration aller strategischen Perspektiven zulassen. Hierfür wurde für die Unternehmensführung ein neues Meta-Kennzahlensystem entwickelt.

Steuerungsinstrumente auf der Metaebene

Für SOKA-BAU bedeutet dies in erster Linie die Entwicklung effizienzbeschreibender Kennzahlen, die die Prozessperspektive in den Fokus rücken und gleichzeitig die weiteren Perspektiven des Zielsystems als Einflussfaktoren einbinden.

▪ Kennzahl Personalaufwand zu Cashflow

Im Ergebnis entstand so die Definition eines Effizienz-Begriffs, der als Folge der prozessorientierten Ausrichtung eine Unterscheidung in eine finanzielle und operative Ebene vornimmt. Die operationale Effizienz stellt dabei einen direkten Zusammenhang der operativen Geschäftstätigkeit mit den eingesetzten betrieblichen Mitteln her, während die finanzielle Effizienz den monetären Output als Dividend fokussiert. Die finanzielle Effizienz lässt sich über die Achsen „Cashflow" (z.B. Beitragsvolumen; y-Achse) und „Personalaufwand" (Mitarbeiter in der Wertschöpfung; x-Achse) abbilden, so dass durch den Cashflow sowohl ein Leistungsbezug, als auch eine integrative Sicht der Marktentwicklung realisiert werden (s. Abb. 2).

Prozessorientierter Effizienzbegriff

In Relation zum Personalaufwand des Prozesses können nun Aussagen zur Effizienz getroffen werden. Vereinfacht gesagt ist ein steigender Cash-Flow bei stabilem Personalaufwand Indikator für eine gestiegene Effizienz. Im Umkehrschluss können prozessuale Anpassungen in einer Verringerung des Verwaltungsaufwands münden und somit bei einem stabilen Cash-Flow eine Effizienzsteigerung signalisieren.

Die Kundenperspektive wird durch das Verhältnis der Arbeitgeber zu den Arbeitnehmern (Gesamtraum der Verfahrensteilnehmer) integriert. Der Quotient (s. Abb. 2) bestimmt dabei zeitpunktbezogen die Größe des Kreises und beschreibt damit die Entwicklung des Kundenuniversums von SOKA-BAU. Je größer sich der Quotient ausprägt, desto zersplitterter stellt sich das Gefüge beider Anspruchsgruppen (Arbeitgeber als auch Arbeitnehmer) dar und desto aufwändiger gestaltet sich der Wertschöpfungsprozess im Rahmen der Leistungserbringung.

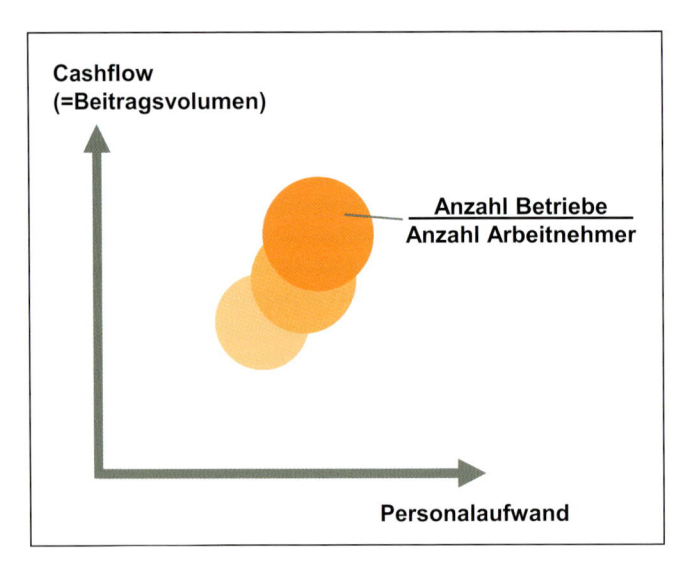

Abb. 2: Produktivitätskennzahl „Personalaufwand zu Cashflow"

■ **Kennzahl „Anzahl Arbeitgeber zu Anzahl Arbeitnehmer"**

Operative Effizienz
Die operative Effizienz wird durch eine Abänderung der y-Achse beschrieben (s. Abb. 3). So rückt hier die „Abarbeitung von Geschäftsvorfällen" innerhalb einer fest definierten Periode in den Fokus (z.B. Auszahlungen, Reklamationen, Abwicklung von Versicherungsfällen etc.). Gleichwohl bleiben die Eigenschaften von Leistungsbezug und integrativer Marktperspektive erhalten. Die Größe des Kreises bestimmt sich über den Quotienten von Eingängen an Vorgängen und die Anzahl an Abarbeitungen. Die Größe kann demnach kleiner, gleich oder größer als der Wert eins sein. Ein Wert größer eins ist gleichbedeutend mit einem Rückstandsaufbau, da das Eingangsvolumen nicht durch eine entsprechende Abarbeitung bewältigt werden kann – vice versa.

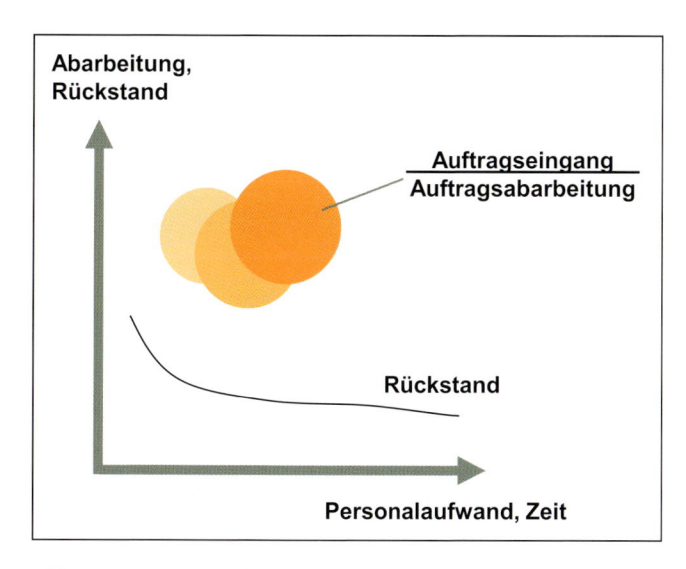

Abb. 3: Operative Effizienz

Auch in einem quasimonopolistischen Gefüge bleibt doch stets die Dimension der Qualität und der (Bearbeitungs-) Zeit ein wichtiges Kriterium in der Wahrnehmung des Marktes. So findet hier mittelbar auch die Dimension „Qualität" gegenüber den Stakeholdern Eingang.

Der Zielkorridor beider Kennzahlen wird nun über eine Verringerung des Personalaufwands bzw. eine Erhöhung des Cash-Flows aufgespannt. Eine Effizienzverbesserung kann integrativ über alle Perspektiven der BSC argumentiert werden. Im Ergebnis gelingt, durch die Schaffung einer gesamtunternehmerischen Prozessebene, eine harmonisierte Betrachtung der heterogenen Produktlandschaft innerhalb der Organisation und eine verbesserte Vergleichbarkeit im Markt.

4 Schlussfolgerungen

Der Ansatz der wertorientierten Steuerung gerät an seine Grenzen, wenn wesentliche Aktivitäten des Unternehmens nicht im Fokus des Zielsystems stehen oder sogar in einen negativen Kontext gebracht werden. Das betrifft z. B. häufig den IT-Bereich, der als Infrastruktur-Dienstleister viele Aktivitäten des Unternehmens unterstützt und die digitale Transformation erst ermöglicht, aber gleichzeitig als „Kostenfaktor" einem permanenten Sparzwang ausgesetzt ist. Tendenziell erschwert die dominante Finanzperspektive evolutionäre Veränderungen ebenso wie „große Schritte" und schadet so der langfristigen Überlebensfähigkeit des Unternehmens.

Zudem hat die Konzentration der strategischen Unternehmenssteuerung auf die reinen Finanzkennzahlen im Sinne des Shareholder Value in vielen

Bereichen dazu geführt, dass Unternehmensbereiche dezentral ausgeprägt wurden, bspw. als eigene, weitgehend unabhängige Geschäftsbereiche und Profitcenter und die damit einhergehende, endemische Weiterentwicklung dieser Unternehmensteile.

Prozessorientierung als Lösungsansatz

Wie das Beispiel zeigt, verlangen die wachsenden Anforderungen von Unternehmen gegenüber veränderten Marktbedingungen eine enge Verzahnung von Unternehmensstrategie, Geschäftsmodellentwicklung und Informationsmanagement hin zu einer integrierten und umfassenden Unternehmenssteuerung. Das Steuerungsinstrument hierfür könnte die wieder belebte BSC sein, wie sie sich im Beispiel von SOKA-BAU bewährt hat. Mit der dargestellten (Re-)Vitalisierung des BSC-Ansatzes kehrt SOKA-BAU zurück zu einem umfassenden Steuerungssystem und stärkt die Agilität und Flexibilität des Unternehmens in seinen Geschäftsprozessen.

Durch den im Beitrag angeführten Paradigmenwechsel und die Hervorhebung der sog. Prozessperspektive wird ein neues Pivotelement für die strategische Steuerung geschaffen, das die zentralen Finanzkennzahlen nicht ersetzt, jedoch in Verbindung mit den Elementen der BSC eine transparente Zielgestaltung über alle elementaren Säulen des Unternehmens ermöglicht. Dieses transparente Vorgehen verhindert die Entstehung von Informationssilos und unterstützt die Vergleichbarkeit über Produkt- und Bereichsgrenzen hinweg.

Der direkte Bezug zwischen allen Steuerungsebenen der BSC erleichtert die Standardisierung von Begrifflichkeiten, Messgrößen und KPIs – letztlich ganz im Sinne der wertorientierten Steuerung.

5 Literaturhinweise

Horváth & Partners, Strategiestudie 2013/2014, 2014.

Kaplan/Norton, Strategy Maps: Converting intangible assets into tangible outcomes, 2004.

Kaplan/Norton, Having Trouble with your Strategy?: Then Map it, 2000.

Knauer, Act Big – Neue Ansätze für das Informationsmanagement, Heidelberg, 2015.

Knauer/Olbrich, Evolution von Informationssystemen in Konzernen: das Beispiel der IT-Konsolidierung, in: Zeitschrift HMD, 5/2014, S. 594–605.

Speckbacher/Bischof/Pfeiffer, A Descriptive Analysis on the Implementation of Balanced Scorecards in German-Speaking Countries, in: Management Accounting Research, 4/2003, S. 361–387.

Weißenberger/Göbel/Kleine, Wertorientierte Steuerung in der Krise, in: Zeitschrift für erfolgsorientierte Unternehmenssteuerung Controlling, 1/2010.

ём # Kapitel 4: Organisation & IT

SAP S/4HANA: Neue Funktionen, Einsatzszenarien und Auswirkungen auf das Finanzberichtswesen

- Mit S/4HANA (Finance) kommt eine neue Generation der SAP Business Suite auf den Markt.
- Eine rein technische Migration der bestehenden Systeme macht i.d.R. keinen Sinn; es müssen grundlegende fachliche Fragestellungen erörtert werden, um den größtmöglichen Nutzen aus der Umstellung zu ziehen.
- Ziel dieses Artikels ist es, einen Überblick über die neuen Funktionen zu geben, Auswirkungen auf bestehende Systeme und Anwendungen im Bereich Finanzen und Controlling aufzuzeigen und mögliche Vorgehensweisen für eine Umstellung der bestehenden Systeme aufzuzeigen.
- Dabei wird ein besonderer Schwerpunkt auf den Bereich Finanzberichtswesen gelegt.

Inhalt		Seite
1	SAP-Lösung der 4. Generation	185
2	Grundlegende Funktionalitäten von SAP S/4HANA	186
2.1	In-Memory Datenbank HANA	186
2.2	Einkreissystem und Universal Journal	187
2.3	Schnellerer Monatsabschluss	188
3	Einsatzszenarien bei der Einführung von SAP S/4HANA (Finance)	189
3.1	Einsatzszenarien für On-Premise-Installationen	190
3.2	Einsatzszenarien für Cloud-Lösungen	191
4	Implementierung von SAP S/4HANA in der Praxis	192
4.1	Ablauf der Implementierung	192
4.2	Herausforderungen bei der Implementierung	194
5	Auswirkungen auf das Finanzberichtswesen	195
5.1	Auswirkungen auf das Reporting	195
5.2	Optionen des Datenzugriffs	196
5.3	Architekturrelevante Entscheidungskriterien	197
6	Fazit	199
7	Literaturhinweise	200

Organisation & IT

■ Die Autorin

Christina Eilers, Principal und Leiterin des Kompetenzfeldes Business Intelligence im Competence Center Controlling & Finance bei Horváth & Partners Management Consultants in Stuttgart.

1 SAP-Lösung der 4. Generation

SAP S/4HANA ist das neue Produkt der SAP basierend auf der In-Memory-Technologie HANA und soll die Business Suite ablösen. Im ersten Schritt wurden zunächst die Finanzmodule Finance (FI), Controlling (CO), Asset Accounting (AA) und Cash Management (CM) überarbeitet. In der weiteren Ausbaustufe kamen die Logistikmodule Material Management (MM), Production Planning (PP) und Sales & Distribution (SD) hinzu.[1]

HANA löst die Business Suite von SAP ab

Dabei ist eine Einführung von S/4HANA vom Umfang her vergleichbar mit dem Wechsel von R/2 auf R/3 im Jahr 1995. SAP verspricht mit der neuen Lösung, dass Kunden ihre Geschäfte in Echtzeit, vernetzt und einfach abwickeln können. Zentrale Elemente sind hierbei die In-Memory-Datenbank HANA, ein optionales Betriebsmodell als gehostete Cloud-Lösung sowie moderne, mobilfähige Benutzeroberflächen (s. Abb. 1).

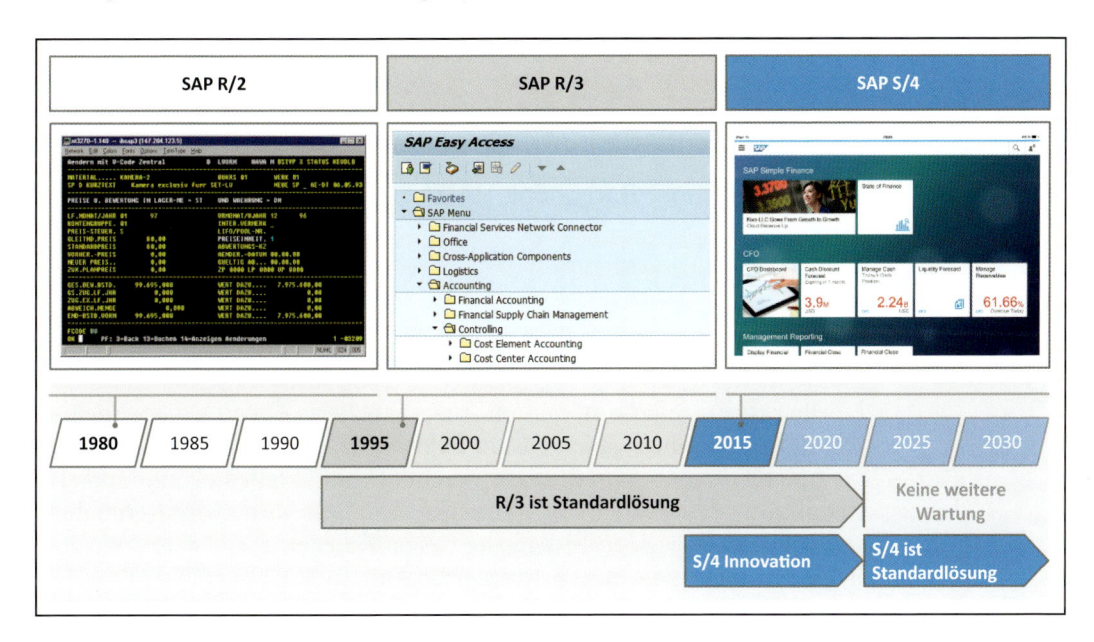

Abb. 1: Evolution der SAP ERP-Lösungen

Das S im Produktnamen steht dabei für „simple" und die Zahl 4 für die 4. Produktgeneration. Möchte man dem Softwarehersteller treu bleiben, so bleibt einem mittelfristig keine Wahl, als auf das neue Release des Walldorfer Unternehmens zu wechseln, da SAP R/3 laut aktuellem

S wie „simple"

---

[1] Vgl. Zimmermann, 2015, online.

Kenntnisstand nur noch bis 2025 gewartet wird. Innovationen und weitere Entwicklungen fokussieren sich bereits jetzt hauptsächlich auf die neuen Produkte.

Leider ist die Ablösung von R/3 durch das neue S/4HANA nicht ganz so „non-disruptive" wie erhofft, handelt es sich doch teilweise um komplett neu entwickelte Funktionen, die noch nicht vollumfänglich bisherige Anwendungen ersetzen können, sondern eher einem frühen Stadium entsprechen.

Dieser Artikel gibt zunächst einen Überblick über die grundlegenden neuen Funktionalitäten (Kapitel 2). Des Weiteren werden in Kapitel 3 mögliche Einsatzszenarien dargestellt. Außerdem werden in Kapitel 4 Anhaltspunkte geliefert, wie ein potenzielles S/4HANA-Projekt in der Praxis angegangen werden kann, welche Aspekte berücksichtigt werden müssen und welchen Herausforderungen man sich i. d. R. stellen muss. Kapitel 5 betrachtet dann die Auswirkungen auf das Finanzberichtswesen und bestehende Data Warehousing Architekturen.

2 Grundlegende Funktionalitäten von SAP S/4HANA

2.1 In-Memory Datenbank HANA

Mit S/4HANA wurde das bestehende SAP ERP-System auf die neue Datenbanktechnologie HANA portiert, damit die Anwendungen die neue In-Memory Technologie nutzen können. Rechenintensive Prozesse werden somit direkt auf der HANA-Datenbank ausgeführt und sind damit deutlich schneller als bisher. Insofern müssen keine Summentabellen mehr aufgebaut werden, um aggregierte Daten zu verarbeiten. Die Daten können jederzeit in Echtzeit in der vollen Granularität verarbeitet werden. Durch diese Vereinfachung ergibt sich eine massive Reduktion des Datenbankvolumens und es wird somit möglich, Informationen, welche bislang in vielen Tabellen gespeichert wurden, in einer Tabelle zusammenzufassen (s. Abb. 2).

SAP S/4HANA: Auswirkungen auf das Finanzberichtswesen

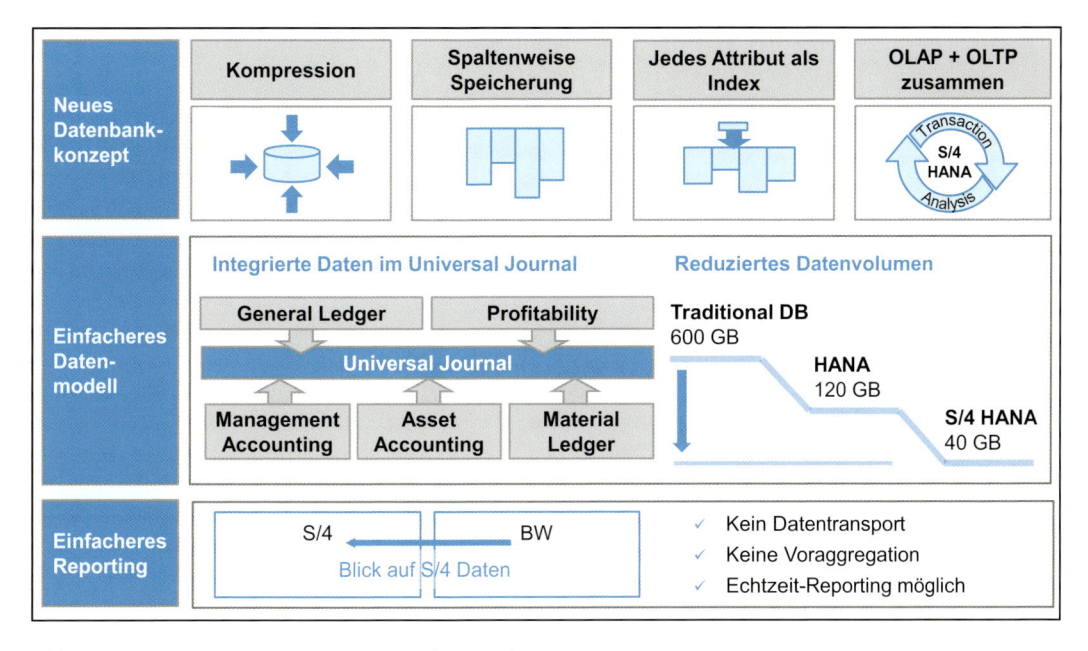

Abb. 2: Neuerungen von SAP S/4HANA (Finance)

2.2 Einkreissystem und Universal Journal

Eine zentrale Rolle spielt dabei der integrierte Buchungsbeleg (Universal Journal), der Finanzdaten mit Informationen aus dem Controlling verknüpft. Diese Verknüpfung führt dazu, dass Daten aus den beiden Bereichen in Zukunft nicht mehr aufwändig abgeglichen werden müssen, internes und externes Rechnungswesen sind also jederzeit abgestimmt. Man spricht in diesem Zusammenhang auch von einem Einkreissystem. Alle Daten des Universal Journal werden in einer zentralen Tabelle gespeichert, der ACDOCA (**Ac**counting **Do**cuments **Ac**tuals), in der in der ausgelieferten Variante ca. 350 Felder enthalten sind. Diese Tabelle kann und sollte jedoch um diejenigen Felder erweitert werden, die auch in Echtzeit ausgewertet werden sollen. Bei jeder Buchung werden alle im Reporting erforderlichen Informationen sofort mitgeschrieben, so dass sich flexible und vielschichtige Analysemöglichkeiten ergeben. Aufwändige Ableitungen über Stammdatenattribute entfallen komplett und führen dazu, dass immer die tatsächlich gebuchte Wahrheit im Reporting zur Verfügung steht.

Generell ist in der letzten Zeit ein Trend zum Einkreissystem festzustellen, da sich das Zweikreissystem mit unterschiedlichen – voneinander getrennten – Abrechnungssystemen (Finanzbuchhaltung und Kostenrechnung) als zu komplex herausgestellt hat. Immer mehr Unternehmen versuchen inzwischen, kalkulatorische Ansätze wegzulassen; damit besteht kein Erfordernis für ein Zweikreissystem mehr. Die Strukturen und Organisationseinheiten der Finanzbuchhaltung müssen daher beim Anlegen von Sachkonten berücksichtigt werden. Das Konto wird zum neuen führenden Objekt für Controlling und Finanzen. Man kann auch sagen, dass die Mauer zwischen Rechnungswesen und Controlling fällt. Dies wird mittelfristig auch organisatorische Konsequenzen mit sich bringen.

2.3 Schnellerer Monatsabschluss

Durch diese Änderung wird auch ein schnellerer Monatsabschluss möglich, da die meisten Abschlussaufgaben entfallen. Eine Simulation kann jederzeit während der Periode auf Knopfdruck erfolgen. Die Merkmale der Ergebnisrechnung werden sofort abgeleitet – es ist kein Abrechnungslauf (Projekt-/Auftragsabrechnung) notwendig, um relevante Marktsegmentinformationen in der Ergebnisrechnung anzeigen zu können.

Weitere entscheidende Veränderungen sind:

- Abschreibungen werden mit der Asset-Nummer auf der Kostenstelle gebucht.
- Die Kostenträgerrechnung ist in das Universal Journal integriert. Es erfolgt eine Zuordnung der Kostenelemente aus der Kalkulation auf Sachkonten.
- Da es nur noch eine „Quelle der Wahrheit" gibt, erhöht sich die Datenqualität.
- Ursachen für Abweichungen werden sichtbar und schaffen Transparenz.
- Im Reporting stehen Daten in Echtzeit zur Verfügung.

Mit diesen Änderungen muss natürlich auch ein gewisses Umdenken erfolgen. Echtzeitinformationen werden zwar schon seit Jahren von Berichtsnutzern gefordert, sind jedoch nicht immer zielführend. Sollen bspw. Ist-Daten als Basis für die Unternehmensplanung herangezogen werden, so ist es durchaus erwünscht, die zum Startpunkt der Planung relevanten Daten „einzufrieren" und für die Planungsdauer konstant zu halten. Trotzdem sollten moderne Berichtswerkzeuge weitestgehend auf die Echtzeitinformationen zugreifen, was aber auch bedeutet, dass man die Informationen in Relation setzen muss. Manche Analysen machen sicherlich weiterhin auch erst nach einem Monatsabschluss Sinn. Die Zeiten ausgedruckter Berichte sollten jedoch auf jeden Fall Historie sein. Viele dieser Veränderungen sind jedoch nicht durch eine reine Migration des bestehenden Systems aktiv. Möchte man die neuen

Möglichkeiten optimal ausschöpfen, ist es zwingend erforderlich, ein Fachkonzept zu erstellen und auch bestehende Prozesse anzupassen.

3 Einsatzszenarien bei der Einführung von SAP S/4HANA (Finance)

Grundsätzlich kann zwischen den folgenden Einsatzszenarien von S/4HANA unterschieden werden (s. Abb. 3):

- S/4HANA Finance (on Premise): Diese Variante enthält lediglich die Innovationen im Bereich Finanzen und Controlling; die Installation der Software erfolgt auf den kundeneigenen Servern im Rechenzentrum und der Betrieb der Lösung erfolgt eigenständig.
- Sondervariante Central Finance (on Premise): Hierbei handelt es sich um ein S/4HANA Finance-System, welches an die bestehende SAP Business Suite oder non-SAP-Systeme angeschlossen wird. Bei jeder Buchung in den angeschlossenen Systemen erfolgt eine Schattenbuchung im Central Finance-System, damit alle Daten zentral in einem System zur Verfügung stehen und dort ausgewertet werden können. Hierbei entstehen redundante Daten; ein Mapping der Logik im angeschlossenen System auf die Logik im Central Finance-System ist zwingend erforderlich.
- S/4HANA (on Premise): Diese Variante enthält sowohl die Innovationen im Bereich Finanzen und Controlling als auch die Neuerungen im Bereich Logistik; die Installation der Software erfolgt ebenfalls auf den kundeneigenen Servern im Rechenzentrum und der Betrieb der Lösung erfolgt eigenständig.
- S/4HANA Cloud: Diese Variante enthält sowohl die Innovationen im Bereich Finanzen und Controlling als auch in der Logistik; die Software wird lediglich gemietet und es erfolgt keine Installation beim Kunden vor Ort. Daher sind auch häufigere Innovationen verfügbar (sog. Updates). Möchte man immer auf dem aktuellen Stand der Entwicklung sein, ist dies die richtige Wahl.

Organisation & IT

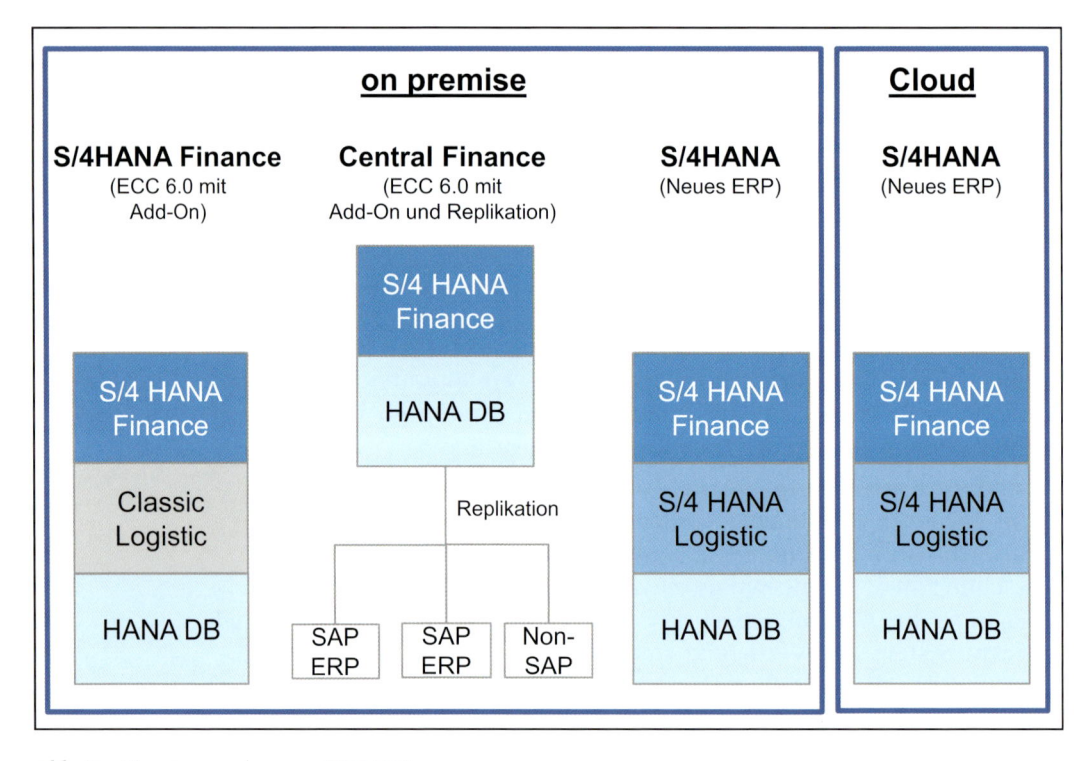

Abb. 3: Einsatzszenarien von S/4HANA

3.1 Einsatzszenarien für On-Premise-Installationen

S/4HANA Finance — Für welches der Einsatzszenarien man sich entscheidet, hängt davon ab, welche Prozesse mit S/4HANA unterstützt werden sollen. Handelt es sich lediglich um Prozesse im Bereich Controlling und Finanzen und sind bestehende Systeme heute bereits auf diesen Funktionsumfang ausgerichtet bzw. begrenzt, so ist ein Einsatz von S/4HANA Finance ausreichend. Allerdings sollte langfristig eine weitere Umstellung von S/4HANA Finance auf S/4HANA eingeplant werden. Ein entsprechender Migrationspfad ist von SAP grundsätzlich vorgesehen.

S/4HANA — Möchte man nicht nur von den vereinfachten Finanzprozessen profitieren, sondern sofort auch die Innovationen im Bereich Logistik nutzen, so sollte man sich für das Einsatzszenario S/4HANA entscheiden. Bei diesem Szenario muss man jedoch bedenken, dass es noch wenig Erfahrungswerte – vor allem bei produzierenden Unternehmen – gibt und die Einführung mit einem gewissen Risiko verbunden ist. Eine Prüfung der im aktuellen System verwendeten Funktionen gegen bereits verfügbare und stabil einsetzbare Funktionen in S/4HANA sollte zwingend im Rahmen des Migrations-/Einführungsprojektes erfolgen.

Bei diesem Einsatzszenario wird ein separates S/4HANA Finance-System aufgebaut. Die bestehenden SAP ERP-Systeme bzw. weitere Systeme außerhalb der SAP-Landschaft (non-SAP-Systeme) bleiben zunächst unberührt. Die bestehenden Systeme werden an das S/4HANA-System angeschlossen. Jede Buchung im bestehenden System erfolgt als sog. Schattenbuchung in S/4HANA Finance. Dabei muss ein entsprechendes Mapping der buchhalterischen Objekte (Kostenstellen, Kostenarten, Profit Center, Kontenplan etc.) zwischen dem jeweiligen bestehenden System und dem neuen Central Finance-System erfolgen. Der Vorteil liegt auf der Hand. Ein einheitliches Reporting über das Central Finance-System ist schnell möglich, ohne Anpassungen an den bestehenden Systemen durchzuführen. Eine Überführung der bestehenden Systeme kann anschließend System für System erfolgen und behindert den laufenden Betrieb nicht. Größere Risiken sind mit diesem Szenario nicht verbunden. Die Nachteile sollte man jedoch ebenfalls nicht außer Acht lassen. So muss ein komplett neues System aufgebaut werden, welches mit zusätzlichen Kosten verbunden ist. Hinzu kommt, dass der Aufbau der Mapping-Logik umfangreich werden kann, so umfangreich, dass der Aufwand fast vergleichbar mit dem für die direkte Migration des bestehenden Systems ist. Die Dauer bis zur endgültigen Überführung aller Systeme in das neue S/4HANA Finance wird damit entsprechend länger sein.

Central Finance

3.2 Einsatzszenarien für Cloud-Lösungen

SAP bietet die neue Business Suite nicht nur als lokale Installation auf den firmeneigenen Servern an, sondern S/4HANA kann auch als Mietsoftware genutzt werden. Dabei werden die Programme und Daten auf einem Server der SAP gespeichert. Die Lösung muss nicht selber betrieben und betreut werden. Vorteile sind u. a. die folgenden:

On Premise versus Cloud

- Es muss keine Hardware beschafft werden.
- Es ist keine Installation der Software erforderlich; der Zugriff erfolgt web-basiert.
- Kunden können sofort von Softwareaktualisierung profitieren; ein Update erfolgt alle drei Monate.
- Es sind daher auch keine umfangreichen Upgrade-Projekte erforderlich.
- Die Software ist skalierbar, d.h. sie kann beliebig an das Unternehmenswachstum angepasst werden.

Jedoch muss vorsichtig beurteilt werden, ob eine Cloud-Strategie grundsätzlich mit der Unternehmensstrategie zu vereinbaren ist. Dabei sollten Sicherheitsaspekte nicht vernachlässigt werden, da die Unternehmensdaten nicht mehr auf kundeneigenen Servern gespeichert werden. Entsprechend wichtig sind daher auch die Sicherheitsaspekte. Des Weiteren gibt es wenige Möglichkeiten, die Stabilität der Lösung zu beeinflussen, was ein gewisses Risiko mit sich bringt.

4 Implementierung von SAP S/4HANA in der Praxis

4.1 Ablauf der Implementierung

Vorstudie als Einstieg

Als sinnvoll hat sich die Durchführung einer S/4HANA-Vorstudie erwiesen, um Handlungsfelder zu identifizieren und dabei gleichzeitig eine Ausbildung der Projektmitarbeiter durchzuführen. Die neuen Funktionalitäten können so genauer unter die Lupe genommen und erstes Wissen über die neue Lösung kann aufgebaut werden. Bei der Vorstudie sollte immer ein Abgleich mit den heute eingesetzten Funktionen und bestehenden Prozessen erfolgen. Bislang hat sich eine Gliederung in die folgenden Themenbereiche als Best Practice etabliert:

- Controlling und Accounting
- Treasury
- Cash Management
- Reporting
- Planung
- Konsolidierung
- Logistikprozesse (falls erforderlich)
- Schnittstellen zu weiteren Systemen, z.B. CRM, HR, SCM etc.

Im Rahmen der Workshops zu den einzelnen Themenbereichen werden Handlungsfelder identifiziert, z.B. ob bestehende Funktionen ohne Anpassung übernommen werden sollen oder können oder ob Anpassungen sinnvoll bzw. erforderlich sind. Der Reifegrad der Funktionen spielt hierbei eine große Rolle. Basierend auf den identifizierten Handlungsfeldern wird dann die Roadmap für das eigentliche Projekt erstellt. Dabei werden unterschiedliche Umsetzungsvarianten (Greenfield, Brownfield, Systemverschmelzung) berücksichtigt. Wichtig ist auch eine Kosten-/Nutzenbetrachtung, welche in einer entsprechenden Entscheidungsvorlage mündet.

Greenfield versus Brownfield

Bei einem Greenfield-Ansatz wird – wie der Name schon sagt – auf der grünen Wiese begonnen. Das bedeutet, es wird ein komplett neues System aufgebaut und bestehende Systeme werden nach und nach in das neue

System überführt. Dabei muss eine Migration der Daten aus den alten Systemen in das neue System erfolgen. Für einen Greenfield-Ansatz entscheidet man sich klassischerweise, wenn es mehrere alte Systeme gibt, die in ein neues System überführt werden sollen und wenn die alten Systeme sehr „verbogen" sind, d.h. viele kundeneigene Entwicklungen enthalten, die optimalerweise durch Standardfunktionalität abgelöst werden können. Sollen gleichzeitig neue Strukturen, wie bspw. ein neuer Kontenplan, neue Kostenstellen, Profit Center usw. eingeführt werden, so bietet der Greenfield-Ansatz die Möglichkeit, alte Strukturen, Stammdaten, Eigenentwicklungen gar nicht erst zu übernehmen und ein schlankes neues System aufzubauen, welches optimal auf die neuen Funktionen ausgerichtet ist.

Im Gegensatz dazu wird beim Brownfield-Ansatz das oder die bestehenden Systeme auf die neue Version der Business Suite upgegradet. Dieser Ansatz empfiehlt sich, wenn es grundsätzlich nicht erforderlich ist, mehrere Systeme in ein Zielsystem zu überführen und wenn bestehende Strukturen und Prozesse bereits gut harmonisiert und standardisiert sind.

Verfolgt man gleichzeitig eine Konsolidierung der Systemlandschaft, spricht man auch von einem „One-ERP"-Ansatz. Dabei kann sowohl nach dem Greenfield-Ansatz als auch nach dem Brownfield-Ansatz vorgegangen werden. Jedoch sollte beim Brownfield-Ansatz das System als Zielsystem gewählt werden, welches strukturell die beste Ausgangsbasis bietet, d.h. die wenigsten kundenindividuellen Anpassungen enthält.

Eine reine Migration der bestehenden Systeme, ohne dabei die fachlichen Konzepte anzupassen, ist aus Sicht von Horváth & Partners nicht sinnvoll. Nur mit einem neuen Fachkonzept können die Vorteile, welche sich mit S/4HANA (Finance) realisieren lassen, voll ausgeschöpft werden. Vor allem sollten weitestgehend Verteilungsmechanismen eliminiert werden, kalkulatorische Kosten sind zu vermeiden, unterschiedliche Wertansätze ebenfalls. Außerdem sollte auf eine kontenbasierte Ergebnisrechnung umgestellt werden. Meist haben sich in den vergangenen Jahren auch zahlreiche kundenspezifische Entwicklungen etabliert, welche über die Jahre zu einem hohen Pflegeaufwand geführt haben. Ein Migrationsprojekt bietet immer die Möglichkeit, diese Programme wieder zurück in die Standardfunktionalität zu überführen.

Ein neues Fachkonzept ist erforderlich

Normalerweise erfolgt eine Einführung nicht in einem Zug (Big Bang), sondern die neue Lösung wird nach und nach auf die Landesgesellschaften ausgerollt. Trotzdem muss eine durchgängige Berichtserstattung jederzeit gewährleistet sein. Ein möglicher Ansatz ist, das Reporting im SAP BW zusammenzuführen, falls dieses vorhanden ist. Daten aus den alten und dem neuen System können in ein einheitliches Datenmodell überführt werden.

Die Übergangsphase muss berücksichtigt werden

4.2 Herausforderungen bei der Implementierung

Erste Erfahrungen mit der neuen Technologie sammeln

Um nicht gleich diejenigen Systeme umzustellen, auf denen kritische Geschäftsprozesse laufen, wie bspw. der Monatsabschluss, empfiehlt es sich, erste Erfahrung mit der neuen Datenbanktechnologie HANA bei der Umstellung anderer SAP-Systeme zu sammeln. Dabei hat es sich bspw. bewährt, das auf SAP BW basierende bestehende Data Warehouse System, welches bei den meisten SAP-Kunden im Einsatz ist, als erstes auf die neue HANA-Datenbank umzustellen. Diese Umstellung ist meist problemlos möglich. So kann vor allem die IT-Abteilung wertvolle Erfahrungen im Umgang mit der neuen Technologie sammeln.

Organisatorische Veränderungen berücksichtigen

Das Rechnungswesen und das Controlling werden mittelfristig enger zusammenwachsen. Dies ergibt sich schon aus rein operativen Aspekten, da z.B. keine Kostenarten mehr angelegt werden müssen. Da diese jetzt als Konto hinterlegt sind, lassen sich Aufgaben bündeln. Daher sollte ein Training für das Projektteam frühzeitig im Projektverlauf erfolgen. Auch ein entsprechendes Change-Management ist zwingend erforderlich, um für die Veränderungen, die sich in den täglichen Arbeitsabläufen ergeben, die Akzeptanz der Mitarbeiter zu erhalten. Dabei hilft vor allem auch ein Projekt-Sponsor auf Vorstands- oder Geschäftsleistungsebene.

Ablösung kundenindividueller Entwicklungen durch SAP-Standard

Bei einer Umstellung dieser Größe sollte unbedingt die Chance genutzt werden, historisch entstandene kundenindividuelle Einzellösungen durch vorhandene Standardlösungen zu ersetzen. Meist sind diese Kundenlösungen entwickelt worden, um fehlende Funktionalität abzubilden oder der Kundenprozess ließ sich nicht mit den Standardfunktionalitäten abbilden. Meist haben sich diese Kundenentwicklungen im Laufe der Zeit als schwerfällig, fehleranfällig und kostenintensiv in der Wartung erwiesen. Eine Ablösung bzw. Rückführung in den Standard führt meist zu einer Verringerung der Schnittstellen und ist damit weniger fehleranfällig.

Logistikprozesse berücksichtigen

Unterstützen die bestehenden SAP-Businesssysteme nicht nur die Finanz- und Controlling-Prozesse, sondern sind auch Funktionen im Bereich der Logistik und der Materialwirtschaft enthalten, so müssen diese Prozesse mitbetrachtet werden. Das Projekt wird dadurch sehr umfangreich, vor allem wenn es sich um ein produzierendes Unternehmen handelt. Oft werden S/4HANA-Projekte aus dem Finanz- und Controlling-Bereich heraus als One-Finance-Projekt gestartet. Oft muss ein solches Projekt jedoch dann auch auf die anderen Unternehmensbereiche ausgeweitet werden. Dabei sollten auch aktuell laufende Projekte berücksichtigt werden, da ein neues S/4HANA-System Schnittstellen zu all diesen Systemen hat bzw. haben wird.

Für die Einführung von SAP S/4HANA sollte daher ausreichend Zeit eingeplant werden. Grundsätzlich ist ein straffes Projektmanagement anzustreben, um – wo möglich – die Nutzung von Standardfunktionalitäten durchzusetzen. Jedoch sollten fachliche Aspekte sorgfältig geprüft und fachliche Anforderungen konzeptionell aufbereitet werden. Dies erfordert Zeit. Die Erfahrungen haben gezeigt, dass bei der Umstellung der bestehenden SAP-Systeme eine Projektlaufzeit von mindestens eineinhalb Jahren bis hin zu mehreren Jahren berücksichtigt werden muss.

Eine SAP S/4HANA-Einführung ist ein Projekt von größerem Umfang

Nicht vergessen sollte man auch, dass plötzlich ganz neue Anwendungsfälle durch die SAP HANA-Plattform möglich werden. Denkbar sind dabei vor allem Innovationen der Digitalisierung, wie bspw. Predictive Forecasting oder Auswertungen von Big Data.

Neue Möglichkeiten berücksichtigen

5 Auswirkungen auf das Finanzberichtswesen[2]

Doch was bedeutet das für Unternehmen in der Praxis, insbesondere für das zukünftige Berichtswesen einschließlich der bestehenden Berichtsprozesse im Bereich Finanzen und Controlling?

5.1 Auswirkungen auf das Reporting

Durch die Einführung von S/4HANA (Finance) ergeben sich weitreichende Änderungen für das Reporting in Unternehmen. Bislang müssen Informationen – meist während der Nacht – aggregiert in ein Data Warehouse extrahiert werden und stehen dort für Auswertungen am nächsten Tag zur Verfügung. Dieser Prozess geschieht meist für Finanz- und Controlling-Daten separat. Da die Daten auf dem Weg in das Reporting-System häufig für das Berichtswesen optimiert werden, und der Zeitpunkt der Datenbeladung nicht identisch ist, ist es fast nicht möglich, übereinstimmende Werte zu erhalten. Das bringt umfangreiche Abstimmungsaufwände mit sich.

Mit S/4HANA ändert sich dies grundlegend, da ein leistungsstarkes Reporting nun auch direkt im Quellsystem möglich ist. Da es nur noch einen Beleg gibt, in dem eine unbeschränkte Anzahl von Dimensionen zur Verfügung stehen und dieser in Echtzeit ausgewertet werden kann, wird das Reporting einfacher, flexibler und schneller. Da liegt die Vermutung nahe, dass Unternehmen künftig auf den Aufbau und die Nutzung eines separaten, unternehmensweiten Systems für Reporting und Planung verzichten können und den Zugriff auf die Unternehmensdaten direkt im ERP ermöglichen.

---

[2] Vgl. Eilers/Stärk, 2016, S. 2 ff.

Organisation & IT

5.2 Optionen des Datenzugriffs

Grundsätzlich sollten Anwender davon ausgehen können, dass die Systemarchitektur und auch die Anwendungsszenarien durch den Einsatz von S/4HANA extrem vereinfacht und flexibel werden. Grundsätzlich stimmt das auch. Jedoch schafft genau die neugewonnene Flexibilität gleichzeitig eine Vielzahl möglicher Optionen und Szenarien, welche bei der Architekturentscheidung in Betracht gezogen werden müssen. Wichtig ist es daher, frühzeitig und sorgfältig eine Grundsatzentscheidung zu fällen:

- Setzt das Unternehmen auf ein separates Data Warehouse?
- Oder sollen Berichte direkt in der S/4HANA Business Suite aufgebaut werden bzw. sollen die von SAP im Standard ausgelieferten analytischen Fiori-Apps genutzt werden?

Zur Beantwortung dieser Kernfrage gibt es keinen, für alle Unternehmen funktionierenden, Best-Practice-Ansatz. Grundsätzlich lassen sich jedoch drei unterschiedliche Optionen des Datenzugriffs unterscheiden (s. Abb. 4).

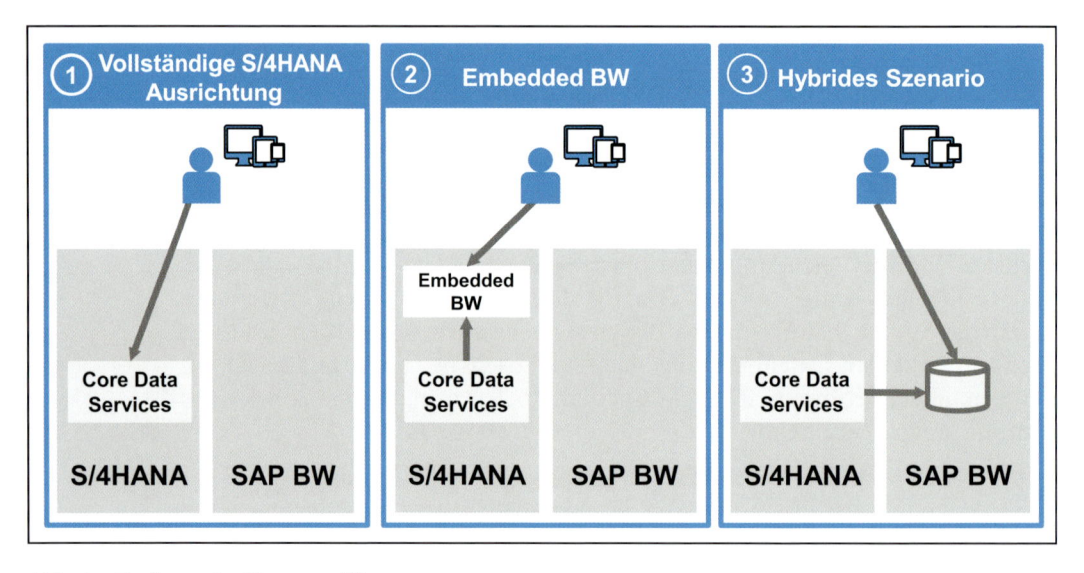

Abb. 4: Optionen des Datenzugriffs

Option 1: Vollständige Integration — Bei Option 1 erfolgt eine vollständige Integration der Berichtslösung in die Business Suite (direkter Zugriff auf die Daten in Echtzeit über Core Data Services, CDS), ohne Einsatz eines zusätzlichen Data Warehouse. Diese Option bietet alle Vorteile der neuen Technologie (bspw. real-time, hohe Datengranularität und -integrität, Einbindung in die transaktionalen Prozesse) und ermöglicht so eine schnellstmögliche Reaktion auf Veränderungen im Reporting. Planungsfunktionalität mittels CDS ist jedoch nicht verfügbar. Die Ausrichtung des Berichtswesens ist stark operativ.

Bei der Nutzung des Embedded BW werden die Daten mit Hilfe der Core Data Services über das Embedded BW zur Verfügung gestellt. Diese Option ist dann von Vorteil, wenn kein eigenständiges Data Warehouse zur Verfügung steht und der spezifische, von der SAP ausgelieferte Content für die operative Planung genutzt werden soll.
Option 2: Embedded BW

Bei dem hybriden Szenario werden die operativen Daten in Echtzeit aus der Business Suite zur Verfügung gestellt und mit weiteren Informationen im Data Warehouse verknüpft. Diese Option ermöglicht die Realisierung weiterer Potenziale und adressiert sowohl das strategische als auch operative Reporting. Sinnvoll ist diese Option, wenn ein bestehendes SAP BW-System auch weiterhin genutzt werden soll und die Vorteile des Reportings in Echtzeit integriert werden sollen.
Option 3: Hybrides Szenario

Mit den Fiori-Apps als zentralem Einstiegspunkt für den Anwender stellen die Anwender keinen Unterschied fest, da bestehende Berichte integriert werden können. Es gibt Fiori Apps sowohl für operative Transaktionen, wie bspw. die Buchung von Hauptbuchbelegen, als auch für analytische Anwendungen. Die Grenzen zwischen Transaktion und (Management) Reporting verschwimmen dabei immer mehr.
Fiori-Apps als zentraler Einstiegspunkt

5.3 Architekturrelevante Entscheidungskriterien

Für eine fundierte Entscheidung sollten zunächst die grundlegenden Vorteile eines eigenständigen Data Warehouse sowie die zukünftigen Reporting-Anforderungen betrachtet werden. Es gilt, eine Zielarchitektur zu entwickeln und für bestehende Systeme zu entscheiden, ob diese nach einer S/4HANA-Einführung noch Bestand haben werden. Hierzu können verschiedene Entscheidungskriterien herangezogen werden, die im Folgenden beschrieben werden:

Wichtige Entscheidungskriterien stellen die Größe des bestehenden Data Warehouse, die Anzahl und Komplexität der bereits produktiv genutzten Berichts- und Planungslösungen sowie die Aktualität der Technologie dar. Daher empfiehlt es sich im Sinne einer Kosten-/Nutzenabwägung, erst die bestehenden Berichts- und Planungslösungen zu analysieren, ehe das Management die Zielarchitektur und die Roadmap festlegt.
Bestehende Data Warehouse-Strukturen & Berichts-/Planungslösungen

Kommen die Daten aus dem Finanzbereich aus unterschiedlichen Systemen, d.h., hat das Unternehmen nicht nur ein einziges S/4HANA-System im Einsatz? So ist weiterhin eine (separate) Plattform erforderlich, die ein unternehmensweites Reporting und ggf. auch die Konsolidierung sicherstellt. Eine einheitliche Definition von Kennzahlen und die Harmonisie-
Grad der System- und Datenharmonisierung

rung aller erforderlichen Stammdaten in einer zentralen Berichtsplattform, wie bspw. ein unternehmensweit gültiger Kontenplan, Kostenstellehierarchien, Funktionsbereiche etc. ermöglicht es, die Informationen aus mehreren Quellen zusammenzuführen. Insbesondere für die Übergangsphase, bis alle Gesellschaften auf dem neuen S/4HANA-System integriert sind, spielt eine solche zentrale Plattform eine wichtige Rolle.

Verfügbarkeit historischer Daten/Versionen im Reporting

Sollen Veränderungen von Informationen im Zeitverlauf dargestellt werden und nicht nur die aktuell gebuchte Wahrheit, so müssen die Informationen zu bestimmten Zeitpunkten als sog. Snapshot bzw. als Version dauerhaft gespeichert werden. Diese Anforderung wird, aufgrund der großen Datenmengen, optimal von einem separaten Data Warehouse unterstützt.

Integration externer und unstrukturierter Daten

Eine zunehmende Bedeutung bekommt die Anreicherung von Berichten mit externen und teilweise unstrukturierten Informationen, z. B. aus der Marktforschung oder den sozialen Netzwerken. Diese Verknüpfung von internen und externen Berichtsdaten gelingt nur dann, wenn diese auch im gleichen System verfügbar sind. Generell sollten solche externen Daten nur beschränkt in das HANA-System eingespielt werden. Das separate Data Warehouse ist hier also die klügere Wahl.

Neue S/4HANA-Funktionalitäten & deren Auswirkung auf Prozesse

Um die neuen Funktionen vollumfänglich nutzen zu können, ist in den meisten Fällen eine Restrukturierung der Finanzprozesse erforderlich. Diese Restrukturierung wirkt sich auch auf die bestehenden Strukturen der Datengewinnung und die darauf basierenden Berichte aus. In diesem Fall können die Anpassungsbedarfe so groß sein, dass ein kompletter Neuaufbau erforderlich wird oder die Änderungen so umfangreich sind, dass ein Wechsel auf S/4HANA als Berichtssystem sinnvoller ist.

Getätigte Investitionen in Berichtslandschaften & Schulungsmaßnahmen

Hinzu kommt, dass die Anwender von Berichten sich an die bestehenden Berichtswerkzeuge gewöhnt und umfangreiche Schulungen stattgefunden haben. Je nachdem, wie beliebt diese Tools im Unternehmen sind, wird es schwerfallen, diese sofort durch neue zu ersetzen. Eine Umgewöhnung der Berichtsempfänger an eine neue Oberfläche sollte schrittweise erfolgen.

Hybride Szenarien bieten die größte Flexibilität

Es wird klar, dass der alleinige Einsatz von Reporting-Lösungen in S/4HANA nicht in allen Fällen die richtige Entscheidung ist – so leistungsstark sie auch sind. Eine Nutzung der integrierten Berichte mittels Core Data Services ohne Einsatz eines zusätzlichen Data Warehouse, erscheint insbesondere bei einem stark operativ ausgerichteten Berichtswesen sinnvoll. Im Gegensatz dazu erscheint bei einer strategischen Ausrichtung des Management Reporting ein eigenständiges Enterprise Data Warehouse zielführend, wobei hier über das hybride Szenario ebenfalls Daten in Echtzeit verfügbar gemacht werden können. Auch die DSAG kommt in ihrem Positionspapier zum Schluss, dass die Kombination der bestehenden Möglichkeiten (S/4 HANA, BW, S/4HANA

Analytics und HANA Native) ein Potenzial besitzt, das in der reinen S/4HANA-Ausrichtung nicht geboten wird.[3] Abb. 5 soll die generelle Positionierung der unterschiedlichen Optionen nochmals verdeutlichen.

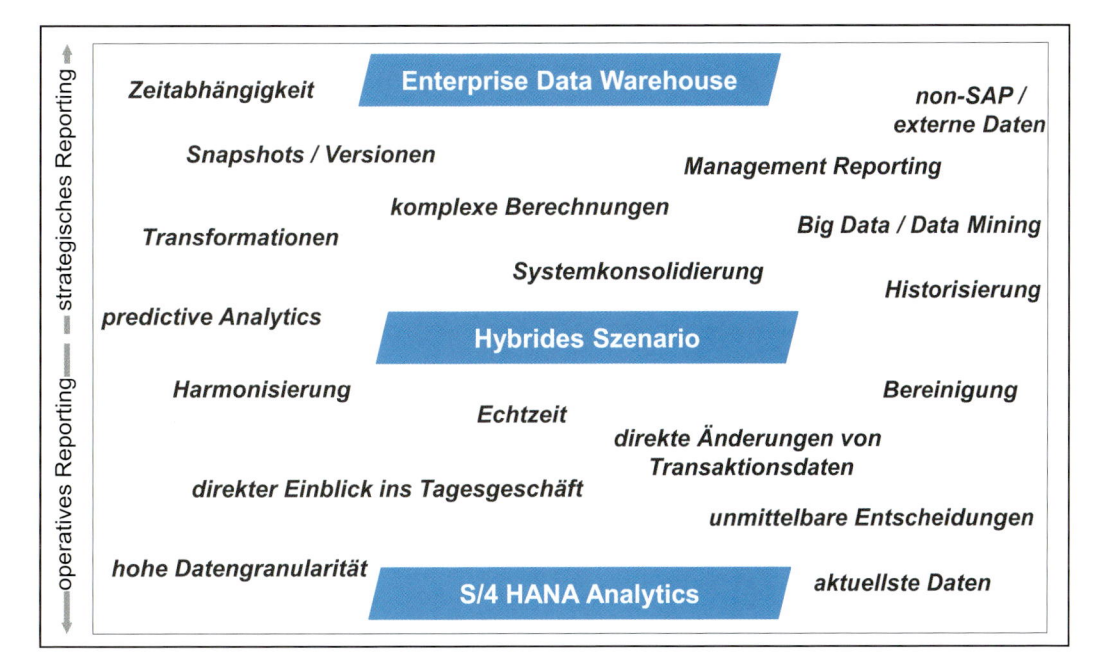

Abb. 5: Zusammenfassung der Architekturoptionen

6 Fazit

Unter dem Strich lässt sich festhalten: Die neue In-Memory-Technologie und die S/4HANA-Plattform revolutionieren sicher nicht die ganze Welt der Geschäftsprozesse. Jedoch sind die Änderungen nicht ganz unerheblich und mit einem entsprechenden Umstellungsaufwand verbunden.

Durch das Universal Journal und das Einkreissystem wachsen Accounting und Controlling zusammen, entsprechende organisatorische Veränderungen sollten auf jeden Fall berücksichtigt werden.

Mit der neuen Datenbanktechnologie wird der tatsächliche Zugriff auf Informationen in Echtzeit möglich und bietet die Verknüpfung von Daten aus den unterschiedlichsten Funktionsbereichen auf unterster Belegebene.

---

[3] Vgl. DSAG e.V., 2015, S. 9.

Vor dem Start des Upgrade-Projektes sollte auf jeden Fall ein Vorprojekt stattfinden, in dem die individuellen Auswirkungen der Umstellung auf das Unternehmen identifiziert werden und alle potenziellen Verbesserungen berücksichtigt werden können.

Das Einsatzszenario und mögliche Arten der Einführung entscheiden maßgeblich über die Projektdauer und den damit verbundenen Aufwand.

Momentan gibt es noch nicht viele Erfahrungen mit der neuen SAP Business Suite im operativen Betrieb, da sich viele Unternehmen noch im Stadium des Vorprojektes befinden. Es ist jedoch bereits jetzt absehbar, dass bei einer sorgfältigen Einführung die Vorteile den Aufwand rechtfertigen und dass mittel- bis langfristig nur diejenigen Unternehmen von den Innovationen der SAP profitieren werden, die eine Umstellung durchführen.

7 Literaturhinweise

DSAG e. V., DSAG-Positionspapier – Bedeutet S/4HANA das Aus für das Business Warehouse? Eine Einschätzung des DSAG-Gremiums HANA Analytics (Version 1.0), 2015.

Eilers/Stärk, S/4HANA von SAP: Reporting – Data Warehousing im Fokus, 2016.

Zimmermann, SAP S/4 HANA Simple Finance – was ändert sich für den Controller?, http://vebmedia.ch/artikel/controlling/sap-s4-hana-simple-finance-%E2 %80 %93-was-%C3 %A4ndert-sich-f%C3 %BCr-den-controller, Abrufdatum 13.9.2016.

Planungssysteme für eine moderne, digitale Planung in Versicherungskonzernen

- Der vorliegende Beitrag zeigt anhand eines konkreten Projekts bei einem deutschen Versicherungskonzern, wie die typischen Herausforderungen bei der Implementierung einer neuen Planungslösung in der Versicherungsindustrie bewältigt werden können.
- Moderne IT-Planungslösungen im Versicherungswesen erlauben eine Automatisierung und Digitalisierung der Planung bei gesteigertem Planungsnutzen und reduzierter Planungskomplexität.
- Ziel des Beitrags ist es, Lösungen aufzuzeigen, wie typischerweise mit den versicherungstechnischen Berechnungen für die Schwankungsrückstellung, der Einführung von neuen Geschäftsmodellen oder der Komplexität des Datenmodells umgegangen werden kann.
- Der Leser erfährt, wie die Ziele bei dem deutschen Versicherungskonzern erreicht werden konnten und wie die Konzeption einer solchen Lösung aussieht.

Inhalt		Seite
1	Planung in Versicherungskonzernen – technische Herausforderungen	203
1.1	Prinzipien des Advanced Budgeting	203
1.2	Technische Herausforderungen für eine moderne Planungslösung	204
2	IT-Planungslösungen im Versicherungswesen bedürfen spezieller Lösungsansätze	206
2.1	Grundsätzliche Planungslogik	206
2.2	Neue komplexe Geschäftsmodelle erfordern Flexibilität in der Planung	209
2.2.1	Beispiele für neue Geschäftsmodelle	209
2.2.2	Abbildung neuer Geschäftsmodelle in Businessplänen	210
2.2.3	Probleme und Verbesserungsansätze	210
2.3	Berechnungen erfordern hohen Grad an Automatisierung und Transparenz	211
2.3.1	Probleme der manuellen Berechnung	211
2.3.2	Realisierung der automatisierten Berechnung	212
2.4	Hohes Datenvolumen und Performance als Kombination	212
3	Fazit	213
4	Literaturhinweise	214

■ **Die Autoren**

Sascha Brosig, Principal im Competence Center Controlling & Finance bei Horváth & Partners Management Consultants in Frankfurt am Main.

Dr. Andreas Pöschl, Managing Consultant im Competence Center Controlling & Finance bei Horváth & Partners Management Consultants in Frankfurt am Main.

Marc Wiegard, Principal im Competence Center Financial Industries bei Horváth & Partners Management Consultants in Hamburg.

1 Planung in Versicherungskonzernen – technische Herausforderungen

1.1 Prinzipien des Advanced Budgeting

Eine Planung beschäftigt sich mit der systematischen Gestaltung der Zukunft eines Unternehmens. Eine Best-in-Class-Planung in Versicherungskonzernen sieht sich heute folgenden kritischen Anforderungen gegenüber:

Intelligente Planung für Antworten bei steigenden Anforderungen

- Alle Planzahlen werden in einem Tool geführt (Single-Data-Planning-Process).
- Alle Details zu Segmenten, Produkten, Branchen, Vertriebswegen, Kundensegmenten etc. werden in einem integrierten Modell treiberbasiert ausgeprägt.
- Traditionelle (z.B. HGB) und ökonomische Sichten (z.B. IFRS 4, Solvency II) sind im Detail ineinander überführbar.
- Simulations- und Szenariofähigkeit ermöglicht es dem Versicherungskonzern sich effektiv auf Schocks vorzubereiten.

Horváth & Partners hat in den vergangenen Jahren einen intelligenten Planungsansatz „Advanced Budgeting" entwickelt und u.a. für Versicherungskonzerne ausdetailliert.[1] Er basiert auf folgenden Prinzipien:[2]

1. Eine gute Planung ist kurz und beginnt möglichst spät im Jahr. Je früher eine Planung startet, desto früher ist sie veraltet. Planen wir früher, bleiben die zu lösenden Zukunftsprobleme unklarer. Die Annahmen über Marktzyklen, Konditionen und Kapitalmarkt etc. bleiben vage.
2. Statt Bottom-up „Planung des Machbaren" wird Top-down auf „Zielplanung" gesetzt. Was müssen wir z.B. bei Prämienwachstum, Schadenmanagement und Kapitaleffizienz tun, um unsere Zielposition zu erreichen?
3. Simulationen und Szenarien sind der Kern der Top-down-Planung. Eine Vorschlagsplanung liefert treiberbasiert alle Details, die dezentral zu überprüfen sind.
4. Konzentration auf das Wesentliche zählt. Der Großteil (90–95 %) der finanziellen Ressourcen „hält den Motor am Laufen" und erfordert keine detaillierte Reevaluierung. Strategische Initiativen sind die „critical few", denen besondere Aufmerksamkeit geschenkt werden muss.
5. Operative Planung und Mittelfristplanung erfolgen automatisiert und in einem Zug, was Konsistenz der Pläne und Effizienz sichert. Eine Automatisierung der Planung über Modelle ist ein wichtiger Weg, den

---

[1] Vgl. Wiegard et al., 2014, S. 152 ff.
[2] Vgl. Hiendlmeier/Wiegard, 2016, S. 1 ff.

Aufwand drastisch zu reduzieren. Im Vergleich zu manuellen erweisen sich automatisierte Planungen sogar als überlegen.

6. Digitalisierung: Entfeinerung und Details sind keine Widersprüche mehr. Das Paretoprinzip gilt auch für die Planung: Man sollte sich bei der aktiven Planung auf die wesentlichen Portefeuilles und Positionen fokussieren.
7. Nennenswerte Details in der operativen Planung werden dann regelbasiert erzeugt z.B. anhand von Referenzdaten („Splashing"). Auf mittlerer Aggregationsebene geplante Positionen (z.B. Prämieneinnahmen) werden mit Hilfe statistischer Informationen der Vorperiode(n) in Business Lines, Kundensegmente oder Vertriebswege differenziert.
8. Eine professionelle IT-Unterstützung erlaubt die Fokussierung auf die Inhalte. Mit Planungslösungen wie z.B. IBM Cognos TM1, SAP BPC i.V.m. SAP S/4 HANA oder Oracle Hyperion Planning ist eine solche Planungslogik heute machbar und Best-in-Class.

1.2 Technische Herausforderungen für eine moderne Planungslösung

Zentrale Herausforderungen wichtig bei fachlicher Spezifikation

Eine automatisierte Planung aufzubauen und die Effizienz- und Zeitvorteile zu genießen, erfordert eine Investition in eine moderne Planungslösung. Dabei ist es nicht nur die Investition in Software und Hardware, sondern vor allem die Investition in die fachliche Spezifizierung des Planungsmodells, die nicht unterschätzt werden sollte. Sämtliche Planungslösungen sind Plattformen ohne wesentlichen Inhalt und individuelle Kundenlösungen sind zu bauen. Off-the-shelf Planungslösungen gibt es nicht in der gebotenen Qualität. Dabei sind einige Herausforderungen zu beachten:

Herausforderung Nr. 1: Datenvolumen & Performance

Eine der Herausforderungen ist das Datenmodell, das damit zusammenhängende Datenvolumen und die Performance der Modelle. Die Bewertung z.B. eines Lebensversicherungsvertrags nach HGB, IFRS 4, Solvency II erfordert sehr oft eine individuelle Analyse des Einzelvertrags. In einem digitalen Planungsmodell werden daher oft die einzelnen Verträge oder zumindest kleinere Portefeuilles zugrunde gelegt. Da nicht nur die Sicht des Gesamtkonzerns interessiert, sondern auch die sie treibenden Segmente, Branchen, Kundengruppen, Vertriebswege, Zeichnungs- oder Anfalljahre etc. umfasst ein digitales Planungsmodell schnell bis zu 50 Dimensionen, welche im Rahmen der Planung zu analysieren sind. Nur durch dieses sehr granulare Datenmodell lässt sich die gewünschte Konsistenz zwischen Rechnungslegungsstandards, Planhorizonten etc.

gewährleisten. Daher zählen solche Lösungen zu Recht zu den „Big Data"-Applikationen. Das bedeutet, dass es sehr leistungsfähige Planungssysteme bedarf, welche mit dem Datenvolumen umgehen können. Hier spielen z.B. In-Memory Konzepte eine Rolle, bei der die gesamte Datenfülle zur Bearbeitung komplett in entsprechend dimensionierte Arbeitsspeicher geladen werden können oder ein intelligentes Zusammenspiel mit sehr leistungsfähigen Hardwareplattformen.

Herausforderung Nr. 2: Komplexität und Flexibilität

Die Komplexität bei Versicherungskonzernen ist nicht nur getrieben durch die Unterschiede des Geschäfts, sondern auch durch die Vielzahl anzuwendender Rechnungslegungsstandards, welche es auch planerisch zu beachten gilt.

> **Beispiel: Gewinnrealisierung bei einem Versicherungsvertrag**
> Galt es bisher als üblich, die Gewinnrealisierung bei einem Versicherungsvertrag proportional zum gewährten Risikoschutz zu verbuchen (HGB: „verdiente Prämie" eines Kalenderjahres und „Prämienüberträge" auf das Folgejahr) so ändert sich dies gerade. Denn: für viele Lebensversicherungsverträge mit Sparkomponenten ist dieses traditionelle Modell schlecht anwendbar. Die Profitabilität kann nur über die Gesamtlaufzeit eines Vertrages beurteilt werden. Dazu wurden ökonomische Modelle nach dem Ansatz „Present Value Future Profits" verwendet (Stichwort: „Embedded Value"). Neuere Rechnungslegungskonzepte für Versicherungen, wie IFRS 4 Phase 2 und auch die neuen Europäischen Standards der Versicherungsaufsicht (Solvency II) greifen diese Ideen auf und nehmen eine Gewinnrealisierung für Leben- und Nichtleben-Verträge bereits mit dem Zeichnungszeitpunkt an. Man „kauft" quasi ein Asset bzw. eine Liability, eine Zeitreihe mit wahrscheinlichen Einzahlungen (Prämien) und Auszahlungen (Schäden, Leistungen) und berücksichtigt dies in einer Solvenz- oder Marktwertbilanz.

Man kann sich vorstellen, dass die aktuellen Veränderungen in Bezug auf Rechnungswesen und Planung kaum komplexer sein können. Zudem reagieren die neuen Bewertungen sehr sensitiv auf Schwankungen der Bewertungsparameter, insbesondere beim Zins. Szenarien und Simulationen stellen sich somit als besonders herausfordernd dar.

Herausforderung Nr. 3: Automatisierung & Transparenz

Die automatisierte Berechnung von Versicherungsbeständen in unterschiedlichen Büchern, Neugeschäft über unterschiedliche Vertriebskanäle, unterschiedliche Schadensneigungen je nach Produkt, Tarif und Kundensegment, gebundene Liquidität für Zwecke der Kapitalanlage etc. erfordern elaborierte Berechnungsmethodiken, will man die Ergebnisse der Planung nicht nur auf Konzernebene sondern auch im Detail (z.B. je Sparte, je Gesellschaft etc.) und überführbar je Rechnungslegungsstandard verwenden.

All diese Herausforderungen (und noch einige weitere) gilt es mehr oder weniger simultan zu berücksichtigen, um eine automatisierte Planung zum Erfolg zu führen.

2 IT-Planungslösungen im Versicherungswesen bedürfen spezieller Lösungsansätze

Auf Basis der typisierten Herausforderungen greift Kapitel 2 mögliche Lösungsansätze auf bzw. es werden Wege aufgezeigt, wie mit den Herausforderungen umgegangen werden kann. Insbesondere im Versicherungswesen sind besondere Lösungen gefordert.

2.1 Grundsätzliche Planungslogik

Neue Planungslösung mit ambitioniertem Zeitplan verwirklicht

Nachdem der Vorstand des Versicherungsunternehmens im Strategieprozess 2014 erstmals über die Neuausrichtung der Planung diskutierte, wurde das Thema 2015 auf die strategische Agenda genommen. Im Oktober 2015, in einem gemeinsamen Workshop, wurde dann die grundsätzliche Ausrichtung der zukünftigen Planung erarbeitet. Im November und Dezember 2015 wurde eine einfachere, treiberbasierte und simulationsfähige Mifri-Planungslösung auf Basis TM1 entwickelt und ein Plan aufgebaut, wie diese bis Mai 2016 realisiert werden kann.

Planungsprozess weist viele Abhängigkeiten auf

Der Mifri Planungsprozess ist eine treiberbasierte Fortschreibung der Ergebnisse der Jahresplanung (s. Abb. 1). Der Prozess startet, indem die Aktuariate die Bestände aufgreifen, das Neugeschäft planen und auf dieser Grundlage die Versicherungstechnik rechnen. Diese Ergebnisse (bei Leben inkl. Kapitalanlage) für die Jahresplanung und die Mifri werden als Basisdaten für den weiteren Prozess geliefert. Weitere Zulieferungen erfolgen durch das Asset Management (Kapitalanlageergebnisse), das Controlling (Kosten) und die Rückversicherung. Auf dieser Basis erstellt das Rechnungswesen zunächst die Jahresplanung nach HGB auf. Die Ergebnisse für die Komposit-, Lebens-, Kranken- und Nicht-Versicherungs-Gesellschaften werden anschließend im Konsolidierungstool konsolidiert und zusammengeführt. Dabei werden Entscheidungen zu konzerninternen Ausschüttungen und Gewinnabführungen berücksichtigt.

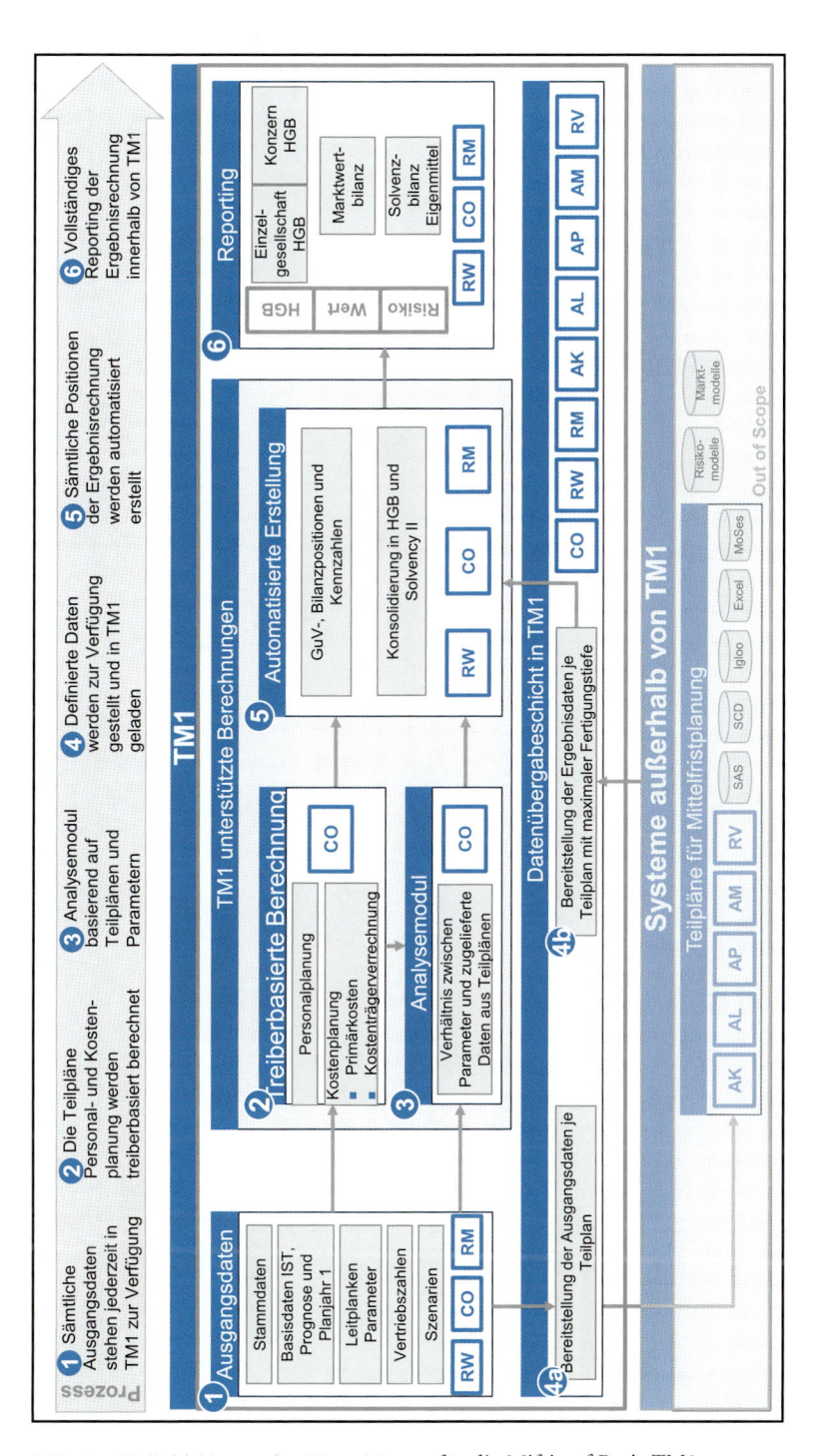

Abb. 1: Zielbild (Auszug) – Neue Lösung für die Mifri auf Basis TM1

Organisation & IT

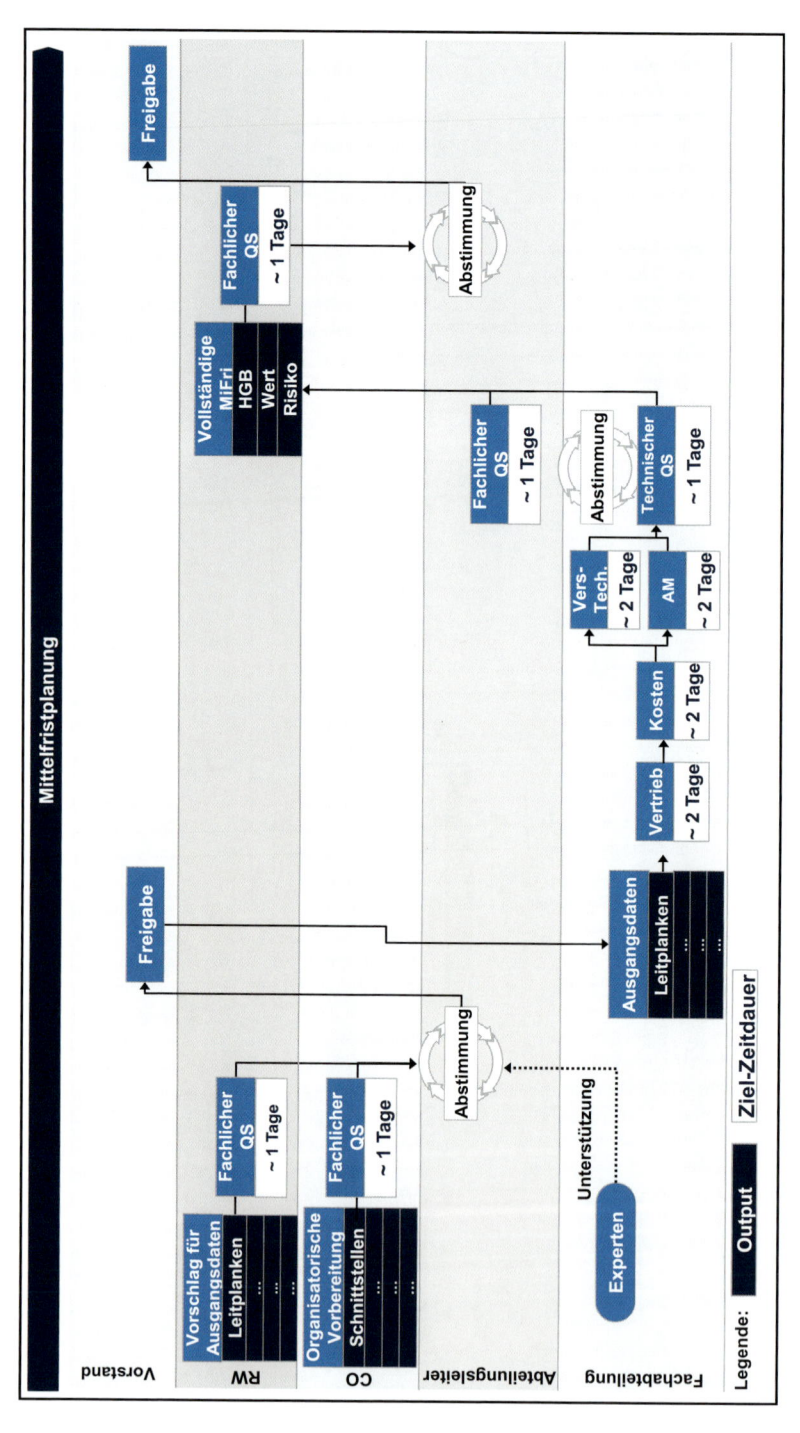

Abb. 2: Zielbild (Auszug) – Neuer Planungskalender für die Mifri

Analog erstellt das Risikomanagement die Solvency II Jahresplanung, insbesondere die Solvenzbilanz(en) für die Einzelgesellschaften und den Konzern. Auf Grundlage der Ergebnisse der Jahresplanung und der Zulieferungen für den Mittelfristzeitraum erfolgt dann die Berechnung der Mifri. Zuerst werden die Ergebnisse der Einzelgesellschaften kalkuliert, die dann (direkt im Mifri-Tool) konsolidiert werden. Auch hier inkl. Rückstellung für Beitragsrückerstattung (RfB), Schwankungsrückstellung, Gewinnabführung und Schüttung. Letztlich werden sie zurückgeschrieben in einen universellen Reportingwürfel zusammen mit den Ergebnissen der Jahresplanung und sind dort auswertbar.

Erstellungszeitraum der Planung wird deutlich verkürzt

Das neue Mifri-Planungstool ermöglicht eine konzeptionelle Umgestaltung des Mifri-Prozesses. Abb. 2 skizziert die neuen Durchlaufzeiten von etwa 10 statt bisher etwa 40 Tagen.

2.2 Neue komplexe Geschäftsmodelle erfordern Flexibilität in der Planung

Rasante Veränderungen in der mobilen Welt, der Trend zur stärkeren Vernetzung von Produkten und Dienstleistungen sowie ein sich verändertes Konsumentenverhalten wirken sich insbesondere auf die traditionellen Geschäftsmodelle von Autoversicherern aus. Zudem verändert sich die Schnittstelle zum Kunden, traditionelle Absatzwege verlieren an Bedeutung und werden durch neue Vertriebsstrukturen ersetzt. Autonomes Fahren ist eines der am häufigsten benutzten Schlagwörter bei Schaden- und Unfallversicherer, die das Potenzial haben, das gesamte Geschäftsmodell mit den bestehenden Zusammenhängen von Prämien, Schadenzahlungen und Provisionen zu verändern.

Traditionelle Geschäftsmodelle der Versicherungsbranche verändern sich

2.2.1 Beispiele für neue Geschäftsmodelle

Führende Autoversicherer setzen auf neue Geschäftszweige, um auf diese Herausforderungen zu reagieren. Diese Geschäftsmodelle weisen andere Strukturen auf als das bisherige Versicherungsgeschäft und bedürfen daher einer entsprechenden Modellierung in der Planung: Telematik-Tarife mit Übermittlung der Fahrerdaten mittels Boxen dienen den Versicherern dazu, Daten über das Fahrverhalten zu sammeln, um die Risikoeinschätzung von Telematik-Fahrern zu verbessern. Die Kontrolle des Fahrverhaltens durch den Versicherer kann zu einer deutlichen Reduzierung der Prämien führen.

Telematik-Tarife erweitern Geschäftsmodelle...

Ein weiteres Geschäftsmodell erweitert das Versicherungsgeschäft analog zu Automobilherstellern. Nachdem Autoversicherer Werkstattbindungstarife mit Partnerwerkstätten erfolgreich im Markt etabliert haben, stiegen diese nun direkt in das Werkstattgeschäft von Autoherstellern ein. Auto-

...ebenso Werkstattbindung und -geschäft

fahrer nutzen nicht mehr nur das Schadenmanagement von Partnerwerkstätten, um Prämien zu sparen, sondern nehmen auch günstigere Services und Dienstleistungen in Anspruch, wodurch herstellerunabhängige Werkstätten zu Lasten von markenabhängigen Werkstätten profitieren.

2.2.2 Abbildung neuer Geschäftsmodelle in Businessplänen

Die Einführung und der Aufbau von neuen Geschäftsmodellen innerhalb des Versicherungskonzerns mithilfe einer Gründung einer Nicht-Versicherungsgesellschaft bedürfen der Ausarbeitung eines Business Cases. Der Business Case stellt die Basis für die Investitionsmöglichkeit dar und dient auch der Planung der finanziellen Auswirkungen der Geschäftsfelderweiterungen. Der Aufbau von neuen Geschäftsmodellen ist naturgemäß mit großer Unsicherheit behaftet, die sich verstärkt in der Planung dieser Geschäftsmodelle niederschlägt. Entsprechend ist auch der Business Case häufig Anpassungen unterworfen und sollte flexibel gestaltet werden. Technisch gesehen wird dies in der Praxis durch Excel-unterstütze Modellrechnung umgesetzt. Diese Modellrechnungen werden dann auch für Planungszwecke herangezogen.

Fehlende Integration neuer Gesellschaften verhindert Automatisierung

Im Beispielfall lag eine ähnliche Ausgangslage vor. Zahlreiche neue Gesellschaften wurden in den letzten Jahren gegründet, um neue Geschäftsmodelle zu etablieren. Die Geschäftsmodelle wurden in Business Cases abgebildet, die dann auch für die unterschiedlichen Planungszwecke herangezogen wurden. Die Planungslogik der vollständigen Erfolgsrechnung in den Business Cases war sehr detailliert und komplex aufgebaut. Zur unterjährigen Steuerung wurde die Planungslogik und die veränderten Bedingungen angepasst und mit den jeweils aktuellsten Zahlen befüllt. Das Ergebnis der Gesellschaften wurde anschließend manuell in die bestehende Planungssoftware IBM Cognos TM1 eingearbeitet, sodass die Gesellschaften in die Konsolidierung des Konzerns miteinbezogen werden konnten.

2.2.3 Probleme und Verbesserungsansätze

Diese Vorgehensweise war aufgrund der detaillierten und komplexen Geschäftsmodelle mit großem manuellen Aufwand verbunden. Andererseits diente die Flexibilität der Möglichkeit, Anpassungen vorzunehmen, die der kurzfristigen Steuerung der Geschäftsmodelle diente, aber für eine Mittelfristplanung im Konzern in keinem Verhältnis zum Nutzen standen. Daher wurde nach Lösungen gesucht, für die Mittelfrist eine automatisierte Planung der neuen Gesellschaften direkt in der Planungssoftware zu integrieren.

Die in TM1 integrierte Lösung basierte auf den wesentlichen Treibern des jeweiligen Gesellschaftsmodells, die für Prognose und Budgetierung in

TM1 automatisch eingespielt und somit für die Mittelfrist zur Verfügung gestellt wurden. Auf dieser Basis wurden dann mittels einer Logik zur Hochrechnung Vorschlagswerte für den kompletten Mittelfristzeitraum erzeugt. Manuelle Anpassungen der Treiber waren dann im Rahmen der Diskussion der Vorschlagwerte mit den Verantwortlichen möglich. Durch die Lösung wurde eine Struktur in TM1 angelegt, die für ganz unterschiedliche, zukünftige Geschäftsmodelle, die Möglichkeit bietet auf Basis weniger Treiber eine komplette Erfolgsrechnung und Bilanz aufzubauen. Diese Lösung bedarf eines höheren Aufwands bei der initialen Implementierung, spart jedoch Ressourcen bei dem jährlichen Planungsaufwand und bei der Integration von neuen Geschäftsfeldern in der Zukunft.

Integration diverser Geschäftsmodelle in treiberbasierter Planung

2.3 Berechnungen erfordern hohen Grad an Automatisierung und Transparenz

2.3.1 Probleme der manuellen Berechnung

Bei Versicherungen mit Schaden- und Unfallgeschäft erfordert die Planung der Entwicklung von Schwankungsrückstellungen, aufgrund der direkten ergebniswirksamen Auswirkungen, besonders hohes Augenmerk. Gemäß der Verordnung über die Rechnungslegung von Versicherungsunternehmen (RechVersV) ist eine Rückstellung zum Ausgleich der Schwankungen im Schadenverlauf künftiger Jahre (Schwankungsrückstellung) in jedem Versicherungszweig des selbst abgeschlossenen und des in Rückdeckung übernommenen Schaden- und Unfall-Versicherungsgeschäfts zu bilden. Die Schwankungsrückstellung dient somit dazu, den unterschiedlichen Schadensanfall in den einzelnen Jahren auszugleichen. Durch Zuführung bzw. Entnahmen aus der Schwankungsrückstellung kommt es zu einer Glättung und Stabilisierung der Ergebnisse. Die Vorgehensweise zur Berechnung der Schwankungsrückstellung befindet sich ebenfalls in der RechVersV und wurde als Prozess in die Planungslösung integriert.

Schwankungsrückstellung als zentrale Bilanzposition im Komposit-Bereich

Die Berechnung der Schwankungsrückstellung folgt einem Algorithmus mit mehreren Schritten. Die Berechnungen beziehen sich auf den Beobachtungszeitraum von 15 bzw. 30 Jahren und greifen auf die verdienten Beiträge, Aufwendungen für Versicherungsfälle und -betrieb sowie auf die technischen Zinserträge zurück. Aufgrund des langen Beobachtungszeitraums sind bei einer großen Anzahl an Sparten viele Berechnungen notwendig. Es handelt sich daher um eine standardisierte, einheitliche Berechnung mit einer Vielzahl von Daten. Eine weitere Besonderheit bei der Berechnung der Schwankungsrückstellung ist die notwendige Prüfung von zahlreichen Bedingungen innerhalb des Algorithmus. Je nachdem wie die Bedingungen ausfallen, müssen die weiteren Berechnungen wie in einem Entscheidungsbaum angestoßen werden oder die weiteren Berechnungen unterbleiben.

Komplexe Berechnung als enormer Aufwandstreiber

Das Ergebnis hat Auswirkungen auf die Höhe der Schwankungsrückstellung in der Bilanz. Die Veränderung der Schwankungsrückstellung ist erfolgswirksam.

2.3.2 Realisierung der automatisierten Berechnung

Automatisierte Berechnung ist universell einsetzbar und transparent

Bei der Implementierung der Berechnung der Schwankungsrückstellung in TM1 im Mittelfristzeitraum sollten folgende beiden Ziele verwirklicht werden. Die Berechnung der Schwankungsrückstellung sollte technisch so implementiert werden, dass die Lösung in Zukunft für alle Planungsanlässe gemäß den Vorschriften identisch eingesetzt werden kann (Zukunftssicherheit) und aufgrund der hohen Bedeutung auf das Ergebnis und der komplexen Berechnung stets nachvollziehbare Ergebnisse dargestellt werden können (Transparenz).

Technisches Design als Grundlage für Benutzerfreundlichkeit und Zukunftssicherheit

Die in TM1 integrierte Lösung berechnet sämtliche Kennzahlen für die Schwankungsrückstellung automatisiert auf Basis des Beobachtungszeitraums für alle Planjahre im Mittelfristzeitraum. Voraussetzung hierfür ist, dass sowohl Ist-Zahlen aus der Vergangenheit als auch Prognose- und Planzahlen in TM1 zur Verfügung stehen. Für die Folgejahre werden dann derzeitige Planzahlen durch Ist-Zahlen ersetzt. Aufgrund der Komplexität der Berechnungen und Bedingungen wurde diese aus technische Sicht in sich abgeschlossen implementiert. Der implementierte Algorithmus kann jederzeit ohne größeren Wartungsaufwand für andere Planungsanlässe oder für neu gegründete Sparten oder Gesellschaften herangezogen werden. Bei der Implementierung wurde ein benutzerfreundliches Web-Interface mithilfe von TM1-Web integriert, sodass Ergebnisse nachvollziehbar sind. Dies ist insbesondere bei einer großen Anzahl von Sparten wichtig, um Ursache-Wirkung-Zusammenhänge zu verdeutlichen und erklärbar zu machen.

2.4 Hohes Datenvolumen und Performance als Kombination

Zunehmende aufsichtsrechtliche Anforderungen erhöhen Datenvolumen

Versicherungsunternehmen allgemein sehen sich mit einer zunehmenden Anzahl von Szenarien konfrontiert, die im Rahmen von ORSA (Own Risk and Solvency Assessment) einen wesentlichen Bestandteil des Governance-Systems darstellen. Neben diesen von Aufsichtsbehörden geforderten Szenarien benötigen Versicherungsunternehmen interne Szenarien, um Fragen zur Unternehmenssteuerung beantworten zu können. Damit TM1 in der Lage ist, diese Anzahl an Szenarien abzubilden ohne die Performance einzuschränken sind einige wesentliche technische Aspekte und kritische Erfolgsfaktoren beim Design und Aufbau einer Planungslösung zu beachten.

Jedes Szenario definiert sich durch ein Set an Parametern. Aufgrund der großen Anzahl an Planungsbeteiligten empfiehlt es sich, diese Parameter je Szenario an zentraler Stelle in TM1 abzulegen. Nur so ist sichergestellt, dass ein einheitliches Verständnis zu den Szenarien im Unternehmen verankert ist und alle Abteilungen mit den gleichen Parametern rechnen.

Beim Aufbau der Würfellandschaft sind grundsätzliche Überlegungen notwendig, welche Vorsysteme über Schnittstellen angebunden werden müssen. Daten, die in den Aktuariaten oder im Asset Management erzeugt werden, werden meist in aktuariellen Systemen oder Asset Liability Management (ALM)-Modellen vorgehalten. Entsprechend sind diese Schnittstellen zu definieren und abzustimmen. In der Praxis entstehen hier die häufigsten Probleme. Schnittstellen sind einer der häufigsten Gründe für eine langsame Performance. Sollten Schnittstellen nicht vollständig automatisiert sein, entsteht ein Zeitverlust im Planungsablauf aufgrund von manuellen Tätigkeiten.

Schnittstellen stellen eine der größten Herausforderungen dar

Die Granularität ist einer der Haupttreiber für das Datenvolumen. Die notwendige Granularität hängt entscheidend vom jeweiligen Geschäftsmodell ab, wodurch hierbei keine generellen Aussagen getroffen werden können. Die Dimensionalität der Würfel in der TM1-Landschaft ist ein weiterer entscheidender Faktor in der effizienten technischen Gestaltung. Es sollten nur die notwendigen Dimensionen angelegt werden. Jede zusätzliche Dimension vergrößert das Datenvolumen deutlich und verlangsamt die Performance. In der Praxis hat sich gezeigt, dass die Dimensionen in einem bestimmten Würfel in TM1 die Anzahl von 8-10 nicht übersteigen sollten. Je homogener und je mehr Überlappungen zwischen den Dimensionen bestehen, desto einfacher ist das Datenmodell zu gestalten, was sich positiv auf den Betrieb und die Wartung auswirken.

Dimensionalität des Datenmodells ist Treiber für die Performance

3 Fazit

Binnen eines dreiviertel Jahres konnte eine treiberbasierte Fortschreibung der Jahresplanung für HGB und Solvency II konzipiert, implementiert und produktiv genutzt werden. Das neue Planungstool ermöglicht es, zentral eine Reihe technischer Prozesse anzustoßen, welche die zum definierten Zeitpunkt zugelieferten Inputs der Aktuariate, der Rückversicherung, der Kapitalanlage und des Controllings mit der Jahresplanung kombinieren und zur Mifri weiter entwickeln. Das Rechnungswesen (HGB) und das Risikomanagement (Solvency II) können binnen eines Tages die Mittelfristplanung erstellen, was sehr viel mehr Zeit für inhaltliche Analysen und Diskussionen der Zahlen erlaubt.

Automatisierung ermöglicht Zeit für Analyse und Diskussion

Auch Szenarien werden unterstützt. Im Finanzressort können jederzeit neue Planversionen angelegt werden. Modifikationen der Inputgrößen wie Bestände, Neugeschäft, Schäden, RfB-Zuführungen etc. können intern im Finanzressort on-the-fly gerechnet werden, ohne neue Zulieferungen anzufordern, was hilft, Liege- und Wartezeiten zu vermeiden und auch hier mehr Zeit für die eigentliche wertschöpfende inhaltliche Arbeit erlaubt.

Ausbaustufen sehen Simulationen auf Basis von Parameteränderungen vor

Parameteränderungen sind aktuell jedoch noch nicht implementiert, aber für die Zukunft vorgesehen. Folgende Logik hat sich hierzu etabliert: die Aktuariate liefern Elastizitäten, welche in TM1 gespeichert werden, um Faktoren verfügbar zu haben, welche anzeigen, wie die versicherungstechnischen Ergebnisse auf Parameterveränderungen reagieren. Diese Elastizitäten können in drei Schritten über die LSMC-(Least Square Monte Carlo) Methode entwickelt und dann integriert werden. Zunächst laufen die bestehenden versicherungsmathematischen Modelle in den Aktuariaten losgelöst vom konkreten Planungsprozess mehrfach (Monte Carlo Simulationen), um Messpunkte für Parameterveränderungen zu erhalten. Über Regressionsanalysen (Least Square Regression) werden Polynome n-ter-Ordnung gebildet, welche als „Fit-Functions" die Reaktion der Zielfunktion auf Parameteränderungen abbilden. Diese können als diskrete Elastizitäten in TM1-Würfel geladen und in die Kalkulationen des Analysemoduls integriert werden.

Voraussichtlich weiterer Betriebsbewährung sind die Ziele der Schnelligkeit, Effizienz und Konsistenz damit weitestgehend erfüllt worden. Durch die Automatisierung konnte zudem die gewohnte Granularität der Kalkulation beibehalten werden, was zwar toolbedingt eine Vereinfachung im Prozess, nicht aber der Kalkulation mit sich bringt.

Agile Implementierung bietet Vorteile und Herausforderungen

Letzteres hat im Rahmen der agilen Implementierungslogik zu Herausforderungen geführt. Die agile Implementierung hat ihre Vorteile, der schnellen Entwicklung und zeitnahen Lieferung von Ergebnissen unter Beweis gestellt, zeigen aber auch die speziellen Herausforderungen. Man sagt, Appetit kommt beim Essen; und so führte der Druck der Fachbereiche, immer weitere und bessere Lösungen zu bauen letztlich dazu, dass das ursprüngliche Budget und der Zeitplan erweitert werden mussten und der Zeitraum für die so wichtigen end-to-end-Tests immer enger wurde.

4 Literaturhinweise

Hiendlmeier/Wiegard, Horváth & Partners White Paper „Advanced Budgeting – Planung für Versicherungsunternehmen: besser, schneller, effizienter", 2016.

Wiegard et al., Steuerung von Versicherungsunternehmen, 2. Aufl., 2014.

Personalentwicklung in Zeiten des digitalen Wandels: Kompetenzentwicklungsmaßnahmen in Konzernen erfolgreich steuern

- Die Auswirkungen des digitalen Wandels einhergehend mit globalen Entwicklungen und Wandlungsprozessen werden das bisherige Personalmanagement vor Herausforderungen stellen.
- Es ist erforderlich, das bisherige Personalmanagement funktionsspezifisch weiterzuentwickeln.
- Ziel dieses Artikels ist es, die Auswirkungen dieser aktuellen Trends auf Unternehmen der Informationstechnologie und Telekommunikationsbranche (nachfolgend ITK-Branche) und andere wissensintensive Dienstleistungsbereiche darzustellen und die damit verbundene Anpassung des Kompetenzmanagements auf den digitalen Wandel zu analysieren.
- Zur Ermittlung der Anpassung des Kompetenzmanagements auf den digitalen Wandel von Unternehmen in der ITK-Branche und anderen wissensintensiven Dienstleistungsbereichen wurde eine Querschnittserhebung anhand zweier an die Zielgruppe angepasster Online-Befragungen durchgeführt.

Inhalt		Seite
1	Aktuelle Trends beeinflussen die Ausgestaltung des Personalmanagements nachhaltig	217
2	Methodisches Vorgehen bei der Umfrage	219
2.1	Datenerhebung	219
2.2	Teilnehmer an der Befragung	219
3	Ergebnisse der Umfrage	221
3.1	Ausgestaltung des Personalmanagements in Abhängigkeit der Unternehmensgröße	221
3.2	Maßnahmen zur Kompetenzentwicklung bei großen Unternehmen	225
3.3	Kompetenzentwicklungstypen von Konzernen	227
4	Fazit	229
5	Literaturhinweise	230

■ **Die Autoren**

Philipp Thiele, Wissenschaftlicher Mitarbeiter und Doktorand im Fachbereich Controlling & Innovation am Strascheg Institute for Innovation, Transformation and Entrepreneurship (SITE) der EBS Universität für Wirtschaft und Recht in Oestrich-Winkel.

Matthias Rosenthal, Wissenschaftliche Hilfskraft beim Fraunhofer Institut für Arbeitswirtschaft und Organisation in Stuttgart.

Tim Blume, Wissenschaftlicher Mitarbeiter und Doktorand im Forschungsschwerpunkt Entrepreneurship am Strascheg Institute for Innovation, Transformation and Entrepreneurship (SITE) der EBS Universität für Wirtschaft und Recht in Oestrich-Winkel.

Prof. Dr. Diane Robers, Leiterin des Forschungsbereichs Entrepreneurship am Strascheg Institute for Innovation, Transformation and Entrepreneurship (SITE) der EBS Universität für Wirtschaft und Recht in Oestrich-Winkel.

1 Aktuelle Trends beeinflussen die Ausgestaltung des Personalmanagements nachhaltig

Personalmanagement und IT haben innerhalb der letzten zwei Jahrzehnte immer wieder gegenseitig voneinander profitiert.[1] Die aktuelle Entwicklung zeigt, dass sich nun statt umfangreicher Schulungen neuer IT-Produkte die Medienkompetenz an strategisch wichtiger Stelle angesiedelt hat. Personalmanagement teilt sich laut einer globalen Führungskräftebefragung von Deloitte Consulting in drei Felder auf, welche für die heutige Personalarbeit von grundlegender strategischer Bedeutung sind:[2]

1. Mitarbeitergewinnung und -engagement,
2. Mitarbeiterführung und -entwicklung,
3. HR-Transformation in struktureller, kultureller und personeller Dimension.

Im Rahmen des Beitrages steht die tiefergehende Auseinandersetzung mit der Mitarbeiterführung und -entwicklung im Mittelpunkt. Dadurch soll die detaillierte Darstellung der Verbreitung innovativer Praktiken zur Mitarbeiterführung und -entwicklung sichergestellt werden.

Zur optimalen strategischen Ausrichtung müssen Unternehmen ihre Kompetenzen realistisch und zeitnah beurteilen können.[3] So kann bspw. durch einen Vergleich des Soll- und Ist-Zustandes eine an der Unternehmensstrategie angelehnte Eliminierung und Selektionsstrategie ausgearbeitet werden. Solch ein Kompetenzmanagement ermöglicht die zunehmend unübersichtlichen und unvorhersehbaren Rahmenbedingungen im Unternehmen besser zu steuern und zu kontrollieren. Aktuell stellt insbesondere die Industrie 4.0 eine Revolution dar, deren Auswirkungen noch weitestgehend unklar sind.[4] In Bezug auf die Personalentwicklung ist fraglich, welche Rolle dem Facharbeiter zugeschrieben wird, wenn Maschinen zukünftig eigenständig miteinander agieren. Dementsprechend herrscht bisher keine Klarheit darüber welche Kompetenzen von Mitarbeitern gefordert und gefördert werden müssen.

Trends in der Mitarbeiterführung und -entwicklung

Das Personalmanagement selbst ist bisher nur begrenzt in die Diskussionen involviert. Mehrheitlich werden die aktuellen Trends noch immer mit einer konventionellen Personalfunktion, sowie einem traditionellen Rollenbild konfrontiert. Nichtsdestotrotz sind die gegenwärtigen Organisationsanforderungen im Personalmanagement ebenso vielfältig wie offensichtlich.[5] In Bezug auf Innovation, rückt die Personalentwicklung dennoch im Vergleich

Innovation in der Mitarbeiterführung und -entwicklung

---

[1] Vgl. Graf/Scholl, 2014, S. 47 ff.
[2] Vgl. Deloitte Consulting, 2014, S. 7.
[3] Vgl. North/Reinhardt/Sieber-Suter, 2013, S. 93 ff.
[4] Vgl. Graf/Scholl, 2014, S. 47 ff.
[5] Vgl. Stock-Homburg, 2011, S. 605.

zu der Mitarbeitergewinnung häufig in den Hintergrund. Es ist jedoch genau dieser Bereich des Personalmanagements, der sich in einem extremen Umbruch befindet. Oft können Führungskräfte nicht den Anforderungen eines volatilen und globalisierten Umfelds gerecht werden und müssen folglich Personalfragen vernachlässigen. Es wird daher kontinuierlich wichtiger, dass das Personalmanagement Trends wie die Entwicklung neuer Lernformate verfolgt und neuere didaktische Erkenntnis wahrnimmt.

In Bezug auf die Kompetenzentwicklung der Mitarbeiter werden aktuell zwei Formate thematisiert.

- Zum einen nimmt das E-Learning, wie bspw. Mobile Learning oder Serious Gaming, eine wichtige Rolle ein. Solche Methoden ermöglichen eine konstante Adaption an den Nutzer. So kann eine individuelle Anpassung an das Lernen erfolgen.[6] Weiterhin verursacht der Einbau der Virtual Reality in solche Lernprogramme einen weiteren Wandel.[7]
- Das zweite Format ist das soziale Lernen. Hierbei stehen die Kollegiale Beratung, Internes Coaching und Mentoring im Vordergrund. In diesem Fall ermöglicht und erleichtert die aktive Nutzung von intelligenten Kompetenznetzwerken eine schnellere und größere Weitergabe von Kompetenzen unter den Mitarbeitern. Hierbei profitiert das Personalmanagement durch Effizienzgewinn auf Basis von IT. So kann eine zielgerichtete Entwicklungs- und Nachfolgeplanung, einhergehend mit einer verbesserten strategischen Ausrichtung des Personalmanagements erzielt werden. Unternehmen können individuelle „(Kern-)kompetenzen" ausbauen, synchronisieren und entwickeln.

Ziel des Beitrages — Das Internet hat die Arbeitswelt innerhalb kürzester Zeit geprägt und verändert. Weiterhin erzeugen die Digitalisierung einhergehend mit dem demografischen Wandel und der Globalisierung eine externe Dynamik, der Unternehmen auch in ihren internen Prozessen Rechnung tragen müssen. Der folgende Artikel adressiert in erster Linie die Anforderungen an die Mitarbeiterführung und -entwicklung. Hierbei wird Bezug auf eine Befragung genommen, anhand welcher ermittelt wurde, wie sich Unternehmen der ITK-Branche und anderer wissensintensiver Dienstleistungsbereiche mit ihrem Kompetenzmanagement auf den digitalen Wandel einstellen. Das besondere Interesse gilt den Herausforderungen, denen sich Unternehmen stellen und deren Reaktion darauf.

---

[6] Vgl. Erpenbeck/Sauter, 2013, S. 48.
[7] Vgl. Graf, 2017, S. 189 ff.

2 Methodisches Vorgehen bei der Umfrage

2.1 Datenerhebung

Zur Ermittlung der Anpassung des Kompetenzmanagements auf den digitalen Wandel von Unternehmen in der ITK-Branche und anderer wissensintensiver Dienstleistungsbereiche wurde eine Querschnittserhebung anhand zweier an die Zielgruppe angepassten Online-Befragungen durchgeführt. Diese Online-Befragung fand innerhalb eines zuvor festgelegten Untersuchungszeitraums statt. Dieser lag zwischen dem 3. Dezember 2015 und dem 5. Februar 2016. Die ausgewählten Zielgruppen umfassten Personenverantwortliche und Mitarbeitende, vorrangig aus Unternehmen der Digitalwirtschaft.

Vorgehensweise der Datenerhebung

Im Vorfeld der Befragung wurden Thesen in Hinblick auf die Auswirkungen der Digitalisierung auf Führungskultur und Führungsverhalten, Kompetenzentwicklung sowie des Erfolgs von Unternehmen erstellt. Die Thesen dienten als „Grundgerüst" für die inhaltliche Konzeption der Online-Befragung „Fit für den digitalen Wandel?". Zur genaueren Überprüfung der Thesen wurden außerdem Variablen abgefragt, die spätere Gruppierungen hinsichtlich Performance, Unternehmensgröße und anderer Unternehmenscharakteristika erlaubten. Die Gruppendifferenzierungen basierten dabei zu Teilen auf der Konstruktion von Indizes, bspw. aus den verschiedenen abgefragten Items zur Performance des jeweiligen Unternehmens in relevanten Bereichen.

Thematische Blöcke der Online-Befragung

Die Onlinebefragung besteht aus fünf thematischen Blöcken. Der erste Block erfragt Maßnahmen zur Kompetenzentwicklung und deren strategische Anbindung. Weiterhin werden Spezifika der Unternehmens- und Lernkultur erfragt. Der dritte Block befasst sich mit der Führungskultur, sowie dem Führungsverhalten. Anschließende Fragen thematisieren die Dynamik des Unternehmensumfeldes. Durch die Abfrage von allgemeinen Angaben zur Organisation sowie zu der Person ist es möglich die Umfrageergebnisse abschließend nach Unternehmens- oder Personenspezifika auszuwerten.

2.2 Teilnehmer an der Befragung

Die gesamte Teilnehmerzahl an der Hauptbefragung beläuft sich auf 172 Personen. Diese Ausschöpfungsquote teilt sich auf 101 Personenverantwortliche und 71 Mitarbeitende auf. Dieses relativ ausgewogene Bild ermöglicht eine aussagekräftige Analyse der Ergebnisse. Weiterhin nahmen 41 Personen an einer Zusatzbefragung an der EBS Universität für Wirtschaft und Recht teil.

Teilnehmer der Online-Befragung

Die Teilnehmer an der Online-Befragung decken hinsichtlich der Unternehmensgröße nach Beschäftigtenzahl sowie nach Umsatz, eine breite Spanne ab. Abb. 1 zeigt die Aufteilung der Befragten nach Unternehmens-

Größe und Umsatz der befragten Unternehmen

größe basierend auf der Beschäftigtenzahl. Hierbei gilt, dass die Befragten aus 155 unterschiedlichen Unternehmen kommen und sich in etwa gleichermaßen auf die definierten Gruppen aufteilen. So nahmen aus Kleinunternehmen, mittelständigen Unternehmen, größeren Unternehmen und Großunternehmen jeweils etwa 40 Beschäftigte an der Befragung teil. Sechs mal wurde keine genaue Angabe gemacht, so dass diese dem Segment „keine Angabe" zugeordnet wurde.

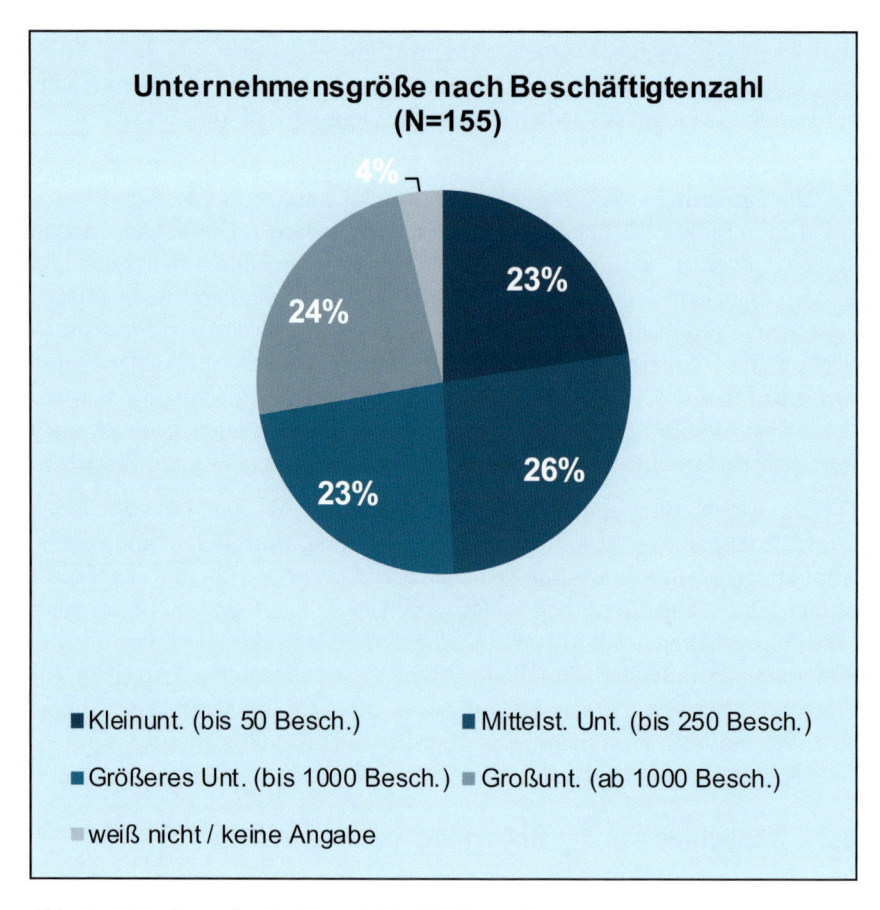

Abb. 1: Teilnehmer der Studie nach Beschäftigtenzahl

Hinsichtlich der Unterteilung der Unternehmen nach Umsatz in Euro basiert Abb. 2 auf einer Stichprobe von 84. Acht Bereiche decken einen Umsatz pro Jahr von weniger als eine Mio. Euro bis mehr als 500 Mio. Euro ab. Es ist zu erkennen, dass auch hier eine relativ ausgewogene Verteilung auf die einzelnen Segmente besteht. Der Anteil der befragten Unternehmen bewegt sich zwischen etwa 7 % und 18 %. Die Mehrheit hat einen jährlichen Umsatz zwischen 50 Mio. Euro und 250 Mio. Euro, wobei die Minderheit der darauffolgende Bereich, mit einem Umsatz zwischen 250 Mio. Euro und 500 Mio. Euro, ist.

Umsatz der befragten Unternehmen in Euro*
(N=84)

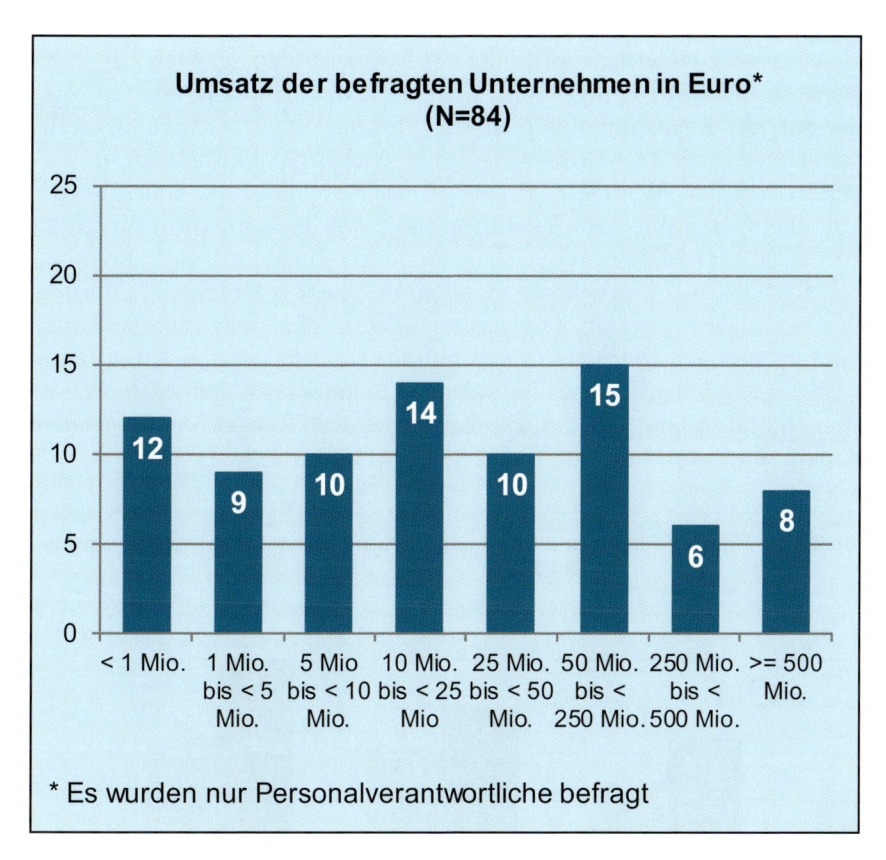

Umsatzklasse	Anzahl
< 1 Mio.	12
1 Mio. bis < 5 Mio.	9
5 Mio bis < 10 Mio.	10
10 Mio. bis < 25 Mio	14
25 Mio. bis < 50 Mio.	10
50 Mio. bis < 250 Mio.	15
250 Mio. bis < 500 Mio.	6
>= 500 Mio.	8

* Es wurden nur Personalverantwortliche befragt

Abb. 2: Teilnehmende Unternehmen der Studie nach Umsatz

3 Ergebnisse der Umfrage

3.1 Ausgestaltung des Personalmanagements in Abhängigkeit der Unternehmensgröße

Abb. 3 vergleicht die Rolle des HR-Bereichs bei Top-Performern und der Restpopulation anhand der Unternehmensgröße. Hierzu beschrieben Befragte bspw. die Rolle des Personalbereichs bei wichtigen Veränderungsprozessen. Die Antworten bildeten einen jeweiligen Index anhand dessen die These, dass erfolgreiche Personalentwicklung durch eine aktive Rolle des HR-Bereichs begünstigt wird, geprüft wurde. Die Unterteilung in „Top-Performer" und „Restpopulation" innerhalb der

Strategiebezug des Personalmanagements

Organisation & IT

Unternehmensgrößengruppen wurde ebenfalls anhand abgefragter Performance-Indikatoren durchgeführt.

Es ist für Top-Performer und die Restpopulation zu erkennen, dass mit zunehmender Unternehmensgröße der Strategiebezug des Personalmanagements an Wichtigkeit gewinnt. Über alle Unternehmensgrößen hinweg, bis auf die Kleinstunternehmen, konnte eine aktivere Rolle des HR-Bereichs bei den Top-Performern im Vergleich zur Restpopulation festgestellt werden. Weiterhin ist zu beobachten, dass mit zunehmender Unternehmensgröße diese Wichtigkeit von Top-Performern im Vergleich zu der Restpopulation vergleichsweise höher eingestuft wird. Praktisch bedeutet das für Unternehmen, dass mit wachsender Unternehmensgröße die Wichtigkeit einer an der Unternehmensstrategie angelehnten Eliminierung und Selektionsstrategie zunimmt. Kontinuierliches Kompetenzmanagement schafft es so die volatilen Rahmenbedingungen besser zu steuern und zu kontrollieren. Hierbei können an IT angelehnte innovative Ansätze die Arbeit erleichtern und das Resultat verbessern.

Rolle des HR-Bereichs bei Top-Performern und Restpopulation anhand der Unternehmensgröße (N= 28-35)

Unternehmensgröße	Top-Performer	Restpopulation
Kleinunternehmen	2,25	2,58
Mittelständisches Unternehmen	3,14	2,71
Größeres Unternehmen	3,5	3,07
Großunternehmen	4	3,19

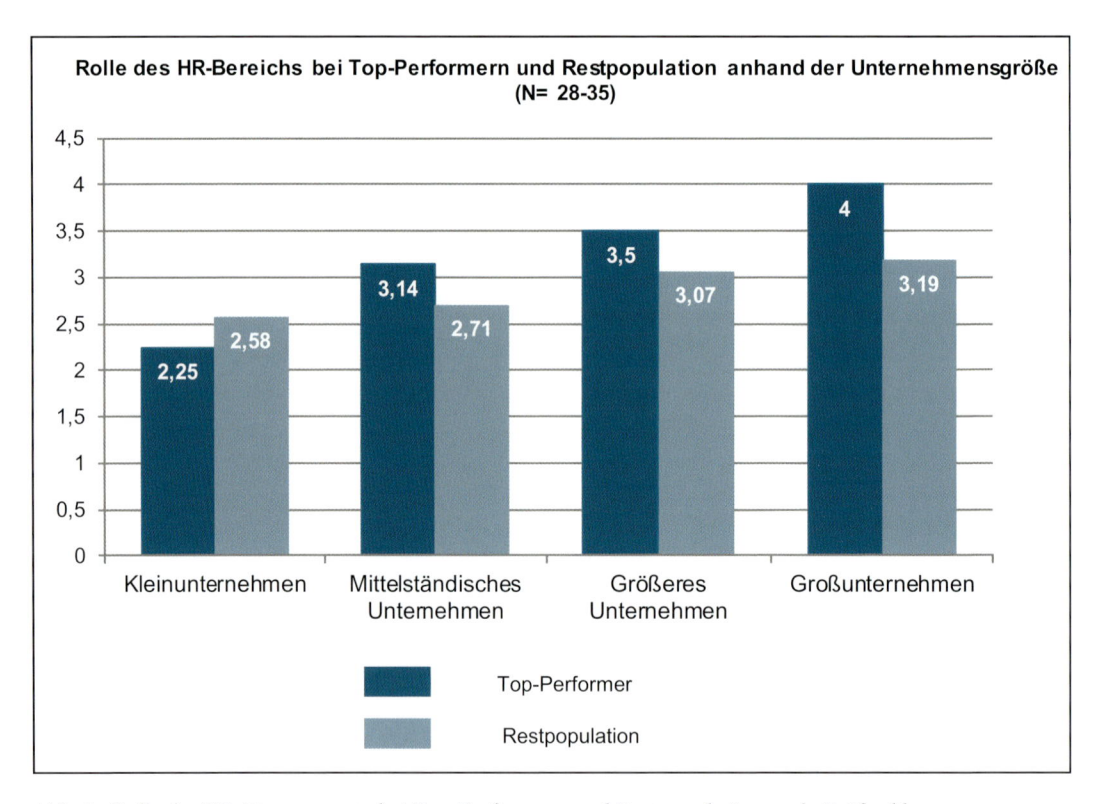

Abb. 3: Rolle des HR-Managements bei Top-Performern und Restpopulation nach Größenklassen

Fragestellung zu Abb. 3: Wenn größere/wichtige Veränderungsprozesse anstehen. Welche Rolle spielt der Personalbereich Ihrer Meinung nach dabei vorrangig? Skala:

Führungskultur des Personalmanagements

0= als eigenständige Funktion nicht vorhanden;

1= rein administrativ tätig;

2= Berater/Begleiter der Beschäftigten;

3= setzt Vorgaben mit Hilfe externer Partner um;

4= setzt Vorgaben des Managements eigenständig um;

5= strategischer Partner des Top-Managements und setzt Entscheidungen eigenständig um. Es werden die Mittelwerte dargestellt.

Führungskultur bei Top-Performern und Restpopulation anhand der Unternehmensgröße (N=34-35)

Unternehmensgröße	Top-Performer	Restpopulation
Kleinunternehmen	1,96	1,66
Mittelständisches Unternehmen	1,83	1,53
Größeres Unternehmen	2,27	1,67
Großunternehmen	1	1,56

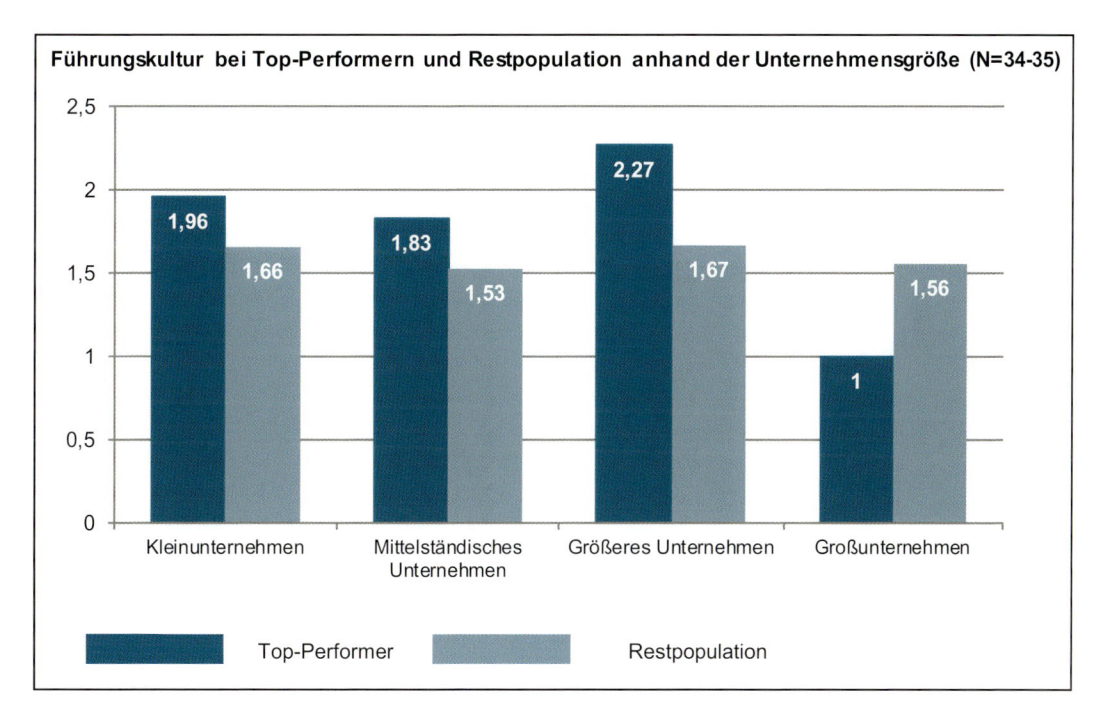

Abb. 4: Führungskultur bei Top-Performern und Restpopulation nach Größenklassen

Abb. 4 beruht auf einem Führungskultur-Index, welcher die Rolle von „Enablern" abbildet. Dieser Index stellt die Führungskultur sowie das Führungsverhalten im Hinblick auf die Befähigung zum eigenständigen Bearbeiten von Aufgaben, die Vertrauenskultur, das situative Führungsverhalten und die positive Fehlerkultur dar. Die Skala liegt zwischen 1 und 3, wobei 0 den Führungsstil „nicht Enabler" und 3 den Führungsstil „Enabler" beschreibt. Die Mittelwerte der jeweiligen Gruppen werden in der Grafik

Organisation & IT

dargestellt. Durch die Onlinebefragung wird die These, dass sich bei erfolgreichen Unternehmen Führungskräfte als „Enabler" ihrer Mitarbeitenden verstehen, geprüft. Führungskräfte, die als „Enabler" tätig sind, scheinen den Unternehmenserfolg zu begünstigen. Dies konnte bei den Top-Performern der Unternehmensgrößen Kleinunternehmen bis größeres Unternehmen festgestellt werden. Lediglich die Top-Performer der Großunternehmen messen einem solchem Führungsverhalten eine geringere Bedeutung bei.

Legende zu Abb. 4: Es wurde ein Führungskultur-Index gebildet, der die Führungskultur „Enabler" abbildet. Es kann jeder Wert zwischen 0 = Führungsstil nicht Enabler und 3 = Führungsstil Enabler angenommen werden. Es werden die Mittelwerte der jeweiligen Gruppen dargestellt.

Werden unterschiedlich viele Impulse aufgenommen? (N=34-35)

Unternehmensgröße	Top-Performer	Restpopulation
Kleinunternehmen	12,67	10,72
Mittelständisches Unternehmen	11	10,8
Größeres Unternehmen	12,67	10,72
Großunternehmen	12,75	10,93

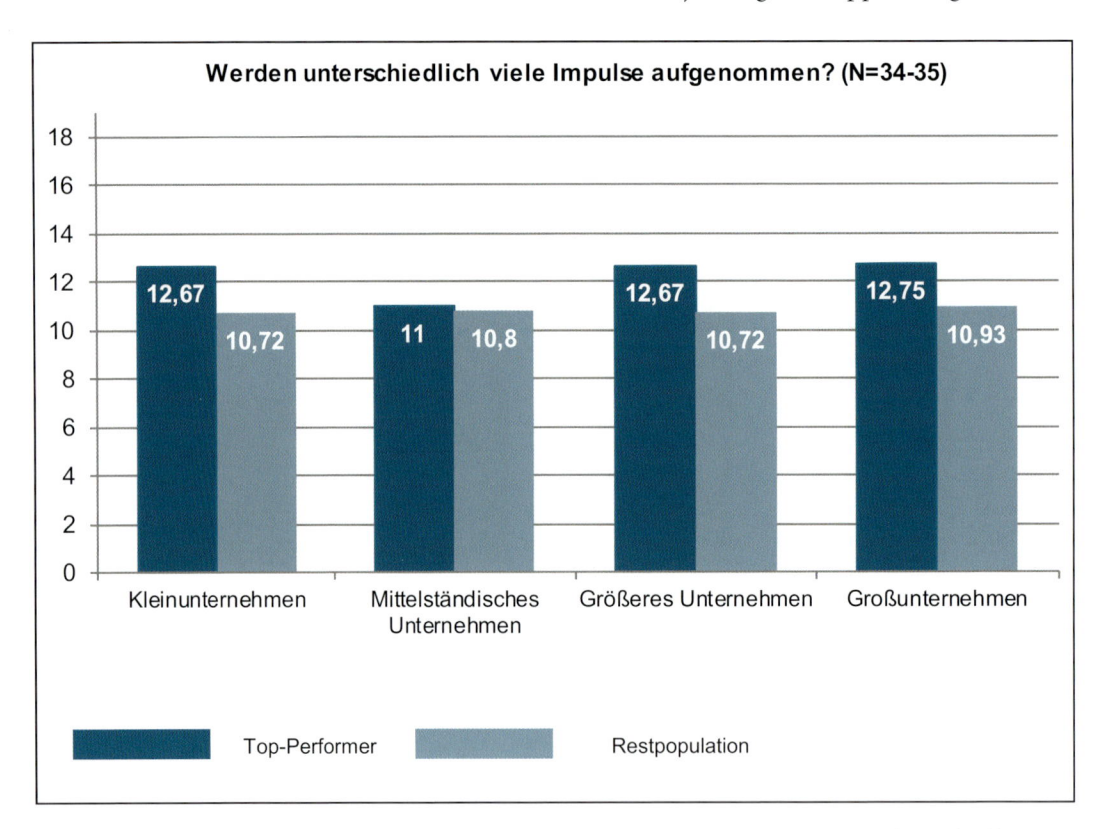

Abb. 5: Impulse für das Personalmanagement bei Top-Performern und Restpopulation nach Größenklassen

Impulse für das Personalmanagement

Abb. 5 prüft die These, dass erfolgreiche Unternehmen unterschiedliche Impulse zur Kompetenzentwicklung aufgreifen. Innerhalb der Grafik stellt die y-Achse die Anzahl der aufgegriffenen Impulse zur Ableitung zur Kompetenzentwicklung dar. Es wurde ein Impuls-Index gebildet, der die Werte 0 „keine Impulse werden aufgenommen" bis 21 „unterschiedlichste

Impulse werden zur Kompetenzentwicklung aufgegriffen" einnehmen kann. Die jeweiligen Impulse können mit einer Intensität von 0 bis 3 aus 7 verschiedenen Bereichen stammen. Hierbei werden die Unternehmensstrategie, die Fachabteilungen, die Marktentwicklungen und der Wettbewerbsdruck, die Kundenanforderungen, die technischen Anforderungen, die regulatorischen Anforderungen sowie soziokulturelle Einflüsse genannt. Die Abbildung stellt jeweils die Mittelwerte dar.

Legende zu Abb. 5: Die y-Achse beschreibt die Anzahl der aufgegriffenen Impulse zur Ableitung zur Kompetenzentwicklung. Es wurde ein Impuls-Index gebildet, der die Werte 0 „keine Impulse werden aufgenommen" bis 21 „unterschiedlichste Impulse werden zur Kompetenzentwicklung aufgegriffen" einnehmen kann. Es werden die Mittelwerte dargestellt.

Es ist zu erkennen, dass Top-Performer innerhalb aller Unternehmensgrößen einen höheren Indexwert aufweisen. Zuletzt greifen die Top-Performer aller Unternehmensgrößen im Schnitt leicht mehr Impulse zur Ableitung von Kompetenzentwicklungsmaßnahmen auf, was die vorangegangene These bestätigt. Ein zunehmend volatiles Arbeitsumfeld, macht ein solches Aufgreifen von Impulsen für den Unternehmenserfolg umso wichtiger. Durch das Beachten von internen wie auch externen Impulsen können Unternehmen analog der Erwartungen ihre Mitarbeiter ausbilden, so dass diese nachhaltig einen optimalen Mehrwert für das Unternehmen liefern.

3.2 Maßnahmen zur Kompetenzentwicklung bei großen Unternehmen

Große Unternehmen nutzen Maßnahmen zur Kompetenzentwicklung vergleichsweise am häufigsten. Vor allem die Top-Performer weisen über viele ihrer priorisierten und auch innovativen Kompetenzentwicklungsmaßnahmen eine deutlich höhere Nutzung im Vergleich zur Restpopulation und anderen Unternehmensgrößengruppen auf. Etwa zwei Drittel der Maßnahmen zu Kompetenzentwicklung werden aktuell von Top-Performern aktiver als von der Restpopulation genutzt.

Abb. 6 vergleicht die Nutzung von Top-Performern und der Restpopulation von 13 Maßnahmen zur Kompetenzentwicklung. Die x-Achse umfasst die Werte 0 „wird gar nicht genutzt" bis 3 „wird unternehmensweit genutzt" und stellt die jeweiligen Mittelwerte dar. Die Maßnahmen werden anhand der Mittelwerte der Top-Performer von drei abfallend sortiert.

Maßnahmen 1/2

Es ist zu erkennen, dass Top-Performer in großen Unternehmen unternehmensweit Beurteilungssysteme, fachspezifische Seminare und Führungstrainings nutzen. Weiterhin sind alle Maßnahmen zur Kompetenzentwicklung bei Top-Performern ausgeprägter als bei der Restpopulation.

Organisation & IT

Lediglich die Kompetenzentwicklung im Arbeitsprozess ist innerhalb der Restpopulation ausgeprägter.

Maßnahmen 2/2 Abb. 7 vergleicht ebenfalls die Nutzung von Top-Performern und der Restpopulation von zehn Maßnahmen zur Kompetenzentwicklung. Die x-Achse orientiert sich wie zuvor an den Werten 0, „wird gar nicht genutzt", bis 3, „wird unternehmensweit genutzt" und stellt die jeweiligen Mittelwerte dar. Die Maßnahmen werden anhand der Mittelwerte der Top-Performer von drei abfallend sortiert.

Aktuelle Nutzung von Maßnahmen zur Kompetenzentwicklung* (N= 30-35)

Maßnahme	Restpopulation	Top-Performer
Beurteilungssysteme	2,3	2,75
Fachspezifische Seminare	2,17	2,75
Führungstrainings	2,04	2,25
Laufbahnmodelle für Fach- und Führungskräfte	1,86	2
Digital gestütze Selbstlernprogramme	1,64	2
Lernen im Tandem/ kollegialen Austausch	1,47	2
Train-the-Trainer-Seminare	1,32	2
Kompetenzentwicklung im Arbeitsprozess	1,84	1,75
Social Media, Inter-/Intranet, Learning Networks	1,24	1,75
Kompetenzprofil/Kompetenzpass	1,21	1,75
Prozessbegleitende Projektauswertung mit Kunden	1,21	1,75
Learning Networks mit Kunden	0,96	1,75
Fachübergreifende Kompetenzentwicklung wie Jobrotation, Training entlang der Prozesskette	0,93	1,75

■ Restpopulation (N= 26 bis 31) (Performance-Index Ø 1,57)   ■ Top-Performer (N= 4) (Performance-Index Ø 2,73)

* Die Skala umfasst die Werte **0 (wird gar nicht genutzt)** bis **3 (wird unternehmensweit genutzt)**. Es werden die Mittelwerte dargestellt

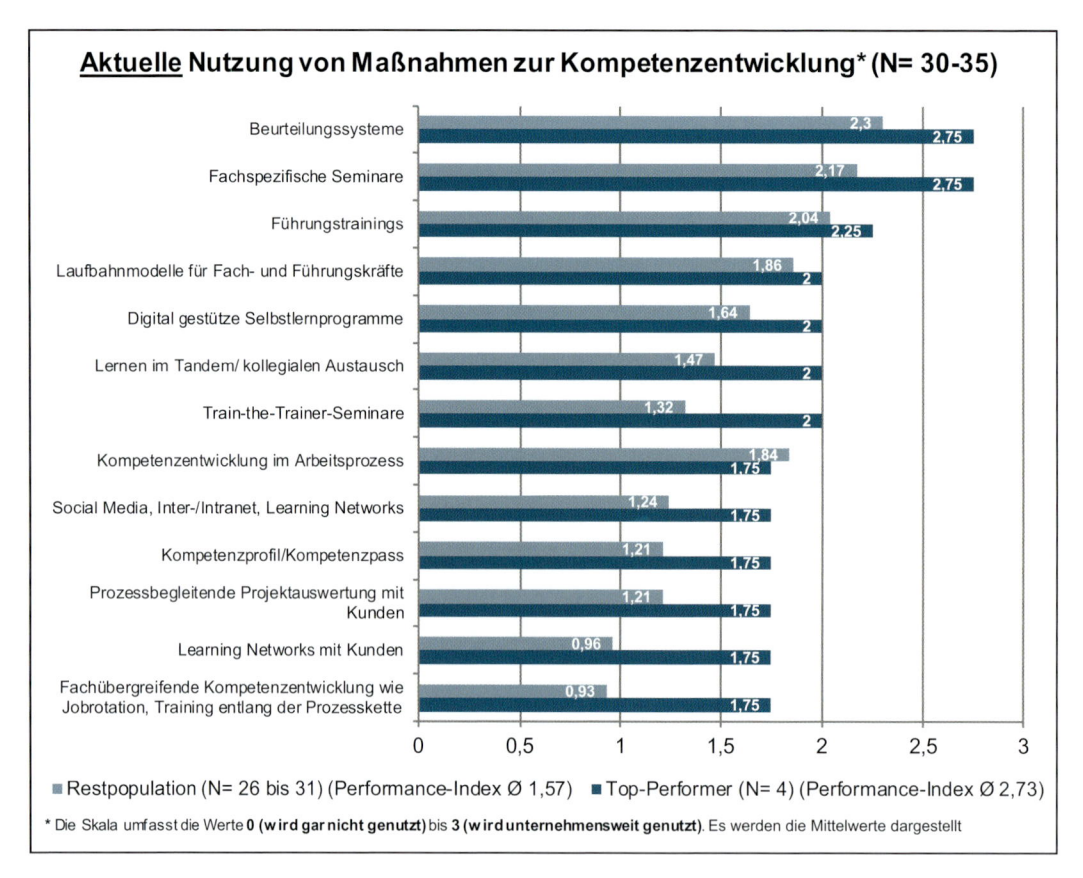

Abb. 6: Aktuelle Nutzung von Maßnahmen zur Kompetenzentwicklung bei den Top-Performern und der Restpopulation

Insbesondere die Maßnahmen Führungs-Audits und Nachbearbeitung von Meetings in Gesprächsrunden werden, gemäß der Online-Befragung, von Top-Performern seltener angewendet. Weiterhin präsentiert Abb. 7, dass die Mehrheit der Maßnahmen innerhalb der Restpopulation ausgeprägter ist.

Lediglich „Mentoring", Einzeltraining und Coaching sowie „Sabbatical" und Bildungsurlaub nehmen bei Top-Performern einen höheren Stellenwert ein.

Aktuelle Nutzung von Maßnahmen zur Kompetenzentwicklung* (N= 30-35)

Maßnahme	Restpopulation	Top-Performer
Einarbeitungsprogramme für neue Mitarbeiter	1,75	1,97
Fachübergreifende Seminare	1,5	1,93
Mentoring	1,5	1,41
Einzeltraining/ Coaching	1,5	1,37
Sabbatical/Bildungsurlaub	1,5	1,07
Trainee-Programme	1,25	1,93
Individuelle Entwicklungspläne	1,25	1,55
Teamentwicklung	1,25	1,47
Führungs-Audits	1	1,38
Nachbearbeitung von Meetings in Gesprächsrunden	1	1,14

■ Restpopulation (N= 26 bis 31) (Performance-Index Ø 1,57) ■ Top-Performer (N= 4) (Performance-Index Ø 2,73)

* Die Skala umfasst die Werte **0 (wird gar nicht genutzt)** bis **3 (wird unternehmensweit genutzt)**. Es werden die Mittelwerte dargestellt

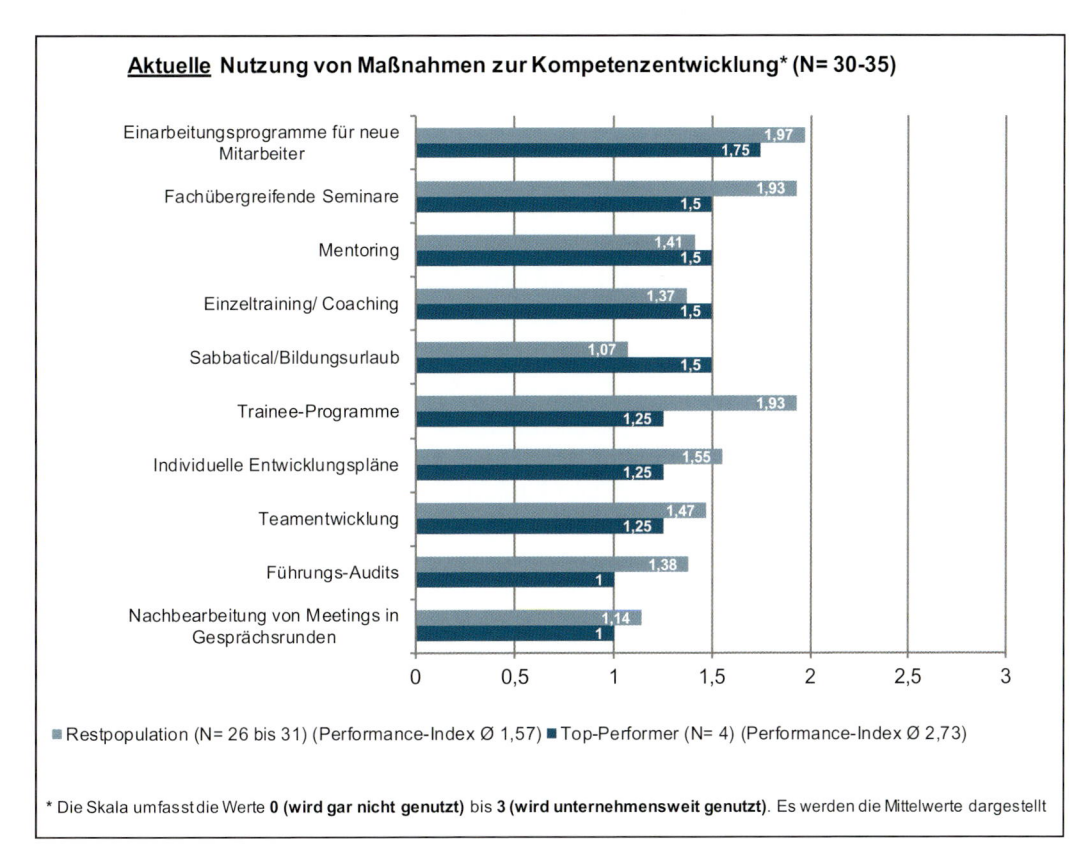

Abb. 7: Aktuelle Nutzung von Maßnahmen zur Kompetenzentwicklung bei den Top-Performern und der Restpopulation

3.3 Kompetenzentwicklungstypen von Konzernen

Um eine weitere Analyse und Interpretation der Befragungsergebnisse vorzunehmen, wurde eine Typologie von Unternehmen hinsichtlich ihrer aktuell genutzten Maßnahmen zur Kompetenzentwicklung erstellt. Um mögliche Kompetenzentwicklungstypen aufzuspüren, wurden zunächst aussagekräftige und trennscharfe Kompetenzentwicklungs-Dimensionen identifiziert. Dies erfolgte mittels einer Faktorenanalyse. Entlang dieser Dimensionen konnten Gruppen von Unternehmen aufgespürt werden. Jede Gruppe steht dabei für einen Kompetenzentwicklungstyp innerhalb von Unternehmen.

Typenbildung aus Befragungsergebnissen

Im Ergebnis wurden zwei Dimensionen identifiziert, die sich aus einigen der untersuchten Items zusammensetzen. Die Zusammensetzung der Dimensionen unterscheidet sich erheblich. Dimension 1 beschreibt die „Klassische Kompetenzentwicklung". Diese setzt sich aus formalisierten und klassischen Maßnahmen der Kompetenzentwicklung zusammen. Zusätzlich fokussiert sie die Förderung von Fach- und Führungskräften. Vernetztes Lernen, Digitale Medien und informelle Lernprozesse werden jedoch deutlich ausgeschlossen. Dimension 2 steht für die „Vernetzte Kompetenzentwicklung". Diese schließt die in Dimension 1 auftretenden formalisierten und klassischen Kompetenzentwicklungsmaßnahmen aus. Vernetztes Lernen, die Unterstützung durch digitale Medien und die Förderung informeller Lernprozesse rücken hingegen in den Vordergrund.

Kompetenzentwicklungstypen

Basierend auf der vorangegangen Analyse stellt Abb. 8 die Gruppierung der Kompetenzentwicklungstypen dar. Diese wurde anhand der hierarchischen Clusteranalyse nach der Ward-Methode durchgeführt. Die vier herausgearbeiteten Unternehmens-Cluster stehen jeweils für einen Kompetenzentwicklungstyp von Unternehmen. Die Verteilung der Unternehmen auf die Cluster stellt sich wie folgt dar:

Typ 1: 25 % der Unternehmen (dominante klassische Kompetenzentwicklung)

Typ 2: 34 % der Unternehmen (geringe Kompetenzentwicklung)

Typ 3: 29 % der Unternehmen (hohe ausgewogene Kompetenzentwicklung)

Typ 4: 12 % der Unternehmen (dominant vernetzte Kompetenzentwicklung)

Wie bereits in Kapitel 3.2 dargestellt, fördern insbesondere große Unternehmen aktuell durch ihre Maßnahmen sowohl vernetzte als auch klassische Kompetenzentwicklung. Top-Performer in großen Unternehmen nutzen verstärkt Beurteilungssysteme, fachspezifische Seminare, Führungstrainings, digital gestützte Selbstlernprogramme und Maßnahmen, wie Lernen im Tandem. So werden die zwei vorgestellten Formate abgedeckt. Zum einen wird durch E-Learning, wie bspw. Mobile Learning oder Serious Gaming, ein wichtiger Trend erkannt und verfolgt. Unternehmen haben die Möglichkeit mit vergleichsweise geringem Ressourcenaufwand ein an den Nutzer angepasstes Lernprogramm anzubieten. Das Personalmanagement profitiert durch den Einbezug der IT von Effizienz. Weiterhin kann ein Kompetenzmanagement, das den individuellen Ansprüchen der Beschäftigten gerecht wird, unterschiedliche Lerntypen und Generationen erreichen.

Das zweite Format, das soziale Lernen, stellt die menschliche Interaktion in den Vordergrund. So ermöglichen Kollegiale Beratung, Internes Coaching und Mentoring ebenfalls ein individuelles Kompetenzmanagement der Mitarbeiter. Hierbei sollen Unternehmen auf intelligente Kompetenznetzwerke zurückgreifen, um eine schnellere und größere Weitergabe von

Kompetenzen unter den Mitarbeitern zu erreichen. Erneut kann das Personalmanagement durch Effizienzgewinn auf Basis von IT gewinnen. So kann eine zielgerichtete Entwicklungs- und Nachfolgeplanung, einhergehend mit einer verbesserten strategischen Ausrichtung des Personalmanagements erzielt werden. Unternehmen können individuelle „(Kern-)kompetenzen" ausbauen, synchronisieren und entwickeln.

```
Vernetzte
Kompetenzentwicklung
        ▲
        │
        │  ┌─────────────────────────┐  ┌─────────────────────────┐
        │  │   dominant vernetzte    │  │    hohe ausgewogene     │
        │  │   Kompetenzentwicklung  │  │   Kompetenzentwicklung  │
  hoch  │  │                         │  │                         │
        │  │ Vernetzte Kompetenz-    │  │ Vernetzte Kompetenz-    │
        │  │ entwicklung: Ø 1,90     │  │ entwicklung: Ø 2,17     │
        │  │ Klassische Kompetenz-   │  │ Klassische Kompetenz-   │
        │  │ entwicklung: Ø 1,25     │  │ entwicklung: Ø 2,03     │
        │  └─────────────────────────┘  └─────────────────────────┘
        │  ┌─────────────────────────┐  ┌─────────────────────────┐
        │  │        geringe          │  │   dominante klassische  │
        │  │   Kompetenzentwicklung  │  │   Kompetenzentwicklung  │
 niedrig│  │                         │  │                         │
        │  │ Vernetzte Kompetenz-    │  │ Vernetzte Kompetenz-    │
        │  │ entwicklung: Ø 1,08     │  │ entwicklung: Ø 1,03     │
        │  │ Klassische Kompetenz-   │  │ Klassische Kompetenz-   │
        │  │ entwicklung: Ø 0,74     │  │ entwicklung: Ø 2,03     │
        │  └─────────────────────────┘  └─────────────────────────┘
        └──────────────────────────────────────────────────────────▶
                   niedrig                   hoch       Klassische
                                                    Kompetenzentwicklung
```

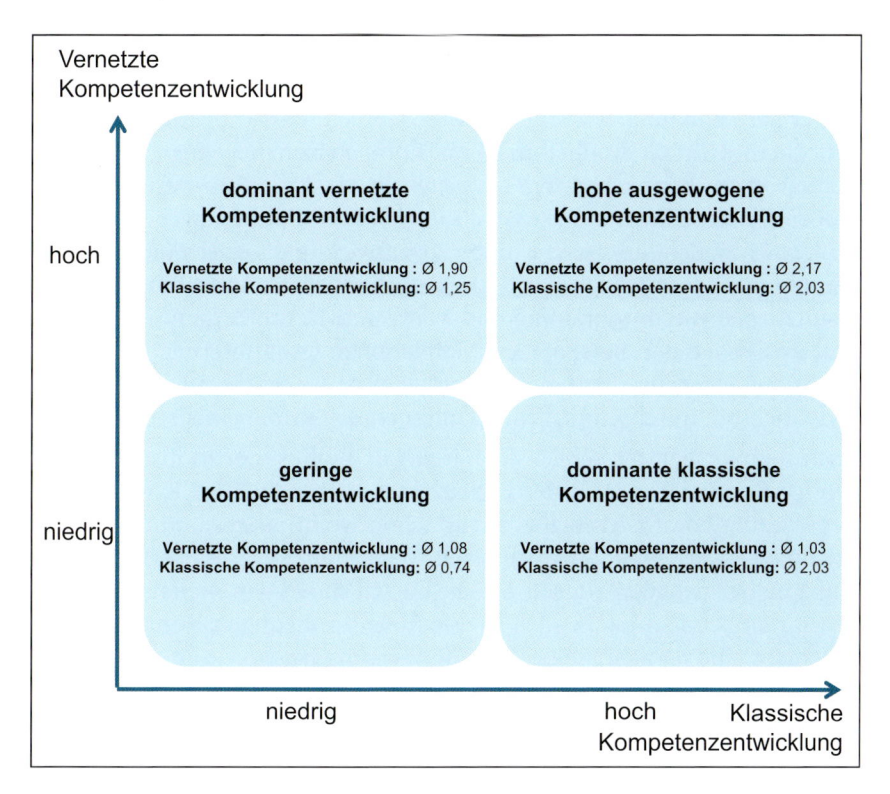

Abb. 8: Matrix der Kompetenzentwicklungstypen

4 Fazit

Eine optimale strategische Ausrichtung von Unternehmen bedarf einer realistischen und zeitnahen Beurteilung der eigenen Kompetenzen. Der Digitale Wandel erzeugt eine Dynamik, die das Personalmanagement unmittelbar vor neue Herausforderungen und Handlungsfelder stellt. Unaufhaltbar verändert und prägt das Internet die heutige Arbeitswelt. Weiterhin wird durch den digitalen, sowie den demografischen Wandel und die Globalisierung eine externe Volatilität erzeugt, die Unternehmen dazu zwingt, interne Prozesse anzupassen. Durch solch schnelle Weiterentwicklungen verändert sich auch die Anforderung an die Facharbeiter von

Steigende Anforderungen an das Kompetenzmanagement

morgen. So ist weiterhin ungewiss, welche Kompetenzen von Mitarbeitern gefordert und gefördert werden müssen. In Bezug auf Innovation, rückt die Personalentwicklung vielleicht genau deshalb momentan noch häufig in den Hintergrund. Jedoch ist es dieser Bereich, der sich in einem extremen Umbruch befindet und von Führungskräften beachtet werden muss.

Maßnahmen zur Kompetenzentwicklung in Großunternehmen

Im Vergleich zu anderen Unternehmensgrößen werden in großen Unternehmen Maßnahmen zur Kompetenzentwicklung am häufigsten genutzt. Vorrangig die Top-Performer weisen über viele ihrer priorisierten und auch innovativen Kompetenzentwicklungsmaßnahmen eine maßgeblich höhere Nutzung auf. Zudem wird deutlich, dass die Unternehmensperformance durch Maßnahmen im Kompetenzmanagement verbessert werden kann. Bemerkenswert ist weiterhin, dass die Top-Performer der großen Unternehmen aktuell durch ihre Weiterbildungsangebote sowohl vernetzte als auch klassische Kompetenzentwicklung fördern und fordern. Beurteilungssysteme, fachspezifische Seminare, Führungstrainings, digital gestützte Selbstlernprogramme und Maßnahmen, wie Lernen im Tandem sind nur einige der angebotenen Maßnahmen. Großunternehmen bieten so ein ausgewogenes System zur Kompetenzentwicklung an, welches mit dem höchsten durchschnittlichen Unternehmenserfolg einhergeht.

Auch wenn bisher der bereichsübergreifende Einfluss der Industrie 4.0 auf heutige Kompetenzprofile der Facharbeiter noch unklar ist, kann erkannt werden, dass voraussichtlich zunächst kein revolutionärer und disruptiver Bruch zu erwarten ist. Vielmehr lässt sich schlussfolgern, dass die aktive Nutzung der neugeschaffenen Möglichkeiten durch den digitalen Wandel neben den bereits bestehenden Maßnahmen im heutigen Kompetenzmanagement eine performancesteigernde Wirkung hat.

5 Literaturhinweise

Deloitte Consulting, Global human capital trends 2014 – Engaging the 21st century workforce, 2014.

Erpenbeck/Sauter, So werden wir lernen, 2013.

Graf, Einleitung Personalentwicklung, in: Graf (Hrsg.), Innovationen im Personalmanagement, 2014, S. 189–196.

North/Reinhardt/Sieber-Suter, Kompetenzmanagement in der Praxis, 2. Aufl. 2013.

Scholl, IT & HR: Warum Web-Technologie ein zentraler Schlüssel für Innovationen im Bereich HR bleibt, in: Graf (Hrsg.), Innovationen im Personalmanagement, 2014, S. 47–60.

Stock-Homburg, Zukunft der Arbeitswelt 2030 als Herausforderung des Personalmanagements, in: Stock-Homburg/Wolff (Hrsg.), Handbuch Strategisches Personalmanagement, 2011, S. 603–630.

Kapitel 5: Literaturanalyse

Literaturanalyse zum Thema Konzerncontrolling

Titel: Konzerncontrolling
Autor: Stefan Behringer
Jahr: 2014 (2. Aufl.)
Verlag: Springer Gabler
Kosten: 39,99 EUR
Umfang: 259 Seiten
ISBN: 978-3-642-41941-6

■ **Inhalt**

Das Lehrbuch, verfasst von Stefan Behringer, beschreibt das Controlling als eine zentrale Funktion zur Managementunterstützung im Unternehmen. Es bietet eine Darstellung der Grundlagen zum Thema Controlling. Dabei nehmen die Kennzahlen zur Konzernrechnungslegung einen zentralen Stellenwert ein. Darüber hinaus werden Transferpreise thematisiert, welche im internationalen Kontext eine hohe Relevanz besitzen. Zuletzt greift der Autor die Internationalität von Konzernen auf, um den Einfluss der Internationalisierung auf das Konzerncontrolling darzustellen.

Der erste Teil des Buches beschäftigt sich mit den wichtigsten Begriffsklärungen zum Thema Controlling. Hierbei werden die verschiedenen rechtlichen und betriebswirtschaftlichen Klassifikationen von Konzernen dargestellt. Darüber hinaus wird der Begriff des Controllings spezifiziert.

Der zweite Teil des Buches behandelt die Konzernrechnungslegung. Hierbei werden die Funktionen der Konzernrechnungslegung, die Bestandteile des Konzernabschlusses und die Grundsätze der Konzernrechnungslegung thematisiert. In diesem Zusammenhang werden die verschiedenen Konsolidierungsarten dargestellt, wie beispielsweise die Aufwands-, Ertrags-, und Kapitalkonsolidierung. Darauf folgt eine Auseinandersetzung mit der Bedeutung der Konzernrechnungslegung für das Konzerncontrolling. Ein weiteres Kapitel arbeitet das Thema der latenten Steuern informativ auf.

Der dritte Teil des Buches fokussiert sich auf die wichtigsten Kennzahlen im Konzerncontrolling. Dabei werden verschiedene Arten von Kennzahlen detailliert dargestellt. Zu Beginn stehen die Erfolgs-, Rentabilitäts-, Cash-flow und Finanzkennzahlen im Mittelpunkt. Danach wird die Logik der wertorientierten Kennzahlen beschrieben und im Speziellen auf den Weighted Average Cost of Capital und den Cash-flow Return on Investment eingegangen.

Im vierten Teil des Buches steht die Konzernplanung und -kontrolle im Mittelpunkt. Hierbei werden verschiedene Planungsfunktionen und Elemente der Konzernplanung aufgegriffen. Zusätzlich geht der Autor auf alternative Planungsansätze, wie beispielsweise Better Budgeting und Beyond Budgeting, ein. Im Anschluss daran fokussiert sich der Autor auf verschiedenste Elemente des Kontrollmechanismus bei Konzernen.

Der fünfte Teil des Buches greift die Thematik der Transferpreise auf. Dabei werden insbesondere die Funktionen von Transferpreisen im Konzern behandelt. Zusätzlich werden die betriebswirtschaftlichen und steuerlichen Ermittlungsmethoden erläutert. Im letzten Teil des Buches wird das Thema Konzerncontrolling aus einem internationalen Blickwinkel betrachtet. Dabei wird der Einfluss der Kultur auf die Controllerpraxis analysiert und internationale Unterschiede aufgelistet.

Fazit

Das Buch von Stefan Behringer deckt das komplexe Themenfeld des Konzerncontrollings umfassend ab. Das Buch bietet Informationen zu verschiedenen thematischen Schwerpunkten wie die Konzernrechnungslegung, Kennzahlen im Konzerncontrolling, Planung und Kontrolle im Konzern und Transferpreisen.

Verfasser der Rezension

Philipp Thiele, Wissenschaftlicher Mitarbeiter und Doktorand im Forschungsschwerpunkt Controlling & Innovation am Strascheg Institute for Innovation, Transformation and Entrepreneurship (SITE) der EBS Universität für Wirtschaft und Recht in Oestrich-Winkel.

Titel: Strategisches Portfoliomanagement als Aufgabenfeld des Konzern-Controllings: Risiko- und erfolgsorientierte Evaluierung der Kapitalallokation im Kontext der Corporate Strategy
Autor: Marius Alfs
Jahr: 2015
Verlag: Springer Gabler
Kosten: 79,99 EUR
Umfang: 540 Seiten
ISBN: 978-3-658-11120-5

Inhalt

Das Buch von Marius Alfs liefert detaillierte Informationen und Hilfestellungen zur Entscheidungsfindung im Konzernmanagement. Dabei ist die Evaluierung der Kapitalallokation unter Berücksichtigung der Konzernstrategie das zentrale Thema des Buches. Ein klarer Fokus liegt dabei auf der Identifikation der verschiedenen Wertkomponenten des Unternehmenswertes des Konzerns. Hierbei wird insbesondere die Konzernstrategie als wichtiger Einflussfaktor aufgegriffen, deren Inhalte durch das Mess- und Steuerungssystem des Konzerncontrollings widergespiegelt werden müssen.

Das Buch ist in drei Teile unterteilt:

- Der erste Teil beschäftigt sich mit den Strategien und dem Portfoliomanagement auf der Ebene der Muttergesellschaft. Hierbei werden die Strategieformulierung in Konzernen und die Verbindung der Konzernorganisation zur Konzernstrategie analysiert.
- Der zweite Teil analysiert die konzernwert-orientierte Kapitalallokation bei invariabler Struktur des Konzernportfolios. Dazu wurde vom Autor ein eigenes Konzept zur mehrwertorientieren Kapitalallokation entwickelt und vorgestellt.
- Der dritte Teil behandelt die Restrukturierung des Konzernportfolios. Dabei werden die Alternativen zur Neuausrichtung der Portfoliokonfiguration berücksichtigt und die kapitalmarktbezogene Methodik der Preisabschätzung dargestellt.

Literaturanalyse

Titel: Beteiligungscontrolling und Konzerncontrolling
Autor: Joachim Paul
Jahr: 2014
Verlag: Springer Gabler
Kosten: 44,99 EUR
Umfang: 260 Seiten
ISBN: 978-3-658-01155-0

Inhalt

Das Buch von Joachim Paul liefert einen praxisorientierten Überblick zum Thema der Konzernsteuerung. Durch die Verknüpfung von Praxis und Wissenschaft und der Darstellung von zahlreichen Beispielen bietet das Buch eine beachtliche Grundlage zur Wissenserweiterung für Praktiker und Wissenschaftler im Bereich Konzerncontrolling.

Der Aufbau des Buches orientiert sich an den vier wesentlichen Funktionen des Controllings:

- Zunächst wird der Planungs- und Budgetierungsprozess im Konzern behandelt. Hierbei liegt das Hauptaugenmerk auf dem Ablauf der Konzernplanung, das Festlegen der angemessenen Zielhöhe und der Beschreibung des Prinzips des rollenden Forecasts.
- Der zweite Fokus liegt auf dem Berichtswesen. In diesem Kapitel werden die verschiedenen IT-Lösungen und Business Intelligence-Systeme behandelt, wie beispielsweise Excel oder SAP.
- Der dritte Teil des Buches fokussiert sich auf den Bereich der Analyse und Kontrolle. Hierbei wird im Speziellen auf die Kennzahlen im Beteiligungscontrolling und den Ablauf des Kontrollprozesses eingegangen.
- Der vierte Teil des Buches behandelt den Steuerungsprozess. Zunächst werden die Aufgaben des Beteiligungscontrollers innerhalb der Tochtergesellschaft aufgeführt. Danach werden auf die Controllingaufgaben in der Konzernzentrale beschrieben.

Literaturanalyse

Titel: SAP S/4HANA: Voraussetzungen – Nutzen – Erfolgsfaktoren
Autor: Ulf Koglin
Jahr: 2016
Verlag: Rheinwerk Verlag
Kosten: 59,90 EUR
Umfang: 375 Seiten
ISBN: 978-3-8362-3891-5

Inhalt

Bei dem Buch von Ulf Koglin wird die neue SAP Datenbank S/4HANA vorgestellt. Dabei werden die Geschäftsprozesse und Funktionen sowie der Nutzen und die Technologie von SAP S/4HANA anschaulich erklärt. Ob in der Cloud oder On-Premise: Sie lernen, welche Betriebsmodelle es gibt und welche Optionen für die Implementierung zur Verfügung stehen. Bei dem Buch handelt es sich um einen umfangreichen Wegweiser für Entscheider, Berater und alle Interessierten.

Das Buch beantwortet folgende zentrale Fragestellungen:

- Welche Vorteile bringt SAP S/4HANA und was sind die Voraussetzungen?
- Welche Technologien und Konzepte liegen SAP S/4HANA zugrunde?
- Wie viel Zeit sollte für die Implementierung der neuen Datenbank eingeplant werden?
- Welche Betriebsmodelle gibt es und wie unterscheiden sich die Cloud- und On-Premise-Angebote?
- Welche Geschäftsprozesse werden abgedeckt und welche Unterstützung bietet SAP bei der Migration?
- Wie sind die ersten Erfahrungen mit der Datenbank in der Praxis?

Stichwortverzeichnis

A

ACDOCA
– S/4-Buchungsspeicher 187
Advanced Budgeting
– Prinzipien 203

B

Balanced Scorecard
– Praxisbeispiel Pensionskasse 165
Berichtswesen
– mit S/4HANA 195
Brownfield Ansatz
– ERP-Implementierung 193
Business Intelligence
– Reifegrad 146
Business Judgement Rule
– Informationsgrundlagen 51
Business Partner
– Controllerrolle 156

C

Chief Performance Officer
– Aufgabenfeld 54
Controlling
– Digitalisierung 81
Controllingkonzept
– Praxisbeispiel BASF 152
Controllingorganisation
– Praxisbeispiel 123
CSR-Richtlinie
– Folgen 53

D

Data Scientist
– Controller-Konkurrenz 47
Datenzugriff
– Optionen bei S/4HANA 196

Digitale Transformation
– Treiber 143
– Wirkungen 143
Digitalisierung
– Auswirkungen im Controlling 81
– Bewertungsradar 82
– Prozessautomation 85
– Rationalisierungseffekte 48
– Skill-Profile 88

F

Finanzberichtswesen
– mit S/4HANA 195
Finanzdienstleister
– Planungsprozess 201
Finanz-Holding
– Controllingaufgaben 30
– Steuerungsansatz 63

G

Greenfield Ansatz
– ERP-Implementierung 192
Guardian
– Controllerrolle 157

I

Information Supply Chain
– Rollenverschiebung 152

K

Konzerncontrolling
– Aufgaben 29
– Rollenmodelle 45
– Rollen-Profile 34
– Veränderungsbedarf 43
Konzernplanung
– Business-Unit-Ebene 67
– Erfolgsfaktoren 61

Konzernstruktur
– Konsequenzen 30

M

Management-Holding
– Controllingaufgaben 31
– Steuerungsansatz 63
Mittelfristplanung
– Planungsprozess 206
Mittelstand
– Controllingorganisation 123

N

Nachhaltigkeitscontrolling
– Bedeutung 53

P

Pathfinder
– Controllerrolle 157
Planung
– asymmetrisch 69
– Konzern-Spezifika 61
– Target Setting 65
Planungsprinzip
– Advanced Budgeting 203
Planungsprozess
– Mittelfristplanung 206
– Top-down-Ansatz 64
Planungssoftware
– Features 73
Portfoliomanagement
– Sonderaufgabe 33
Praxisbeispiel
– BASF 152
Prozessverbesserung
– Robotic Process Automation 85

R

Reifegrad
– BI/Big Data 146

Reporting
– mit S/4HANA 195
Restrukturierung
– Controllingorganisation 123
Robotic Process Automation
– Prozessbeschleunigung 85
Rollenmodell
– Controllingorganisation 130

S

SAP S/4HANA
– Einsatzszenarien 189
– ERP-Lösung 185
– Funktionen 186
– Implementierung 192
Schwankungsrückstellung
– Grundlagen 211
Service Expert
– Controllerrolle 157
Stammhauskonzern
– Controllingaufgaben 31
Steuerungsfunktion
– Konzerncontrolling 36
Strategy Map
– Erstellung 128
– Praxisbeispiel 173

T

Target Operating Model
– Konzept 127
Target Setting
– Top-down-Planung 65
Transferpreis
– Gestaltung 38
Treibermodell
– kaskadierend 71
– Planungsgrundlage 70

U

Universal Journal
– S/4-Hauptbuch 187

Unternehmensgruppe
– Controllingorganisation 123
Unternehmensplanung
– Konzern-Spezifika 61

V

Value Based Management
– Steuerungsansatz 167
Verrechnungspreis
– Gestaltung 38

Versicherung
– Planungsprozess 201
Vision
– Controllingorganisation 128

W

Wertkette
– Digitalisierung 146
wertorientierte Steuerung
– Praxisrelevanz 167

Stichwortverzeichnis